编 写 组

组　长：潘贤掌　仇开明

副组长：王明鉴　任　勉

成　员（按姓氏笔画排序）：

　　　　陈立谦　陈海舟　季　平　吴雅铭

　　　　席　麟　徐博东

中共台湾英烈

（第二辑）

本书编写组

人民出版社

九州出版社
JIUZHOUPRESS

CONTENTS
目　录

中共台湾英烈 （第二辑）

目录

引　言

习近平总书记指出，"我们要在全社会树立崇尚英雄、缅怀先烈的良好风尚。对为国牺牲、为民牺牲的英雄烈士，我们要永远怀念他们，给予他们极大的荣誉和敬仰"。为落实习近平总书记重要指示，缅怀在台湾英勇牺牲的革命先辈，弘扬台湾同胞的爱国主义传统，2022 年，在有关部门的大力支持下，中共中央台湾工作办公室组织编写了《血沃宝岛——中共台湾英烈》一书。该书出版后，在海峡两岸产生了很大的社会影响，广大读者纷纷要求将更多革命英烈的光辉事迹挖掘呈现出来。

在台湾岛内的革命斗争中，由两岸同胞共同组成的中共台湾英烈群体，以大无畏的牺牲精神，旌霜履血、前仆后继、殊死斗争，将青春之我献给了统一大业，生动诠释了坚持真理、坚守理想，践行初心、担当使命，不怕牺牲、英勇斗争，对党忠诚、不负人民的伟大建党精神。在以中国式现代化全面推进中华民族伟大复兴的新征程上，系统收集革命先烈的光辉事迹，有助于我们进一步了解学习这一可歌可泣的英雄群体，清晰感悟宝岛台湾与祖国大陆的命运与共，深刻认识中国共产党人坚守初心、挺膺担

当的崇高精神。

"时穷节乃见，一一垂丹青。"英雄虽逝，精神永存。为中国人民谋幸福，为中华民族谋复兴，是激励中国共产党人百年奋斗的初心使命，也是在台牺牲英烈用鲜血和生命谱写的英雄壮歌。我们深切缅怀为祖国统一大业英勇献身的英雄人物，就是要以他们为榜样，坚定信念、忠诚于党，牢记使命、敢于斗争，甘于奉献、担当作为，为早日实现祖国完全统一作出新的更大贡献。

足堪告慰英烈的是，在中国共产党的坚强领导下，中国人民和中华民族迎来从站起来、富起来到强起来的伟大飞跃，我们比历史上任何时期都更接近、更有信心和能力实现中华民族伟大复兴及祖国完全统一的目标。大陆经济长期向好，物质基础雄厚，发展韧性强大，社会大局稳定，综合实力和国际影响力持续提升，解决台湾问题的基础愈加雄厚、能力愈加强大，必将有力推进祖国统一进程。台湾问题因民族弱乱而产生，必将随着民族复兴而解决。

当前，世界百年未有之大变局加速演进，台海形势依然复杂严峻。民进党当局顽固坚持"台独"分裂立场，拒不接受一个中国原则，歪曲否定"九二共识"，勾连外部势力不断进行谋"独"挑衅，破坏台海和平稳定，危害中华民族根本利益。我们必须坚决捍卫国家主权和领土完整，绝不允许任何人、任何组织、任何政党、在任何时候、以任何方式把宝岛台湾从中国领土上分裂出去。祖国完全统一的历史任务一定要实现，也一定能够实现！

中共台湾英烈虽然已牺牲 70 多年，但他们的光辉身影从未远去，他们的英雄事迹历久弥新，他们为之奋斗的崇高事业后继有人。我们要传承英烈精神，汲取奋进力量。让我们携起手来，在习近平新时代中国特色社会主义思想科学指引下，全面贯彻党的二十大和二十届二中、三中全会精神，深刻领悟"两个确立"的决定性意义，增强"四个意识"、坚定"四个自信"、做到"两个维护"，坚决贯彻新时代党解决台湾问题的总体方略，为早日实现祖国完全统一不懈奋斗！

宋　涛

二〇二四年八月

赵 港

　　赵港（1902—1935），台湾台中人。1926年参与创立台湾农民组合，领导风起云涌的台湾农民运动。1928年8月加入台湾共产党。1931年3月被捕，被关押折磨长达4年。因严重刑伤和非人道囚禁致重疴不治，1935年4月5日病逝于台中。

浑然天成的儿童"英雄郎"

1902 年 5 月 13 日，赵港出生在日据时期台湾台中州大甲郡大肚区大肚庄的一个普通农民家庭。少年时代正值台湾人民始自 1895 年誓死保台、赓续祖脉长达 20 年武装斗争的中后期，耳濡目染台湾民众在柯铁、黄国镇、林少猫、简大狮、罗福星、余清芳等抗日志士的领导下，义不臣倭、前仆后继地殊死反抗日本殖民统治的英雄壮举，不知不觉间，纯真质朴的中国心和家乡情、敢作敢当的民族魂和英雄义，在赵港幼小的心灵深处扎根发芽。

左邻右舍看着赵港一天天长大，发现他身上慢慢显示出许多与同龄孩童不同的特质。遇有玩伴间有人恃强凌弱，赵港总是第一个出头喝止，动起手来即使打不过，也顽强不屈；做错了事情，赵港对长辈不诿过于人，对同伴不撒谎狡辩，总是勇于认错，敢于负责；遇到巡查乡里的日本警察，实在躲避不及，除了迫于无奈、紧蹙眉头地"鞠躬行礼"，再无丝毫奴颜和媚骨；每逢岁时节庆，赵港总是化身"乖乖男"，跟随长辈移步祖厝，一板一眼、行礼如仪地跪拜祭祖……渐渐地，赵港折服了附近几个村庄的一帮半大小子，成为方圆几里地的"孩子王"，时不时率众手持自制玩具兵器，列队走村串户，前往村外空地玩起"两军对垒"的攻防大战。望着喧哗而过的"童子军"背影，长辈们频频颔首，交口称许："三岁看小，七岁看老。小赵港不同凡响，

长大后或许是个振臂一呼、应者云集的英雄豪杰式的人物。"

儿童"英雄郎"令父母既喜又忧，喜的是赵港身上拥有的那种将来或成大器的潜质；忧的是赵港爱打抱不平、抗强助弱的性格随时会招惹祸殃。仅靠几亩薄田勉强糊口的父母更加省吃俭用，终于在1910年凑够了赵港报名入学日本殖民当局兴办的六年制公学校的学费，不忍赵港因失学而蹉跎被远亲近邻一致看好的前程，更寄望于安坐教室、静心读书能够慢慢柔化赵港见义勇为的秉性中遇事冲动、负气斗狠的一面。

后天发奋的少年读书郎

为了维护和强化日本殖民统治，日本殖民当局竭力推行歧视的差别教育和同化的奴性教育，贯穿于初等、中等、师范和高等教育的各个阶段，妄图泯灭台湾人民的中华民族、中华文化和中国人意识。在初等教育中，初等学校分为小学校、公学校和"番童"教育所。"番童"教育所专收台湾少数民族儿童，首重"驯化"，日本警察出任教师，教学水平可想而知，赵港无"缘分"；小学校专收日籍儿童，投资最大，师资最强，赵港无"福分"。适合赵港就读的，只有专收除台湾少数民族以外的普通民众儿童的六年制公学校，教育投资和师资配备相比小学校，不可同日而语，歧视的差别教育显露无遗。

日本殖民当局设立公学校的目的是推行日语教育，在教学中强行使用日语，禁用汉语，推行"皇民化"教育。开设修身、历史、读书等日式教育课程，向台湾省籍儿童灌输日本国体观念，树立"效忠天皇、顺从帝国"的理念，并将其作为设立公学校的宗旨，更是赤裸裸的愚民教育和强制性的奴化教育。

从入学起就发奋学习的赵港，很快就通过了日语考试，扫平了学习其他课程的语言障碍。然而，学习那些日式教育课程，让赵港顿生强烈的反感和抵触，因为这与其潜意识里的中国心、民族魂相冲突。但是，看着早出晚归耕地种田的父母日渐苍老的面容和佝偻的身影，赵港不能不顾虑"没有学问无颜见爹娘"的压力和毕业后谋生自立的困难，于是暗中强制要求自己"一视同仁"地学习所有课程。只是之后每逢祭祖拜祖，赵港比以往更加用心、虔诚地遥祝隔海相望的"唐山"（祖国大陆）早日再现大唐盛世，或许是希冀以此纾解内心的纠结和不安，弱化"皇民化"教育的毒害。

青年才俊初长成

日本殖民当局在台湾开办中等教育的动机，是帮助在台湾的日籍学生毕业后能够达到留在台湾或返回日本接受高等教育的资质，所以最早于1907年成立的台北中学校和台南中学校都专收日籍学生。后经台湾士绅多番呼吁，日本殖民当局才被迫同意采取"商资官办"的模式，成立了招收台湾省籍学生的台中中学校，教学和管理等所有事务都由日本殖民者负责，台湾士绅除了出资，其他方面无权置喙。而歧视的差别教育一以贯之表现在中等教育上，中等学校的入学考试以专收在台湾的日籍儿童小学校的教育水平为标准，导致台湾省籍新生录取率不到五分之一，还不及日籍新生录取率的三分之一。1916 年，赵港从教育水平远逊于小学校的公学校毕业后，尽管学习成绩一直稳居班级前列，但还是在门槛过高的台中中学校入学考试中，与绝大多数台湾省籍同学一起名落孙山。这对于渴望升学深造的赵港来说，无疑是一次重大打击。

疼爱儿子的父母愿意资助赵港复读，争取来年"题名金榜"，但添了些书卷气的赵港更加通情理、重孝道，实在不忍继续拖累父母，下定主意勤工俭学。恰好家乡台中厅涂葛堀支厅大肚信用组合的书记员职位出缺，赵港抱着试一试的想法前往应聘。大肚信用组合的负责人还对当年远近闻名的"孩子王"赵港留有深刻印象，加之公学校毕业符合最低学历要求，很爽快地录用了赵港。

赵港十分珍惜在大肚信用组合谋得的职位。从入职第一天起，赵港就踏踏实实工作，很快得到大肚信用组合负责人的赏识。两年后一次机缘巧合，经大肚信用组合负责人极力推荐，赵港转调台中东竹物产信托株式会社，在那里勤勤恳恳地工作了 3 年。1921 年，19 岁的赵港工作整整 5 年了，不仅开阔了眼界，增长了见识，而且所挣薪金除了孝敬父母、贴补家用，还节衣缩食略攒了一笔积蓄。但赵港并不满足于此，在工作之余一直读书不辍，决心回到学校继续学习知识，充实自己。于是，1921 年 6

月，赵港再次报名并如愿考取了台中中学校。在台中中学校 3 年学习期间，赵港结婚成家，生育了一个可爱的女儿。赵港也化茧成蝶，成长为智勇双全、成熟干练的青年才俊。

在抗争浪潮中崭露头角

1915 年，台湾抗日志士余清芳领导的噍吧哖起义（史称西来庵事件，发生在今台南玉井）遭到日本殖民当局空前血腥残暴镇压。这标志着从 1895 年开始的长达 20 年的台湾人民武装反抗日本殖民统治的斗争以失败告终，台湾人民反日运动从此陷入低潮，但其维护祖国统一、捍卫民族尊严的事迹惊天地、泣鬼神，功勋彪炳史册、光耀千秋！此后，日本殖民当局更加有恃无恐地强化政治压迫、经济垄断、社会控制和教育歧视。为反抗日本殖民统治，1921 年，台湾先进知识分子发起成立台湾文化协会，继承先烈们的遗志，接续不屈地领导反抗日本殖民统治的斗争。

始于日据之初的清查土地林野、强占耕地森林，是日本殖民当局对台湾农民进行经济掠夺的第一步，本质是以殖民暴力为手段，迫使劳动者与生产资料相分离的殖民原始积累。以 1915 年日本殖民当局把嘉义、竹山等地的 15600 甲竹林划归为"模范竹林"，强行收归"国有"为标志，日本殖民当局对台湾耕地森林的强取豪夺变本加厉、肆无忌惮。台湾农民忍无可忍，在台湾文化协会的启蒙和引导下，逐渐对维护自身权益有所认识，1924

年开始奋起抗争，在竹林事件和二林蔗农事件中，迫使日本工厂作出让步，维护了祖辈传承下来的私有农地竹林的权益，提高了蔗糖的收购价格，鼓舞了农民们的抗争斗志。

1924年9月，伊泽多喜男就任"台湾总督"后，为了安抚因整顿日本殖民当局官僚机构而裁撤的大批人员，用两年时间，将3886甲所谓"官地"，实为台湾农民世代开垦耕种的私有土地，以所谓"官有地拂下"的名义放领给370名日本裁撤退职人员，迅速激起台湾农民一浪高过一浪的"官地"放领维权风潮。其中，1925年12月30日，6名日本裁撤退职人员承领赵港家乡台中州大甲郡大肚区大肚庄48甲"官地"，殃及73名台湾农户。为维护自身权益，这些农民推出3位代表，向"大甲郡守"增永吉次郎陈情请愿，但增永吉次郎稍微假以辞色后，老实本分的3位农民代表就怯懦而退了。这6名日本裁撤退职人员获知受损台湾农民派代表抗议后气焰更为嚣张，1926年2月，他们强行丈量了承领的土地，并将所有农作物连根拔起，每甲地仅象征性给予农户10元补助。这更激起了农民的愤怒。73名农户汲取前次陈情请愿却被欺骗的教训，达成必须公推一位见多识广、有胆有识的读书人当"领头羊"的共识，由此想到了在少年时代就被公认"不同凡响"的后生赵港。

1924年6月，赵港从台中中学校毕业。毕业后，赵港一时找不到工作，生活没有着落，所幸虽然自费读了3年书，但仍有少量积蓄节余。经人指点，赵港倾囊而出与别人合伙经营木炭生意，勉强能够养家糊口。这段时间，赵港切身体验到了民生多艰、民不聊生的困境，进一步蕴蓄了为民奔呼的满腹悲情和救世济民的满腔抱负，更在怀才不遇、壮志难酬的落魄中苦闷彷徨。接到父母要求其反抗日本殖民统治者霸占土地的告急信，赵港急忙赶回大肚庄，在宗族祠堂倾听父辈乡邻的哭诉请求，对他们被欺负而无可奈何义愤填膺，自责父老乡亲还记得并寄望于自己这个曾经的儿童"英雄郎"，自己却罔顾处在水深火热之中的乡民，任由一身才华、满腔抱负在为斗米糊口而折腰奔波的碌碌无为中蹉跎岁月。虑及于此，英雄义、家乡情激荡于胸的赵港，当场郑重表示："日本人欺人太甚！承蒙父老乡亲如此抬爱，作为十指连心的宗族晚辈，我责无旁贷，自当义无反顾，勇往直前！"

赵港逐一走访 73 名农户，详尽了解 48 甲"官地"的渊源。200 多年前，这些农地或是河川浮覆地，或是无人料理的荒地，经由农民们世代胼手胝足拓荒开垦，才被辟为良田。土地所有权，在清朝时期以获颁清政府田契、契单等得到继承，在日据初期以被日本殖民当局课税而延续继承。只是后来的几次洪涝冲击致使土地流失而再度荒芜，73 名农户又千辛万苦创造了河边荒地重变良田的奇迹，日本殖民当局却故意歪曲事实，坚持认定为荒地，不再认可农民的所有权。73 名农户不仅得不到补偿，反而还要向 6 名日本裁撤退职人员交纳地租，是可忍，孰不可忍?!

1926 年 4 月 11 日，掌握了大量确凿的证据后，赵港开始行动了。他带领 73 名台湾农户"割据" 48 甲"官地"，阻止日本殖民统治者进一步霸占农田。闻讯赶来的日本警察，不容分说拘捕了赵港。迫于农民的巨大压力，3天后赵港被释放。获得自由后，赵港立即联系在二林蔗农事件中成立的凤山农民组合创始人、台湾农民运动领袖简吉，商定了"文攻武卫"的反抗策略。一方面，他们一起前往台北与日本殖民当局的"内务局地方课"和"台中宪兵队"据理力争，唱文戏；另一方面，他们发动大甲郡"壮丁团"全体人员辞职，发动台中公学校学生罢课3天，并组织附近地区的农民赶来声援73名农户的"割据"行动，唱武戏。文武相济、双管齐下，"大甲郡守"增永吉次郎妥协折中，遂将48甲"官地"暂时转卖给当地地主。

积极参加创建台湾农民组合

大肚庄农民的抗争活动成为"官地"放领维权浪潮中的一大亮点。赵港声名鹊起，初露农民领路人峥嵘，获得73户农民广泛好评，成为农民的主心骨。台湾文学评论家叶荣钟曾在《日据下台湾政治社会运动史（下）》中写道："1920年以降，全台爆发十多起土地纠纷案之中，以台中州大肚庄、高雄州凤山郡大寮庄和台南州虎尾郡仑背庄三处在斗争和规模之中，备受官方重视，前两者可归功于该地的头人赵港、简吉领导有方，农民组织特别团结的缘故。"

但是，赵港十分清醒，大肚庄农民的抗争行动只是延阻了

"官地"放领进程，暂时改变了"官地"放领性质，一旦风头稍过，48甲"官地"随时会被地主"左手交右手"倒回给6名日本裁撤退职人员，农民的抗争成果也将在这种掩人耳目的把戏中化为乌有。同时，赵港又从这次抗争一方有难、多方声援的活动中，深刻体会到团结联合的重要性，从而无师自通地悟彻了"全世界无产者联合起来！"这一朴素的马克思主义真理。赵港与简吉彻夜促膝长谈，下定了放弃一切身外之物的决心，并肩致力于启蒙动员台湾广大农民联合起来，齐心协力将反抗日本殖民当局霸占土地和经济剥削的斗争进行到底，不惜付出被捕、坐牢甚至牺牲生命的代价。

赵港将退出合伙经营的木炭生意变现的微薄股金用作经费，在简吉的指导下，经过一个多月紧张筹备，1926年6月6日下午，在大肚庄妈祖庙正式发起成立由150名会员组成的大甲农民组合并自任委员长。这是继简吉创建凤山农民组合之后的台湾第二个农民组织。其后20多天时间，赵港奔波游走于涉农土地纷争四起的农村，坚定支持农民的维权抗争，努力唤起农民的中华民族意识，积极传授凤山、大甲农民组合抗争经验，指导虎尾、竹崎、曾文等地相继成立了农民组合。

至此，台湾农民联合起来共同抗争的条件已经成熟。时机不容错过，否则台湾农民自发的维权抗争和分散的各地农民组合，很容易被日本殖民当局分化瓦解、各个击破。为了趁热打铁，1926年6月28日，赵港、简吉召集台湾各地农民组合代表齐聚凤山，经过讨论，决定正式成立全岛性农民组织——台湾农民组合。本部设在凤山，下设嘉义、虎尾、大甲、曾文、凤山 5 个支部。简吉当选台湾农民组合中央委员长，赵港当选中央常任委员并被任命为争议部部长。

哪里有压迫，哪里就有反抗，哪里就有斗争！ 20 世纪 20 年代，肇因于反抗日本殖民当局强取豪夺农地竹林的台湾农民维权抗争，在拥有了自己的领导中心——台湾农民组合中央委员会，诞生了自己的领导核心——简吉、赵港后，正式演化并蓬勃发展为轰轰烈烈的台湾农民运动，而且天然富有鲜明的中华民族斗争色彩，成为台湾人民武装斗争失败后蓬勃兴起的反抗日本殖民统治的中华民族解放运动的重要组成部分。相识于大肚庄农民抗争"官地"放领运动的简吉和赵港，很快相知于酝酿成立台湾农民组合的奔波运筹中，结成志同道合、肝胆相照的革命战友，更在其后合作无间地领导推动风起云涌的台湾农民运动实践中，成长为台湾农民阶级的优秀代表和台湾农民运动的杰出领袖。

掀起台湾农民运动高潮

1926 年 6 月台湾农民组合成立后，赵港、简吉倾力推动解决"官地"放领和竹林争议等纷争，但却一直不能从根本上动摇日本殖民当局强取豪夺台湾农民农地竹林的蛮横政策。于是，1927 年 2 月初，赵港、简吉前往日本东京陈情请愿，虽然没有获得成功，但他们却见证了日本农民运动，并与日本农民组合、日本劳动农民党等左翼组织建立了联系，学习了很多抗争方法。

在东京期间，赵港、简吉拜访了日本国会进步议员清濑一郎，经其牵线，向日本众议院提交了赵港起草的《有关台湾之土地放领案》请愿书："此等土地均为缘故者独一无二之生活资源。倘或政府夺此而交彼政商、退职官吏，则缘故者立即无以为生，将陷入携带妻小彷徨街头之惨状……"但请愿书却以"未经审议"的悬案名目予以搁置。他们转而要求与日本首相和农业大臣见面陈情请愿，也遭到拒绝。

就在赵港、简吉失望无助之时，1927年2月20日，日本农民组合第六届代表大会在大阪举行。为学习日本农民斗争经验，赵港、简吉应邀从东京乘火车前往大阪参加了会议。在会上，赵港以"台湾农民组合成立及其发展"为题作了发言，介绍了台湾农民组合的成立背景、台湾农民运动的发展状况和此次日本之行的目标任务，获得全场热烈掌声，日本农民组合负责人与他们热情握手，承诺一定尽其所能支持和帮助台湾农民组合。3月15日，赵港、简吉应约拜会了日本劳动农民党负责人，请求派遣指导员常驻台湾，获得积极回应。不久，日本劳动农民党就派左翼进步律师古屋贞雄到台湾开设了律师事务所，为台湾农民争议案件进行辩护，为台湾农民运动提供斗争经验，对台湾农民组合和农民运动发展发挥了重要作用。

在赵港、简吉辗转日本各地之际，日本遭到关东大地震和金融危机打击。为转移日趋激化的国内矛盾，日本统治集团大肆镇压国内进步运动，策划伺机寻衅发动侵华战争，举国上下浮现出狂躁喧嚣的战争气氛。在返回台湾的轮船上，中国心、民族魂萦绕于怀的赵港百感交集，望洋兴叹："不到日本，不知日本领土地域之狭小；不到日本，不知故国唐山亡国危机之日亟！"

赵港、简吉此次前往日本，就陈情请愿而言，可谓铩羽而归；但就与日本左翼政党组织建立联系、结成农民运动同盟军并从中感知先进思潮而言，则是满载而归。

首先，赵港、简吉受到了席卷全球的左翼运动感召和影响，开始接受马克思主义的启蒙和指导。简吉在《台湾民报》发表文章，强调"为从一切压迫解放出来……我们须提高我们的阶级意识，而结成广大的坚固的团结，而进攻呀"！赵港以台湾农民组合名义发表了《台湾农民组合的过去、现在与未来》文章，呼吁"为了完成无产阶级的历史使命，必须以马克思主义的变革理论为探照灯，引领我们前进"。

其次，赵港、简吉返回台湾后，以"日本农民运动""日本农民组合"等为题，在岛内奔波演讲，介绍日本左翼政党组织领导开展农民运动的成功经验和成熟做法，引导广大台湾农民因地制宜、学以致用，促进了台湾农民运动的蓬勃发展。台湾农民运动日益发展壮大，到1927年12月，短短一年半时间，台湾农民组合就从成立时的5个支部、1000多名会员，发展成为拥有23个支部、4个联络处、24100名会员的台湾最大社会运动组织。

赵港在胜利面前头脑清醒，加之已经有过两次被捕经历，深知凶残狡诈的日本殖民当局不会放弃弹压，台湾农民组合和农民运动不能因为一时形势好转就盲目乐观、轻敌冒进，需要总结经验教训、明确路线方针、统一思想信念。赵港的深谋远虑及时提醒了简吉等其他台湾农民组合负责人，他们经过深入讨论达成一致，决定筹备召开台湾农民组合代表大会。

1927 年 12 月 4 日，台湾农民组合第一次代表大会在台中乐舞台戏院隆重召开，来自全岛 23 个支部的 155 名正式代表出席大会，600 多名非正式代表列席大会。日本农民组合中央委员长山上武雄、日本劳动农民党左翼进步律师古屋贞雄，东京台湾青年会社会科学研究部代表黄宗尧，无产青年代表赖通尧，台湾文化协会代表连温卿、王敏川、蔡孝乾、洪石柱，台湾民众党代表卢丙丁等共 50 名嘉宾应邀出席大会。日本农民组合、日本劳动农民党、日本大阪朝鲜劳动组合、朝鲜新韩会等友好政党组织团体也纷纷来电热烈祝贺。台湾农民组合第一次代表大会盛况空前，是日据以来台湾民间举办的规模最大的有组织的农民集会活动。

在赵港的严密组织下，台湾农民组合第一次代表大会全力排除日本警察的干扰和破坏，讨论通过了《日本劳动农民党支持案》《促进台湾工农联合》等 17 个文件，肯定了日本劳动农民党和日本农民组合对台湾农民组合和农民运动的指导和支援，同时就台湾农民组合的政治主张、运动方针等作出说明。大会强调指出，"我们的运动业已度过从事于所谓自然发生运动的时期"，"于当今阶段，我们非展开全体无产阶级的政治斗争不可"。大会提出，要"促进工农结合"，"依照马克思主义指导支持无产阶级之方法，宜待之于解决农民问题之方针"。大会选举产生了台湾农民组合领导机构，赵港、简吉、谢神财、陈德兴、杨贵当选为台湾农民组合中央常任委员。

台湾农民组合第一次代表大会召开后，在赵港、简吉坚强有力的领导下，台湾农民运动掀起了前所未有的高潮。一是领导组织台湾农民抗争维权案件 420 多个，其中，以南投郡山本农场争议、两次中坜土地争议、辜显荣所有地争议、台湾拓殖制茶公司土地争议、大湖庄所有地争议抗争最为著名；二是抗争原则和策略不再是反抗、协调、妥协的调和主义模式，而是有意识地激化冲突以昂扬台湾农民的反抗意志；三是抗争手段趋于多元化、激烈化，逐渐摒弃陈情请愿的方式，采取直接与地主交涉谈判、拒缴租金、隐藏已收割稻谷、强势拿回被扣押物品、设定假债权等形式，加大抗争力度。这一时期，台湾农民组合各地支部与日俱增，逐渐被风起云涌的台湾农民运动砥砺锻造为台湾最大的社会运动组织和台湾农民运动的坚强战斗堡垒。

加入台湾共产党

1928 年 4 月 15 日，在中国共产党领导下，台湾共产党在上海成立。台湾共产党的成立，标志着日据以来台湾人民的解放运动，历经义不臣倭、誓死保台的武装斗争和反抗日本殖民统治的中华民族解放运动，进入了中国共产党领导的反帝反封建革命斗争的新阶段。台湾共产党成立后，中国共产党对台湾共产党进行的反日斗争更是发挥了实质性的领导作用，台湾共产党始终、完全接受中国共产党的政治领导和组织领导。台湾人民从来都没有缺席中国共产党领导的反帝反封建的新民主主义革命。

1928 年 4 月 25 日，台湾共产党中央候补委员谢雪红在上海台湾青年读书会被日本警察抓捕，刚刚成立 10 天的台湾共产党遭到重创。5 月 24 日，谢雪红等 5 名台共党员被遣送到台湾受审。在审讯中，谢雪红机警过人，加之证据不足，6 月 2 日，日本殖民当局被迫释放了谢雪红等人。

按照 1928 年 4 月 18 日台共中央第一次会议决定的工作分工，谢雪红原本应该前往日本，负责联系日共中央有关工作，但她却因被捕而回到了台湾。获释不久的谢雪红，毅然决然挺身而出，在台北以开设"国际书局"为掩护，艰难地重建台湾共产党，重振台湾共产党组织，开创了台湾共产党在岛内组织、团结、领导台湾人民开展反抗日本殖民统治的新局面。

为贯彻落实台共中央第一次会议通过的《台湾农民运动纲领》，谢雪红获释不久就开始有意识地联系赵港、简吉等台湾农民运动领导人，在台湾农民组合开办"社会科学研究会"，专门培训台湾农民运动干部，以期从中物色、发展、培养台湾共产党党员，进而把台湾农民组合变成台湾共产党直接领导的革命团体，掌握台湾农民运动的领导权，发展壮大台湾无产阶级可靠的同盟军力量。

　　赵港对谢雪红钦慕已久，加之其在政治上已经倾向革命进步，与谢雪红一见如故，几番深入恳谈后，更被以马克思主义先进理论武装起来的无产阶级政党——台湾共产党的政治立场、政策主张吸引和折服，表露出向往并希望加入台湾共产党的强烈心声。简吉也非常认同台湾共产党的反日政策主张。

　　赵港的心声让谢雪红喜出望外。谢雪红充分肯定赵港赤诚的拳拳中国心和深厚的中华民族情怀。谢雪红表示："台湾今后的出路，先要事急从权地联合一切可以联合的力量，促使台湾尽快脱离残暴苛酷的日本殖民统治，实现自我解放；待新民主主义革命在祖国大陆取得彻底胜利，再回归中国共产党领导、人民当家作主的祖国。"谢雪红的一席话让赵港备受鼓舞、豁然开朗，要求加入台湾共产党的愿望更加迫切。赵港表示，如果加入台湾共产党，一定会坚决贯彻执行台湾共产党的指示要求。

　　1928 年 6 月 27 日，台湾农民组合中央委员会召开会议，讨论台湾农民运动发展方针，就台湾农民组合的斗争策略发生了争论。见此情景，赵港奋勇当先，与简吉、陈德兴、杨春松、杨克培、陈昆仑、颜石吉等人一起，严词批判了注重通过合法抗争谋取农民权益的妥协主张，开除了杨贵、谢进来、谢神财等所谓左翼社会民主主义路线的代表人物，台湾共产党的革命主张和斗争路线在台湾农民组合正式确立下来。在这场台湾农民组合领导机构的路线斗争中，赵港表现突出，政治立场坚定，经受住了考验。1928 年 8 月，赵港光荣加入台湾共产党，成为谢雪红在岛内发展的第一批台湾共产党党员。

在台湾共产党旗帜下胜利前进

在赵港的大力支持和协助下，谢雪红贯彻落实《台湾农民运动纲领》的努力初见成效，赵港、陈德兴、杨春松、杨克培等台湾农民组合领导人成为台湾共产党在岛内发展的第一批党员，台湾共产党这面光辉旗帜在台湾农民运动中的影响力和号召力日益扩大。

1928 年 8 月 29 日，台湾农民组合在台北召开第一次中央委员会会议，在赵港的提议下，郑重邀请谢雪红出席会议，就台湾农民组合如何领导台湾农民运动从反抗日本殖民统治的台湾人民解放运动转型为反帝反封建的新民主主义革命斗争，认真听取了谢雪红代表台湾共产党提出的意见和建议。谢雪红在会议上指出："大陆的五四运动、五卅运动等解放运动，大部分由青年担任，成为解放运动的先驱，因此工农运动与青年运动密不可分。"经过热烈讨论，会议完全接受谢雪红提出的意见，决定按照谢雪红提出的意见开展工作，并决定以在台湾共产党领导下起草的《台湾农民问题对策》，作为将于当年 12 月召开的台湾农民组合第二次代表大会的指导性文件。台湾共产党还把简吉作为重点发展对象。

1928 年 12 月 30 日至 31 日，台湾农民组合第二次代表大会在台中乐舞台戏院召开，全岛 40 多个台湾农民组合支部都推荐了正式代表出席，加上列席会议的非正式代表，共有 1000 多人参加了会议。本次代表大会人员规模超过第一次代表大会，显示经过一年艰辛努力，台湾农民运动取得了长足发展进步，台湾农民组合更加发展壮大。在这次会议上，简吉被任命为台湾农民组合书记长，赵港当选中央常任委员。

大会发表《台湾农民组合第二次全岛大会宣言》，宣告"今后要以反帝反封建的革命斗争路线为指引"，喊出了"拥护工农祖国苏维埃""支持祖国工农革命"的口号；确立了反抗日本殖民统治的中华民族立场和反封建的无产阶级立场，号召向日本殖民当局发动革命斗争以更多争取广大台湾农民的权益；呼吁在"确立耕作权与团结权"的基础上，"农民们赶快加入农民组合，工人们赶快加入工会""工人与农民团结起来""全台湾被压迫民众团结起来"。台湾农民组合第二次代表大会的胜利召开，标志着台湾农民运动正式转型为反帝反封建的台湾农民革命斗争，台湾共产党牢牢掌握了台湾农民组合的思想路线和政治路线的领导权。

革命斗争越是不断前进，反动势力越会疯狂反扑。赵港、陈德兴、杨春松、杨克培等台湾共产党党员和入党积极分子简吉等台湾农民组合领导人，以台湾农民组合第二次代表大会成功召开为契机，全力推动反帝反封建的台湾农民运动取得新进展。一年来，台湾农民运动的迅猛发展，台湾人民反抗日本殖民统治的高昂士气，引起日本殖民当局极其恐慌，把台湾农民运动视为洪水猛兽、心腹大患。为镇压台湾农民组合和台湾农民运动，1929

年 2 月 12 日，日本殖民当局发出"全岛大整肃"逮捕令。日本殖民当局"特别高等刑事课"警察趁天还未亮，突然在台北、新竹、台中、台南、高雄等地大肆搜捕台湾农民组合、台湾文化协会和台湾共产党开办的国际书局骨干成员，调查台湾共产党和台湾农民组合的关系。在这次搜捕行动中，日本警察搜查了 300 多处住所，没收了 2000 多件物品，逮捕了 59 人，并以违反"台湾出版规则"第 17 条为由，将其中 51 人移交"检察局"审判，简吉、陈德兴等 12 人被判处一个月至一年不等的徒刑。这就是二一二事件。

二一二事件后，在日本殖民当局的强力镇压下，台湾农民运动遭到重创，台湾农民组合大批重要负责干部被捕，台湾农民组合及其各地支部大都被查封破坏。"沧海横流，方显英雄本色！"当此紧急关头，在台共中央坚强领导和支持下，1929 年 10 月，没有被日本殖民当局警察抓捕的台湾农民组合中央常任委员赵港、台共党员杨春松被任命为台湾农民组合党团负责人。他们临危受命，挺身而出，指挥联系各地台湾农民组合支部转入地下开展斗争，领导组织广大农民团结在台湾共产党的光辉旗帜下，继续百折不挠坚持开展农民革命斗争。1929 年 12 月，台湾农民组合在台北召开第二次中央委员会会议，杨春松当选为中央委员长。

经过新一届台湾农民组合中央领导机构的艰辛努力，到 1930 年冬，仅仅一年多时间，台湾农民组合及其各地支部就恢复了元气，台湾农民革命斗争更加如火如荼地开展起来。台湾

《新大众时报》1931 年 3 月号曾统计汇总 1930 年 6 月以来台湾农民革命斗争详细情况：1930 年 7 月 30 日，台湾农民组合曾文支部动员 300 多人包围糖厂，要求提高甘蔗收购价格；8 月 1 日，屏东支部召集 400 多人参加反抗日本殖民当局大会；9 月 22 日，台南州支部联合会动员 1000 多人包围学甲、佳里、麻豆、下营各庄役场，抗纳或要求减免嘉南大圳水租；10 月，屏东支部组织 100 名农民反对起耕；11 月 4 日，屏东支部盐埔出张所成立；11 月 7 日，台南州支部联合会动员 300 多人、高雄支部联合会动员 600 多人集会，纪念俄国十月革命；11 月 23 日，台南州支部联合会发动农民抬棺材或马桶、牵水牛在各庄役场游行示威，集体抗租；11 月 27 日，打倒反动团体斗争委员会举办巡回演讲；11 月 29 日，桃园支部组织反对扣押青苗，动员农民割稻。

台湾农民反帝反封建的革命斗争，从 1929 年二一二事件后陷入低谷到 1930 年底再掀高潮，有力证明了旗帜就是方向，旗帜就是力量！台湾共产党这面光辉旗帜为台湾人民革命斗争带来了光明和希望，台湾共产党是深处灾难中的台湾人民完全值得信赖、完全可以依靠的组织者和领导者。

1929 年 12 月 20 日，日本殖民当局判处简吉一年监禁。1930 年 12 月 24 日，简吉刑满出狱。这时，赵港正在筹备召开台湾农民组合第三次中央委员会（扩大）会议。简吉出狱后，迅速与赵港取得联系，全力支持将台湾农民组合发展成为台湾共产党的外围组织，决定在台湾共产党领导下继续开展农民革命斗争。

1931 年 1 月 1 日，台湾农民组合在嘉义竹崎召开第三次中央委员会（扩大）会议。这次会议审议通过了《支持台湾共产党案》《提供组织反帝同盟案》《建立赤色救援会组织案》等 17 项议案，决定正式向全体会员公开台湾农民组合与台湾共产党的特殊关系，获得各地农民组合的热烈拥护和大力支持。至此，台湾农民组合中央委员会 3 名常任委员赵港、简吉、陈德兴，12 名中央委员杨春松、陈结、赵钦福、陈海、张行、林新木、吕得华、蔡端旺、庄万生、黄天、陈昆仑、杨四川，都已全部加入台湾共产党。通过这次会议，台湾共产党完全掌握了台湾农民组合思想路线和政治路线的领导权，彻底对台湾农民组合进行了革命性改造，台湾农民组合发展成为台湾共产党领导下的革命团体，发展壮大成为台湾无产阶级可靠的同盟军力量。

从此，台湾农民组合前进方向更加旗帜鲜明，组织领导台湾农民革命斗争更加团结有力，各级干部的思想素质和革命能力得到很大提高，台湾人民反抗日本殖民统治的斗争进入了新阶段。

革命成功君已逝　更使英雄泪满襟

1931 年 1 月 27 日，赵港被任命为台湾共产党临时中央委员会常务委员。台湾农民组合第三次中央委员会（扩大）会议召开后，赵港坚决服从台共中央领导，临危不惧，勇于担当，为重整台湾农民组合组织体系，再迎革命斗争高潮而奔波，致力凝聚台湾农民组合各地支部团结在台湾共产党的光辉旗帜下，成为当之无愧的台湾农民阶级的优秀代表、台湾农民革命运动的杰出领袖。但与此同时，这也引起日本殖民当局的高度关注，日本警察加紧了对赵港的严密盯梢布控。

1931年3月，日本殖民当局又发动了一次针对台湾共产党的"大检举"，对台湾农民组合、台湾文化协会和台湾共产党进行了更加血腥残暴的镇压。

1931年3月23日，日本殖民当局台北市警察局收到"线报"，派出两名密探连夜闯进台湾农民组合会员陈春木位于台北市大道埕的住所。这时，临时借宿在陈春木家中的赵港，正在赶写一份台共中央重要文件。赵港正在伏案奋笔疾书，突然听到门外传来急促的脚步声，马上机敏地作出反应，立即将与其一起临时住在陈春木家中的台湾农民组合中央委员会常任委员陈德兴推出窗外，又从放在桌子上的《改革同盟成立文件》《文化协会解消问题》《台湾运输工会组织文件》《台湾运输工会运动方针》等台共中央文件中，迅速把最重要的《台湾共产党党员花名册》塞进嘴里，一边费力吞咽，一边举起油灯从其头顶浇下，试图烧头自杀……但门被踹开了，日本密探夺过油灯，将赵港打倒在地。

陡遭变故，赵港"猝然临之而不惊"。这之前很长一段时间，赵港"已经隐约察觉到日本殖民统治当局正在费力侦查台共组织情况，随时都会针对台共展开蓄谋已久的全岛大搜捕行动。自己这次行踪不密而致提前被捕，绝不会再如以往几次被捕，拘禁一段时间即可保释，应该做好自投身台湾农民运动起就已经做好的思想准备，甚或今晚就是最后的牺牲时刻了"。想到这些，赵港热血沸腾，但头脑却异常冷静，迅速而缜密地作出了"决定"。在被押解前往监狱的路上，赵港不顾日本密探的厉声呵斥和拳打脚踢，沿途慷慨激昂地高呼"台湾共产党万岁"的口号。赵港一声声划破台北静谧街头的呐喊，引起夜行路人纷纷驻足观望。赵港的这个"决定"和动作，就是希望通过口口相传，让台共中央获悉自己被捕的消息，从而做出紧急应变部署。

1934 年 4 月 24 日，距赵港被日本殖民当局抓捕已经三年一个月了。在狱中，赵港受尽了日本狱卒的折磨，经受住了日本狱卒的百般严刑拷打，但他始终保持共产党员的革命斗志，始终坚守自己是中国人的立场，牢固坚守融入血脉的中华民族意识，对日本殖民当局轻蔑以视，毫不畏惧。日本狱卒一无所获，转而将赵港移送所谓台北"法院"审理。经过两个多月的审讯，1934 年 6 月 30 日，台北"法院"公开判决所谓"赵港台共案"，判处赵港 12 年徒刑。

过去几年间，赵港繁忙奔波台湾各地，组织领导台湾农民开展革命斗争，经常风餐露宿，起居无常，尤其是身陷囹圄，遭到日本殖民当局狠毒的酷刑折磨、长期的非人禁锢，原本就已羸弱难支的身体状况更加恶化。慑于赵港在台湾农民运动中的崇高威望，害怕赵港猝死狱中，狡黠的日本殖民当局为洗脱凶残虐待、摧残赵港的罪责，玩起了伪善的人道把戏，通知赵港家人办理所谓"保外就医"手续。1935 年 3 月初，在失去人身自由 4 年后，赵港几近生命垂危，才得以挣脱囚笼，被家人接回台中州大甲郡大肚庄。

生命垂危的赵港，看着满脸沧桑的年迈父母，为不能尽孝而泪眼模糊；望着执手垂泪饮泣的妻子和放声大哭的子女，心如刀割；与闻讯赶来探望的旧识故交勉力笑谈，风轻云淡；面对感伤不已的 73 名乡邻农户，极力宽慰，鼓舞斗志：绵尽微薄，回报桑梓，得偿夙愿，此生无悔！

20 多天后，赵港的病情急剧恶化。弥留之际，赵港反复念叨着"唐山"，在亲朋好友的哭喊声中，慢慢地、永远地闭上了双眼。生命时钟定格在 1935 年 4 月 5 日，清明节，终年 33 岁。

时光荏苒又十载。赵港的革命引路人谢雪红等台湾共产党党员，凭着坚强的毅力，顽强战斗到 1945 年 8 月 15 日日本宣布无条件投降，走出日本殖民当局黑牢，仍然保持着高昂的革命斗志，参与领导了 1947 年爆发的台湾人民反抗国民党反动统治的二二八起义，发起成立了台湾民主自治同盟，1949 年 9 月参加了中国人民政治协商会议第一届全体会议，全身心投入实现祖国统一的伟大事业。每每忆起赵港，这些台湾共产党党员都以"出师未捷身先死，长使英雄泪满襟"表达哀思和敬意。革命成功君已逝，更使英雄泪满襟。

张 庆

　　张庆（1926—1950），河南虞城人。1947年7月考入台湾大学历史系，1948年5月在台湾大学加入中国共产党。1950年4月被捕，5月12日在台北马场町英勇就义。

出身书香门第　自幼聪明好学

1926 年，张庆出生在豫东虞城古镇马牧集（今虞城县城关镇）大北门里路西的一个书香门第家庭。张家是当地大户人家，张庆是家中长子，下有张凤仙、张领、张凤芝、张英、张威三个弟弟两个妹妹。

张庆的外曾祖父是清朝翰林院士。父亲张瑞麟出生于 1908年，开封师范学校毕业。据族谱记载，张瑞麟学问造诣很深，热心助人，从教兼营企业，曾担任亳县马牧小学等 10 所小学校长。1933 年，张瑞麟联合当地富人和乡绅，在马牧集小南门里路东的魁星庙兴建了灵古小学（今红旗小学），并担任校长。抗日战争时期，马牧集被日军占领，张瑞麟拒绝在学校开设日语课程，愤而辞职。1943 年，张瑞麟加入国民党，与国民党党员孙方秋秘密组织反日活动，成立国民党马牧区党部，张瑞麟担任党部主任，负责把学生送往国民党统治区学校接受教育，反日爱国行为给子女们树立了很好的榜样。

1945 年 8 月 15 日，日本宣布无条件投降。张瑞麟全家兴高采烈，放鞭炮热烈庆祝。1946 年 3 月，张瑞麟卖掉家中田地 1 公顷（15 亩），兴办了灵古中学（今虞城县高中）。1991 年出版的《虞城县志》"私营企业"篇目中记载，"民国期间，马牧集东西大街店铺众多，资金数额较大的有何兴顺杂货铺、万聚烟店、广庆堂药店"。在"土特产·加工品"篇目中，介绍了张瑞麟经营的企业"黑京果"，拥有职工 32 人。张瑞麟一生热心教育事业，从卖掉田地的收入中抽出部分资金，又动员马牧集富人和乡绅捐款，在灵古小学的基础上兴办了灵古中学，并担任校长。张瑞麟规定，灵古中学与公立学校一样平价收费，用家族企业何兴顺经营所获利润作为学校日常开支经费。张瑞麟的义举获得当地百姓交口称赞。

1948 年冬，马牧集解放，灵古中学由人民政府接收管理，张瑞麟继续担任校长。1990 年，张瑞麟离休，仍然担任灵古中学名誉校长，并担任虞城县政协委员。1991 年 1 月，张瑞麟临终前嘱咐子女将其省吃俭用攒下的 5000 元捐给了灵古中学。

张庆自幼聪颖，秉性耿直，少言寡语，喜爱读书。张庆 7 岁进入马牧小学读书，作文经常被学校收录为范文。小学三年级时，由于马牧集被日军侵占，张庆被迫辍学。1934 年 6 月，张庆在马牧集西街读私塾，兼学初中课程。1942 年 7 月，张庆转入邻县鹿邑县石槽中学就读，半年后转入亳县涡北初级中学（今涡北中学）读书。当时，涡阳、亳县、涡北属于国民党统治区，学校每天组织学生演唱抗日救亡歌曲，开展抗日宣传活动，张庆接受了强烈的爱国主义教育。

追求思想进步　考入台湾大学

抗日战争胜利后，张庆与表舅长女程若兰结婚成家。程若兰比张庆大一岁，大家闺秀，遵从礼教，独守家门，直至去世。张庆兄弟 4 人，二弟张英之子张思楠是张家唯一男性后代。20 世纪 80 年代，遵照张庆父亲张瑞麟的意见，经河南省台办同意，张思楠过继给了张庆，并由河南省台办为其办理了台属证。张思楠曾在加拿大留学，现在河南自主创业。

1945 年 9 月，张庆考入商丘高级中学。高中时期，张庆阅读了家里珍藏的全套陈独秀创办的《新青年》杂志，以及李大钊、鲁迅、巴金等撰写的革命文章，受到社会主义和共产主义思想启迪，为其走上革命道路，在台湾从事党的地下工作打下了坚实基础。

1947 年 7 月，张庆从商丘高级中学毕业，以第七名的成绩考入台湾大学历史系。1948 年 5 月，张庆在台湾大学参加了中共台湾地下党组织领导的革命斗争，光荣加入中国共产党，与地下党员于凯、姜民权（女）组成台湾大学地下党组织三人领导小组，领导台湾大学法学院、台湾大学医学院附属医院地下党组织开展革命活动。

从事地下斗争　献身统一大业

在台湾大学学习期间，张庆与于凯、姜民权组织领导地下党外围组织台湾大学耕耘读书社、新生剧团和海天歌舞团，宣传进步思想主张，反对国民党独裁专制统治，反抗国民党镇压台湾革命群众运动。这一时期，张庆将个人安危置之度外，积极组织领导台湾大学学生运动，参加了台湾大学进步青年学生组织的所有抗争活动。

根据上级党组织要求，张庆、于凯和姜民权肩负收集国民党军事情报的艰巨任务。于凯担任台湾大学耕耘读书社副社长，是中共地下情报组织"台工组"核心骨干成员。按照党组织确定的情报传递规定，他们将收集的情报密写在一条丝巾上，由姜民权缝在布帐中传递。为获取情报，张庆通过亳县涡北初级中学同学，也是台湾大学校友的路统信，秘密策反争取了路统信在驻澎湖国民党军队的堂兄路齐书。路齐书是国民党培养的高级特务，迅速将澎湖列岛国民党军防守地图等军事情报交给了路统信和张庆。收到情报后，张庆、于凯和姜民权将地图等资料秘密拍照，再通过地下党组织情报关系带回祖国大陆。

1950年初，由于身份暴露，于凯被捕。国民党特务加大侦破力度，企图将中共台湾地下党组织彻底破坏。4月，张庆、姜民权落入魔爪。在狱中，张庆、于凯、姜民权受尽酷刑，但他们大义凛然，英勇不屈，决不吐露党组织的半点秘密。恼羞成怒的国民党特务对张庆下了毒手。1950年5月12日，张庆在台北马场町英勇就义，年仅24岁。

英魂回归故土　事迹育化后人

张庆英勇就义后，葬于台北郊区的荒山上。1989年，张庆被追认为革命烈士。

20世纪90年代初，好心的台湾同胞无意间发现了刻有张庆名字的小墓碑。在这个小墓碑周围，还散落着许多刻有名字的被国民党特务杀害的地下党员的墓碑。1993年，张庆涡北初级中学、商丘高级中学、台湾大学同窗挚友，美籍华人博士秦维聪在母校涡北初级中学所在地河南省鹿邑县建立的纪念塔上，镌刻了张庆遗像、英勇事迹及当年悼念张庆的诗作："晨雨细细潮衣襟，马场町前觅故魂。友情殊重力不胜，音容愈久愈清新"。

2000年，张庆部分遗骨由台湾朋友移葬于台北六张犁，并设立纪念碑供人瞻仰，纪念碑上镌刻着张庆的遗照和事迹；另一部分遗骨由幸存下来的战友姜民权和台湾大学校友迁回北京，安葬在八宝山革命公墓。有关部门在八宝山革命公墓为张庆举行了追悼会。后来，根据张庆亲人们的意愿，有关部门将张庆遗骨迁葬在虞城县革命烈士陵园。在中共虞城县委、虞城县人民政府为张庆举行的追悼会上，秦维聪将珍藏的张庆青年时代的照片和悼念诗文镌刻在墓碑上。

为悼念张庆，二弟张英写了两首词：

（一）

苏幕遮·悼亡兄

雨凄凄，风烈烈。宝岛当年，草染亡兄血。可叹身卒敌未灭。两岸陈兵，疆域长分裂。

念深深，情切切。故土魂归，峡浪声声咽。气贯长虹青史写。阿里黄河，久盼重圆月。

（二）

水调歌头·悼亡兄

旧日台湾岛，血雨又腥风。丹心血染芳草，浩气贯长虹。玉碎澎湖谍案，峡划神州楚汉。两岸对陈兵。魂系月圆愿，浪咏士遗情。四十载，期远雁，始三通。灵归故土，阿里五岳痛辞迎。壮举永垂青史，铭记继承宏志。疆域共晴空。酹酒祭英烈，挥泪悼亡兄。

刘如心

刘如心（1915—1950），又名刘志强，广东韶关曲江（今韶关乳源瑶族自治县）人。1938年7月加入中国共产党。1950年1月被国民党特务从澳门劫持到台湾继而被捕，7月10日在台北马场町英勇就义。

幼年立志　报效国家

1915 年，刘如心出生在广东韶关曲江一个普通农民家庭。父亲刘寿林、母亲谢细莲共育有 7 个子女，其中最小的女儿出生不久，由于家境贫寒，就被送人当了养女。

刘如心在家乡读完小学和初中，成绩一直名列前茅。幼年时代的刘如心目睹了军阀混战、民不聊生、山河破碎的惨景，树立雄心壮志，一定要打倒军阀，报效国家，拯救人民于水深火热之中。

宣传抗日　身陷囹圄

1931 年九一八事变后，不愿当亡国奴的东北父老乡亲，纷纷奋起抗击日本侵略者。深重的民族灾难唤起了空前的民族觉醒。九一八事变后，中日民族矛盾上升为主要矛盾，抗日救亡运动在全国迅速兴起。

全国各个城市的青年学生、工人、城市小资产阶级、民族资产阶级、上层小资产阶级和知识界上层分子等各界爱国人士，都发出要求抗日的强烈呼声，积极投入抗日救亡运动。地处粤北重镇的韶关，学生、工人爱国抗日的热情高涨，纷纷成立声势浩大的抗日救亡团体。广东第三师范学校（今韶关师范学院）、曲江县中学、德华女子中学、励群中学等学校的进步师生，在中共地下党组织的领导下，发动教师和学生召开紧急大会，组织"抗日会"，积极宣传抗日主张，反对日本帝国主义的侵略暴行。

这时，就读于广东第三师范学校初中三年级的刘如心，在其大哥刘华章（国民党军广东南韶连政治讲习所毕业，参加过北伐战争）、邓玉兰（国民党军广东南韶连政治讲习所毕业）、侯铁民等中共地下党员的引导教育下，参加了中国共产主义青年团。加入共青团后，刘如心积极宣传共产主义思想，宣传中国共产党的抗日救亡主张，揭露国民党对日妥协、不抵抗的反动政策。刘如心机智勇敢的表现，深受地下党组织的关注和进步师生的赞许，其慷慨激昂的演讲给大家留下了深刻印象。

由于表现突出，国民党特务也注意到了刘如心，对其进行了严密监控。1932年秋，刘如心在韶关参加二哥刘复英婚礼时，5名国民党武装特务突然闯入婚礼现场，其中一个特务用手枪指着一个头戴礼帽、架着黑色眼镜的李姓叛徒，厉声喝问："谁是刘志强？"叛徒立即指认出了身穿西装的刘如心。于是，特务们蜂拥而上，将刘如心套上手铐强行带走，婚礼喜事瞬间变成了骨肉分离的悲剧。

刘如心被捕后，国民党特务将其关押在曲江县政府专门囚禁死刑犯的牢房中。救子心切，父亲刘寿林四处奔走营救，但都无济于事。正巧的是，国民党军粤军旅长莫雄弟媳、广东第三师范学校教师何绍玉平时颇为器重刘如心，极力向莫雄寻求救助。平时就同情、倾向共产党的莫雄慨然允诺，转而求助当时担任广东西北区绥靖公署专员的李汉魂。李汉魂以刘如心未满16岁、年少无知为由，通知曲江县县长薛汉光从轻处理。随后，刘如心父亲将祖屋以1000银圆典给别人，以此用作向薛汉光贿赂的经费。广东第三师范学校校长黄焕福也很关心刘如心，愿意出面给予担保。经过各方共同施救，才免去了刘如心的死刑，判处有期徒刑5年，送到广州南石头"感化院"服劳役。在监狱，刘如心在中共地下党组织的帮助下，刻苦学习英语、法语、日语、俄语，秘密阅读了许多进步书籍，虽经常遭受国民党特务的残酷迫害和虐待，被折磨得遍体鳞伤，但始终坚定斗争、决不屈服。后来，广东军阀陈济棠树起抗日反蒋旗帜，国民党西南政务委员会决定实行"大赦"，1934年夏刘如心才走出监狱。

留学日本　参加革命

恢复自由不久，中共地下党组织计划派刘如心前往苏联学习，但遭到其父反对而作罢。其后，刘如心亲戚、曲江县参议会常委黄镇奎，曲江县教育局局长刘邦杰，以及当地士绅江子韶等人，联名上书国民政府实业部部长陈公博，请求他出面帮助刘如心继续学业。陈公博祖籍曲江，愿意栽培桑梓青年。于是，在家人和亲友们的支持下，1934年8月，刘如心前往上海持志大学就读了一个学期。1935年2月，刘如心前往日本东京留学。

在东京留学期间，刘如心积极参加郭沫若、何香凝、廖承志以及左翼作家联盟组织的革命活动，矢志追求革命真理。一次，刘如心在东京神田区中华青年会聆听郭沫若发表演讲，突然有不明身份的人起哄捣乱，国民党派到日本的一小撮特务乘机包围、殴打郭沫若，会场顿时一片混乱。见此情景，刘如心立即联合聆听演讲的华侨华人和青年，全力保护郭沫若安全撤出会场。混乱中，刘如心被国民党特务和闹事者打成重伤，幸亏警察及时赶到，他才被救了出来。康复之后，刘如心对同学说，"保护郭沫若是维护正义应尽的责任"。刘如心在东京开展的革命活动，被国民党特务盯得很紧，视其为左倾分子，日本警察也对其特别"关照"，革命活动经常受到严密监视。日本警察和国民党特务多次突击搜查刘如心的宿舍，抄走了许多进步书刊。

抗日救国　奔向延安

1936 年 4 月，为摆脱日本警察和国民党特务的迫害，赴日留学一年的刘如心回到祖国，在粤汉铁路局武汉分局谋得一个职位。1937 年 7 月全民族抗战爆发后，刘如心怀着国家兴亡、匹夫有责的一片爱国热情，辞去了粤汉铁路局武汉分局的工作，拒绝了国民党高官厚禄的诱惑，下定决心献身民族独立事业。这期间，刘如心与八路军武汉办事处取得联系。根据党组织指示，刘如心回到粤北地区宣传中国共产党的抗日救亡主张，组织开展抗日救亡斗争。

1938年5月，刘如心和大哥刘华章（又名梦晖）、四弟刘光军、二妹刘捷，以及曲江县进步青年叶应隆、刘兆祥、邹新荣等十多人，一起前往八路军武汉办事处开具介绍信，然后分赴山西、延安，进入山西民族革命大学、延安抗日军政大学、延安陕北公学等学校学习。在延安，刘如心得到邓发、冯大奎、李楚离等中共有关方面负责人亲切接见。在延安学习期间，经过党组织认真考察，1938年7月，刘如心光荣加入中国共产党。

1938年8月，经国民政府军事委员会政治部设计委员、留日同学阎宝航介绍，刘如心在武汉见到了国民政府军事委员会政治部副部长周恩来、国民政府军事委员会政治部第三厅厅长郭沫若。见到亲人，刘如心热泪盈眶，有许多话要对亲人说。在谈话中，刘如心表达了希望前往英国学习和工作的意愿，得到周恩来和郭沫若的赞同和鼓励。随后，郭沫若以国民政府军事委员会政治部第三厅的名义，聘请刘如心为"国际宣传委员"（在延安时已被新华社聘为驻欧洲特约记者），以利其向国际社会宣传、介绍中国人民艰苦卓绝的抗日战争。

海外赤子　侨胞知音

1938年10月，刘如心从广州出发，乘船途经新加坡等地前往欧洲。一路上，刘如心积极向当地华侨华人宣传中国共产党的

抗日救亡主张，呼吁华侨华人青年返回祖国参加抗战，动员华侨华人捐款捐物支援祖国人民抗战。刘如心简洁有力的宣讲，在华侨华人中产生了广泛影响，取得了良好效果。

到达英国后，刘如心先后获得英国伯明翰大学、伦敦大学硕士学位。为筹措学费，维持日常生活开支，刘如心除为新华社撰稿领取微薄稿酬外，还利用业余时间前往华侨华人开设的餐馆、洗衣店打工谋生。刘如心工作认真负责，待人谦虚谨慎，乐于热心助人，深受英国华侨华人赞誉。凡是接触过的华侨华人，不论富商巨贾或一般商贩，刘如心都以诚相待，尽力帮助。留学英国期间，刘如心与爱国华侨伍灶容筹资兴办新华贸易行，从国内购买了大批国产商品和中文印刷机，解决了华侨华人的急盼急需。毕业后，刘如心考取英国工程师，进入伦敦福特汽车制造厂工作，被推选为伦敦中华总商会副会长，在当地华侨华人中享有很高的声誉。

1945 年 8 月 15 日，日本宣布无条件投降。旅居英国的华侨华人扬眉吐气，庆祝祖国人民抗日战争取得胜利。然而，国民党统治集团严重阻碍中国共产党和中国人民维护国内和平民主的积极努力。1946 年 11 月，国民党召开所谓"国民大会"。会议召开前，国民党统治集团强行控制代表人选，宣布除抗战前选出的代表有效外，国民党中央委员和候补中央委员都是当然代表，并指定一些"效忠"蒋介石的国民党党员为候选代表。海外华侨华人代表以洲为选区单位，国民党伦敦党部负责人赵某，已由国民党中央组织部部长陈立夫指定为候选人，但欧洲各国华侨华人坚决不屈从国民党压力，选举刘如心为欧洲区"国大代表"，这使陈立夫"异常震惊"。

1946 年 11 月，刘如心回到国内，参加了国民党一手包办的"国民大会"。会议期间，刘如心与美洲区代表司徒美堂、亚洲区代表陈嘉庚等联名提出"救济华侨眷属难民""鼓励华侨投资"等议案。刘如心还专门向当时在南京梅园新村的周恩来同志汇报了在英国学习工作以及在欧洲各国华侨华人中开展革命斗争活动的有关情况。

1947 年 5 月，国民党筹备举行新一届所谓"立法委员"选举，国民党中央党部副秘书长郑彦棻特别设宴招待临时回国的刘如心，并邀其二哥刘复英陪同。席间，郑彦棻示意刘如心放弃竞选欧洲区"立法委员"，合力协助国民党属意的陈某竞选，并伪善地表示，愿意推荐刘如心"出任国民党中央侨务委员或建设厅长"，甚至推荐刘复英担任县长，企图以名利诱惑刘如心，但被刘如心断然拒绝，引起郑彦棻的极度不满。结果，1948 年刘如心被欧洲各国华侨华人选为欧洲区"立法委员"，郑彦棻、陈立夫支持的陈某彻底失败。为此，郑彦棻怀恨在心，把刘如心视为"不是我们的人"。

血溅宝岛　浩气长存

1948 年 4 月，刘如心回到南京，参加 5 月举行的国民党"行宪"的第一届"立法院"大会。会议结束后，刘如心留在国内没有返回英国。

1949 年 4 月 23 日，南京解放，国民党长达 22 年的反动统治宣告覆灭。为垂死挣扎，国民党特务加紧了对所谓"异党"和"危险分子"的严密监视，疯狂残酷迫害共产党员、革命群众和进步人士。

国民党特务经过侦查，获知了刘如心的革命经历，上报了他的有关情况，"刘如心青年时代参加过共产党组织，曾被判刑五年；在没有得到国民党支持的条件下，先后当选欧洲区国大代表和立法委员；回国后政治态度不明；兄弟姐妹六人中，四人是共产党员"。加上郑彦棻对刘如心的极度不满，就这样，刘如心成为国民党特务"黑名单"上的重要人物，随时都面临着受迫害、被逮捕的危险。

1949 年 8 月，为避免被国民党特务劫往台湾，刘如心与家人一起留居在澳门，准备广州解放后返回韶关家乡。

1949 年 10 月 14 日，广州解放。广州解放不到一个月时间，刘如心就接到二妹刘捷和在人民解放军 44 军政治部工作的妹夫肖平，以及在第二野战军第五兵团政治部工作的四弟刘光军来信，邀请其携家人返回韶关曲江与父母亲团聚。收到来信后，思乡心切的刘如心迅即赶到广州，与肖平、刘捷、刘光军见了面。多年漂泊，他们热泪盈眶，倍感兴奋。在广州期间，他们还获得了中共中央华南分局书记、广州军事管制委员会主任、广州市市长叶剑英的接见。叶剑英当面指示华南分局统战部部长饶彰风，要求指定一名统战部门同志与刘如心保持联系，为其以后安排适当工作作准备。之后，刘如心返回澳门，仍然暂居在澳门。

国民党退踞台湾后，蒋介石拟于1950年2月在台北召开所谓"国大代表""立法委员""监察委员"大会。滞留在香港、澳门的"国大代表""立法委员""监察委员"也接到了参加会议的通知。有的人表示前往台湾参加会议，有的人表示拒绝前往台湾参加会议。刘如心接到通知后，明确表示坚决拒绝前往台湾参加伪"国大"。这引起国民党的不满，在澳门的国民党特务立即加强了对刘如心的监视与跟踪，寻找时机把他强行劫持到台湾。

1950年1月的一天，刘如心前往澳门码头为华侨朋友送行，当场被国民党特务劫持。国民党特务不容分说，强行把刘如心推上事先准备的从澳门开往台湾基隆的轮船。一到台湾，刘如心就被国民党特务逮捕。

在国民党的黑牢里，刘如心受尽了特务惨绝人寰的酷刑折磨，但其始终坚贞不屈，痛斥蒋介石的倒行逆施。刘如心被国民党特务劫持到台湾继而被捕的消息公开后，迅速引起欧洲各国华侨华人和舆论的声援，纷纷抗议、斥责国民党的专制独裁统治，强烈要求国民党立即释放刘如心。

1950年5月1日，人民解放军解放海南岛。在海南岛的国民党残兵败将纷纷逃往台湾。同时，国民党特务在台湾岛内大肆破坏中共地下党组织，屠杀共产党员和革命群众，台湾社会处在一片高压和白色恐怖之中。

据国民党档案记载，1950 年 7 月 5 日，蒋介石亲自下令，以所谓"勾结共匪，颠覆国府"罪名，判处刘如心死刑，立即执行。7 月 10 日，刘如心在台北马场町英勇就义。为公布所谓"罪证"，国民党在所有台湾报刊上刊登了刘如心与中共高层官员合影的照片。

刘如心英勇就义时年仅 35 岁。1989 年，刘如心被追认为革命烈士。

汪声和　裴　俊

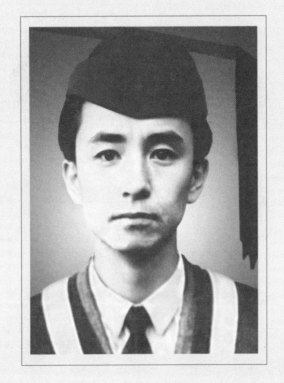

　　汪声和（1920—1950），北京人。1938 年参加革命工作，1943 年 8 月加入中国共产党。1949 年 2 月前往台湾从事党的地下电台工作。1950 年 3 月被捕，9 月 6 日在台北马场町英勇就义。

裴俊（左）与汪声和

　　裴俊（1921—1950），曾用名裴哲镜，四川成都人。1949年2月前往台湾从事党的地下电台工作。1950年3月被捕，9月6日在台北马场町英勇就义。

十八岁参加革命工作

　　1920 年，汪声和出生在北京一个知识分子家庭。爷爷汪玉书是晚清举人，曾担任清朝王爷的家塾教师。父亲汪晋桓曾担任北京邮局分局长，母亲陆珍是相夫教子的贤妻良母。汪声和是家中长子，共有四个弟弟和两个妹妹，分别是二弟汪声鸣、三弟汪声銮、四弟汪声达、五弟汪声光、大妹汪声涵、二妹汪声皋。1937 年 7 月，日本帝国主义发动全面侵华战争，正在第五中学读书的汪声和与弟弟汪声鸣目睹了祖国受尽列强欺压的惨景，义愤填膺，决心参加抗日斗争。1938 年，汪声和在第五中学参加革命工作。

　　由于汪声和爷爷是清朝王爷塾师，当时全家住在什刹海前井胡同乙九号王府的后花园内（新中国成立后改建为小学校）。中共北京地下党组织考虑到汪声和家庭环境好，较为隐蔽，决定将地下电台放在汪声和家里。根据地下党组织安排，汪声和与汪声鸣在家里废寝忘食地学习组装电台，练习收发报技术。

　　为了隐蔽地下电台，汪声和、汪声鸣煞费苦心。他们将电台做成普通收音机的样子摆放在桌子上。每当需要收发报时，他们只要改装几个电子管，马上就可以将这个普通收音机变成电台。为了解决暴露在外面的天线问题，他们将院子中的一棵大树树皮割开，把天线放在里面。为了解决电台耗电难题，他们将路灯电线接到家中或改装电表。

由于住在王府里，深宅大院，不易引起别人注意，很少受到警察搜查。偶尔警察来家里检查，他们看到的只是在桌子上摆着的一台普通收音机。

在第五中学学习时，汪声和是一名品学兼优的学生。1939年，汪声和参加高中统考，以全市第三名的成绩获得了银质奖章。

高中毕业后，按照地下党组织安排，汪声和南下，转道香港前往昆明。他凭着高超的无线电技术，经朋友介绍考入昆明欧亚航空公司无线电工厂担任机务员。欧亚航空公司创建于1931年，由国民政府交通部与德国汉莎航空股份有限公司合办。

1941年，汪声和被欧亚航空公司调往兰州，在西北导航电台兰州站担任无线电机械师。

这一时期，汪声和不满国民党对日妥协、贪腐盛行的现实，经常研读马列主义书籍。调到兰州后，汪声和利用接近陕北延安的地理优势，开始大量阅读马列主义著作。在兰州欧亚航空公司，汪声和结识了住在同一间宿舍的中共地下党员、工程师樊景润。樊景润当时担任欧亚航空公司驻兰州办事处主任，同时负责协调处理兰州机场有关工作。樊景润曾经留学德国，1938年经伍修权介绍加入中国共产党。樊景润对汪声和树立正确的人生观和世界观影响较大。在地下党组织的影响和帮助下，汪声和思想进步很快，逐渐树立起为推翻旧世界建立新世界而献身的革命理想。

光荣加入中国共产党

1942 年春，汪声和被欧亚航空公司调往成都。成都导航电台报务员、地下党员陈甫子，由于与汪声和相处渐久，逐渐对他的思想状况有所了解，时常与其谈论一些政治现实问题。

1943 年春，蒋介石署名出版反共反人民的《中国之命运》一书，暗示在两年内消灭共产党和一切革命力量。接着，国民党顽固派又以当年 5 月共产国际宣布解散为由，要求"解散共产党""取消陕甘宁边区"，并密令驻守西北的胡宗南部准备向陕甘宁边区进攻，企图掀起第三次反共高潮。对此，中共中央在军事上进行必要部署，并采取一系列政治上强有力的反制措施，使国民党第三次反共高潮尚未发展成大规模武装进攻就被制止了。这期间，汪声和在陈甫子家里经常看到重庆出版的《新华日报》和《群众》杂志（党的刊物），这些报刊对汪声和的思想进步影响很大。

1943 年 8 月的一天晚上，陈甫子邀请汪声和到其家里，说有事情需要帮忙。陈甫子从床下的箱子里拿出一部小型收发报机，请汪声和修理。经过几个月的朝夕相处，汪声和对陈甫子的思想状况也略知一些，认定其是"属于中共系统的"，很快就修好了电台。

在家里，陈甫子向汪声和亮明了自己的共产党员身份，希望

汪声和也加入中共地下党组织，为共产主义而奋斗终身。汪声和说："考虑一日，后天再回答。"

两天后，汪声和如约来到陈甫子家中，表示愿意接受其介绍，坚决加入中国共产党。

陈甫子，曾用名陈宝珊、陈富梓，1937年加入中国共产党，担任董必武同志联络员。在发展汪声和加入中国共产党的问题上，陈甫子曾经请示过董必武同志。董必武同志说："你可以发展党员。"1943年8月，汪声和加入中国共产党。随后不久，陈甫子在重庆向董必武同志当面作了汇报。根据地下党组织安排，董必武同志通过陈甫子直接领导汪声和开展地下革命工作。

地下党组织交给汪声和三项任务：一是为党组织收集情报；二是负责地下党组织地下电台机件维护和保养；三是提高自己的收发报技术水平。

1942年，汪声和的弟弟汪声鸣从第五中学高中毕业后，跟随汪声和从事地下工作。1943年，汪声鸣考入内迁成都的金陵大学物理系。同年，汪声和考入内迁成都的齐鲁大学文学院政治经济系。

这一时期，汪声和为党组织提供了许多有价值的情报，包括国民党西康地区刘文辉部队驻防地点、番号、兵种和隶属关系，以及部队驻地管辖范围等。

在齐鲁大学读书期间，汪声和还是西南地区党外进步群众组织"朝明学术研究社"最早的成员之一。1943年3月1日，欧亚航空公司改组为中央航空公司。这段时间，汪声和一边在中央航空公司成都导航电台工作，一边读书从事学生运动，积极选修彭迪先、黄宪章等进步教授开设的课程，对马克思主义经典著作爱不释手。

在齐鲁大学发生的反对国民党反动派强令学生参加青年军、反对国民党反动校长汤吉禾、争取学生自治会领导权和《齐鲁文摘》等革命斗争事件中，汪声和都在地下党组织的领导下站在斗争前列，组织领导学生运动取得胜利，在学生中享有很高的威信，1945 年 4 月当选为齐鲁大学学生自治会主席。在这所有着81 年历史的著名的教会大学，汪声和第一次为进步政治力量夺取了学生自治会的领导权。当时，中国共产党通过齐鲁大学学生自治会组织领导的各种进步活动十分活跃，进步社团纷纷成立，广大学生积极参加革命斗争，引起国民党反动派的极大恐慌。国民党反动派对汪声和与进步学生陈嘉勋（曾用名陈旗海）进行激烈围攻，称他们"为共产党宣传"，是"赤色帝国主义分子"，无理要求汪声和辞去学生自治会主席。在地下党组织的领导下，在全校进步师生和成都华西坝地区各所大学进步力量的声援下，汪声和与国民党反动派进行了坚决斗争，国民党反动派的阴谋最终未能得逞。

1945 年，由于中央航空公司业务增加，汪声和需经常出差，在成都的时间很少。地下党组织的电台机件损坏，需要汪声和及时维修，但汪声和出差在外，给地下党组织维修电台带来很大不便。汪声和希望在成都找一个其他职业作掩护，也十分不易。即便能找到别的职业，但待遇不如中央航空公司丰裕，自然又会引起怀疑。当时，迁往内地的各所大学都有公费支持，汪声和认为，辞职读书是最自然的掩护办法。经地下党组织批准，汪声和辞去了中央航空公司的职务，在齐鲁大学专心求学。其实，1943年考入齐鲁大学时，汪声和曾希望读理工科，但由于要一边工作一边读书，而读理工科需要占用大量时间，于是，汪声和只好选择了齐鲁大学文学院政治经济系。两年后，汪声和从中央航空公司辞职，这时虽然全部时间可以用来读书，但四年制的大学课程已经学完大半，再转系读理工科就是一件十分困难的事情，汪声和只好放弃学习理工科课程的想法了。

在成都中央航空公司工作期间，汪声和曾担任无线电技师和电台台长职务。

1946年夏，齐鲁大学迁回济南。按照地下党组织安排，汪声和转到华西协合大学借读。1947年夏，汪声和完成在华西协合大学的学业不久，经申请回到中央航空公司工作，被任命为中央航空公司电台台长。

在齐鲁大学学习期间，汪声和还与在内迁成都的金陵大学读书的二弟汪声鸣一起，利用他们懂电器技术的特长，为学校及同学修理电器获取微薄收入，以补助学习生活费用。

在齐鲁大学学习期间，汪声和还按照地下党组织指示，一边学习一边从事地下电台工作。1945年12月，党组织派情报员田一平到成都协助汪声和从事国民党军事情报收集工作。1947年6月底，汪声和派人给田一平送去一封短信，内容为："上级让汪声和离开成都。"从此，他们就没有了联系。

1947 年 9 月，由于地下工作需要，汪声和转往上海。到达上海后，中央航空公司计划安排汪声和前往兰州，而地下党组织要求汪声和继续留在上海从事地下电台工作。为此，汪声和辞去了中央航空公司电台台长职务，转入国民党政府交通部民用航空局工作，仍然担任电台台长。

志同道合的革命伴侣

由于汪声和热爱戏剧表演艺术，在成都工作学习期间，还经常应邀参加一些演出活动。作为特邀演员，汪声和参加了位于成都太平街的中国艺术剧团编排的《清宫外史》（第一部）的演出，后来又参加了华西坝各所大学联合组织的《雷雨》《日出》及郭沫若早期作品《湘累》的演出。汪声和演出态度认真，深得著名导演肖锡荃、侯枫的赞许。

在成都期间，汪声和还先后兼任中国艺术剧团团员、成都戏剧新闻外勤记者、四川职业指导处附设会计训练班讲师等职务。

在此期间，汪声和结识了中国艺术剧团专业演员裴俊。汪声和与裴俊因演剧而相识，因相识而相恋，走上志同道合的革命道路。

裴俊，曾用名裴哲镜，童年时曾在四川成都安乐寺小学读书。1933 年 4 月，因家境贫寒，父母把她送到一个叶姓人家当丫头，小小年纪受尽折磨和虐待。1937 年 8 月，她离开叶姓人家，报考

国民政府教育部戏剧教育队，正式改名裴俊。在戏剧教育队，裴俊勤勤恳恳、任劳任怨，虚心学习戏剧表演知识，进步很大，很快就到四川各地演出，支持抗日战争。在此期间，由于演技精湛，裴俊、李志玲、赵秋韦广受欢迎，获得"四川三女性"之称。

1935 年 9 月，著名艺术家、中国艺术剧团团长万籁天参加了中国左翼作家联盟。1938 年 4 月，万籁天担任国民政府军事委员会政治部第三厅第六处戏剧科主任。裴俊所在中国艺术剧团大力为抗日战争鼓与呼，带动全国演艺界积极投入抗日战争。中国艺术剧团对裴俊影响很大，从思想上逐渐树立起"打烂不平等的旧世界，建立人人享受自由、平等的新社会"的共产主义世界观。几年的剧团生活，为裴俊坚定走上革命道路打下了牢固的思想基础。

1947 年 7 月，汪声和完成在华西协合大学的学业后，与裴俊在重庆结婚成家。

裴俊与汪声和结成革命伴侣后，积极协助汪声和从事党的地下电台工作，收报时为汪声和译电码，发报时为汪声和把风警戒。为了帮助汪声和工作，提高自己的收发报技术水平，裴俊考入国民党成都无线电学校，学习了无线电知识。

毅然赴台开展革命斗争

1949 年 1 月，有关部门最初决定派遣共产党员陈甫子携家眷 9 人，前往台湾建立地下秘密电台。获知有关情况后，汪声和迅速找到陈甫子并对其说："我懂无线电收发报技术。这个任务太危险了，还是我去台湾吧。"经过认真研究、反复权衡，党组织同意了汪声和前往台湾布建地下电台的请求。

1949 年 2 月 20 日，汪声和、裴俊夫妇以国民党政府民用航空局疏散的名义，从上海外滩码头搭乘"中兴号"轮船前往台湾，汪声和的弟弟汪声鸣前往码头为他们送行。

到达台湾后，汪声和按照预先约定的联系办法，1949 年 2 月 23 日晚 9 时，与两名联络人在台湾师范学院门口会面。汪声和收到一台 25 瓦小型无线电收发报机和 3000 美元费用。

1949 年 2 月底，汪声和、裴俊夫妇用 1600 美元在台北蒲城街 13 巷 31 号购置了一栋平房。安顿下来后，他们在家里设立了地下秘密电台，将电台隐藏在一个定制的柜子中。汪声和、裴俊夫妇住所与其在四川成都结识的朋友虞文相距不远，虞文在蒲城街开办了一家名为龙泉的商店。

为方便开展地下电台工作，汪声和没有前往国民党政府民用航空局报到，而是在国民党中央文化委员会工作了一段时间。不久，国民党中央文化委员会解散，汪声和寻职未果，在蒲城街开办了一家食品店谋生。汪声和认真经商，每天早晨骑着脚踏车到台北永乐町市场批发货物，裴俊在店里当售货员，还雇用了一个小女孩帮忙。汪声和、裴俊夫妇以经营食品店为名，很好地掩护了地下电台工作。

深入虎穴　不幸被捕

汪声和、裴俊夫妇的不幸被捕，是由他们的地下电台引起的。1949 年 5 月 15 日，地下电台开始使用不久，就被国民党台湾省保安司令部电信监察所侦测发现，但由于发报时断时续，发报频率不高，所以很长时间内没有被侦破。

1949 年 11 月，汪声和、裴俊夫妇从台北蒲城街 13 巷 31 号搬到厦门街 133 巷 9 号，地下电台也由蒲城街搬到厦门街。为配合汪声和收集更多国民党军事情报，党组织决定派遣李朋、廖凤娥前往台湾加强情报收集工作。11 月 27 日，李朋、廖凤娥从广州到达台湾。11 月 30 日，汪声和与李朋在台北按照预先约定的时间、地点和暗号见面。12 月 1 日，汪声和与李朋再次见面，密商下一步工作计划。12 月 2 日，李朋以过去同事、"中央社"记者秦凯为掩护，前往屏东、凤山、左营收集国民党军事情报，并将情报交给汪声和发回祖国大陆有关部门。

李朋，1918 年出生于天津，燕京大学肄业，西南联合大学历史系毕业，曾担任美国《纽约时报》、《时代》周刊及国民党"中央通讯社"、《大公报》记者，1949 年 11 月 27 日前往台湾后，以英国驻台北"领事馆"秘书及国民党台湾省政府办事处英文秘书的身份为掩护，开展地下情报工作。

廖凤娥，女，1923 年出生于江西吉水，毕业于南昌高级护士学校，曾担任江西省立医院护士长等职务。经党组织批准，1949 年 11 月 27 日，廖凤娥与李朋一起前往台湾，在台北医院担任护士长，利用自己的工作条件为地下党组织收集、传递情报，成为李朋的重要工作助手。

从 1949 年 12 月开始，由于发报频率增加，由每月两次改为每周两次，国民党"台湾省保安司令部"电信监察所特务发现了地下电台的大概位置，对汪声和、裴俊夫妇和李朋、廖凤娥的行踪开始有所注意。但由于汪声和、裴俊夫妇和李朋活动联络、电台发报方式非常隐秘，国民党特务仅能对一些疑点进行严密监视和控制。为进一步防范中共台湾地下党组织收集国民党军事情报，1950 年 2 月 28 日，国民党高层下达指令，要求加大侦搜力度，及时破案。就这样，汪声和、裴俊夫妇及其地下电台陷入了巨大的危险之中。

国民党"台湾省保安司令部"特务原计划首先侦破潜台"洪国式案"。国民党特务当时分析认为：汪声和、裴俊夫妇电台与洪国式是同一组织案件，即使两者不是一个系统，破获了一个，另一个也会提高警觉立即隐遁，再行侦破将增加难度。国民党"台湾省保安司令部"参谋长李立柏立即召集电信监察所所长刘醒吾及有关电信技术和行动人员，决定 1950 年 2 月 28 日深夜秘密采取行动，进行抓捕。3 月 1 日凌晨 1 时许，李立柏、刘醒吾亲率特务按址前往厦门街 133 巷一带搜捕，抓捕了汪声和、裴俊夫妇，破获了地下秘密电台。

关于破获汪声和、裴俊夫妇地下电台的经过，有"戴笠的灵魂"之称的国民党军统局电讯处少将处长，后来担任国民党"国防部"技术研究室中将主任的魏大铭，在其自传中这样记述："1950 年 2 月间，魏氏单位从电讯交通上侦测到在台北厦门街 133 巷 9 号附近有一颗强力的秘密电台。他们日夜埋首侦查，终于在以电讯测向交集点下，锁定二三户日式住屋最为可疑，随后他们以分区停电、查户口、修理水电、防空演习等等名目进去查看，但看不出任何可疑之处。最后魏大铭亲自上场，锁定其中一户最为可疑，便进去细查。该户人家为一对年轻夫妇，男名汪声和，女名裴俊，似乎为一极正常之小家庭。侦查人员从天花板、墙壁、地板等等一一打开细查，竟看不出一点可疑之处。工作人员困惑不解，以为弄错了地方，只好退出。"

正当国民党特务们走出大门时，"魏大铭再回头扫视一遍，突然发现小客厅中一小圆桌的柱脚显得特别粗大，与一般家具不成比例，当即命人打开，里面赫然是一套强力收发报机。这种上为圆形桌面，下接四根弧形短木脚的小圆桌在台湾常见，多摆在客厅作茶几用，用它掩护电台效果极好"。

眼见秘密已经暴露，裴俊将一包事先预藏的毒药硝酸银递给汪声和，他们准备共同服毒自杀。但此举被搜查的国民党特务发觉，自杀未成，汪声和、裴俊夫妇被捕。国民党特务在汪声和家中搜出了 25 瓦特小型收发报机、自杀毒药、会晤表、特定联络小照底片、密码表等多种秘密物品。

大义凛然　英勇就义

被捕入狱后，面对国民党特务惨无人道的折磨，汪声和、裴俊夫妇大义凛然，下定决心保守党组织的秘密，随时准备献出自己宝贵的生命。经过长达半年的严刑逼供，国民党特务一无所获。

1950 年 9 月 6 日凌晨 5 时 10 分，国民党"台湾省保安司令部"军法处派出 30 名特务，来到位于台北青岛东路的军法处监狱，把汪声和、裴俊、李朋、廖凤娥押往法庭受审。

5 时 42 分，国民党"台湾省保安司令部"军法处开始"审判"。国民党特务把他们排成一行，李朋、廖凤娥站在中间，汪声和、裴俊站在左右两侧。李朋到达法庭后，立刻将事先写好的三封信交给审判长，请其代为转寄给家人。这几封信，用的都是中式信封，其中一封信是寄给李朋在福建的亲戚的，这位亲戚当时替李朋抚养着儿子温冬，三封信均已封口。

5 时 45 分，审判长宣读判决书。"戒严"时期的国民党军事审判根本就是骗人的。汪声和、裴俊、李朋、廖凤娥听到宣判时，才知道自己被判处了死刑，不得上诉，毫无求生的机会。

6 时整，30 名国民党特务分乘两辆卡车，汪声和、廖凤娥乘坐第一辆，李朋、裴俊乘坐第二辆，驶往台北马场町刑场。他们各由两名特务押解，汪声和下车后，立即走到裴俊身边，李朋也

走到廖凤娥身边……

6 时 30 分，刽子手把罪恶的枪口对准汪声和、裴俊、李朋、廖凤娥。汪声和、李朋各中三枪，廖凤娥连中六枪，裴俊连中两枪仍然不倒，刽子手又补上一枪……

汪声和、裴俊、李朋、廖凤娥英勇就义时大义凛然、泰然自若，"口号不绝"，令国民党特务心惊胆战。

追认为革命烈士

1950 年底，在上海市公安局工作的汪声和弟弟汪声鸣，在一个朋友那里看到香港《新闻天地》刊登的汪声和、裴俊在台湾被杀害的消息。从 1938 年开始，汪声鸣就一直协助哥哥汪声和从事党的地下电台工作，他们感情极深。汪声鸣不相信这是事实，但经过多方核实，终于证实了这个噩耗。但出于保密工作需要，汪声鸣没有把汪声和、裴俊在台湾英勇就义的事情告诉任何家人。

后来，汪声达、汪声光等兄妹 5 人分别从香港和台湾报纸的报道中，得知了大哥、大嫂在台湾被国民党反动派杀害的消息。

1951 年春，陈甫子专门找到汪声和的父母，告诉他们："汪声和夫妇受党的派遣去台湾做地下党工作，此事属党的机密，不能对外讲。"并说今后如果家庭成员需要党组织证明汪声和、裴俊夫妇的情况，可由其出具证明。从此以后，汪声和弟弟妹妹们工作的政审材料，均由陈甫子出具证明。陈甫子还给汪声和父母家所在地派出所出具证明："汪声和、裴俊是烈士，对外不公开"。

1977 年初，经过有关部门批准，汪声和、裴俊被追认为革命烈士。

1982 年 4 月，李朋被追认为革命烈士。

1985 年，廖凤娥被追认为革命烈士。

魂归故里

2009 年 12 月 15 日，汪声和弟弟汪声光和弟媳关秀英夫妇前往台湾，来到台北六张犁第三墓区。在台湾朋友的帮助下，他们找到了汪声和的墓碑，但却没有找到裴俊的墓碑。

这里与其说是墓地，还不如说是乱葬岗。在一块长满青苔的小石碑上，刻着"汪声和之墓，殁于民国三十九年九月六日"。汪声光在汪声和墓碑周围仔细寻找，希望能发现大嫂裴俊的墓碑，但毫无收获。

回到北京后，汪声光以书面报告的形式向上级党组织报告了前往台湾的有关情况。

2012 年 4 月 9 日，汪声光第二次前往台湾。4 月 15 日，汪声光终于带着汪声和的遗骸回到了北京。4 月 24 日，汪声和遗骸被安放在北京八宝山革命公墓。

　　汪声光两次前往台湾，都没有找到裴俊的墓碑，这成为其心中挥之不去的伤痛。为此，汪声光与台湾白色恐怖受害者互助会取得联系。互助会台北分会秘书长李坤龙极为热心，千方百计寻找裴俊墓碑。每当大雨过后，李坤龙都会前往六张犁，察看是否有被水冲出的烈士墓碑。同时，李坤龙还租用台湾清华大学的探地雷达，根据当年掩埋烈士遗骸的大概位置，2012 年 11 月 10 日，终于在六张犁第三墓区，汪声和墓碑正下方五至六米处，找到了裴俊的墓碑。

　　2014 年 10 月 19 日，汪声达、汪声光率亲属一行 6 人第三次前往台湾。10 月 26 日，他们把裴俊的遗骸带回了北京。10 月 27 日，有关部门派员在北京八宝山革命公墓迎接裴俊回家。

　　2014 年 11 月 28 日，有关部门派员与汪声和、裴俊夫妇的亲属在北京八宝山革命公墓为他们举行了合葬仪式。64 年后，汪声和、裴俊夫妇终于魂归故里，长眠在这片热土上。

郭秉衡

郭秉衡（1920—1950），福建福州人。1949 年 12 月前往台湾从事党的隐蔽战线工作，公开身份为台中北方企业商行成员。1950 年 3 月被捕，10 月 1 日在台北马场町英勇就义。

出生中医世家

1920 年，郭秉衡出生在福建省福州市一个中医世家，在福州读完小学、初中和高中，学习成绩一直保持优秀等级，深受老师和同学喜爱。1940 年 7 月，郭秉衡离开家乡福州，前往江西南昌求学。1944 年 7 月，从江西国立中正大学政治系毕业后，经福建老乡、江西省建设厅厅长杨绰庵介绍，郭秉衡前往江西省浮梁县政府担任秘书。

1945 年 12 月 26 日，郭秉衡跟随调任哈尔滨市市长的杨绰庵前往黑龙江，担任国民政府内政部驻东北特派员办事处专员、东北行辕委员会秘书处第一科科长。1948 年，郭秉衡又随杨绰庵调往南京，担任南京市市民食品调配处督导主任。其间，郭秉衡在上海与以华石公司为掩护从事党的地下情报收集工作的洪国式结识并成为朋友。1949 年 4 月 23 日，南京解放。郭秉衡负责食品调配处向人民解放军办理物资、财政交接手续，后留在第二野战军军政大学第二总队担任军需员。

加入洪国式情报组

1949 年 12 月 10 日，受党组织派遣，洪国式潜入台湾开展秘密情报工作。在香港辗转停留时，洪国式与前往台湾的郭秉衡相遇。12月12日，他们一起到达台湾。在前往台湾的轮船上，洪国式与郭秉衡相谈甚欢，相机对郭秉衡进行考察。郭秉衡见证了新中国成立，也经历了国民党衰败，认为台湾很快就会获得解放，表示要坚定为祖国统一事业尽其所能。就这样，郭秉衡被发展为洪国式情报组秘密情报员。洪国式到达台湾后，在台中成立了北方企业商行，以其为掩护，建立地下情报网络，开展情报收集工作。郭秉衡到达台湾后，通过朋友关系，在国民党"台湾省保安司令部"政工处担任中校科员，充分利用其方便条件收集国民党军事情报。

洪国式情报组在台湾岛内发展迅速，短短一个月时间就发展了38人，洪国式负总责，下设"情工""交通""敌工"三个小组，郭秉衡被分配在"情工"小组，主要任务除了收集国民党军事情报，还开展对国民党军海陆空军中级军官的策反争取工作。这期间，郭秉衡利用职务之便，先后密取了国民党"台湾省保安司令部"军事接收总报告，以及台湾省交通公路网、澎湖岛交通网、花莲港地图等重要情报，并将这些情报安全交给了洪国式。与此同时，郭秉衡还在国民党党政机关中发展了多名秘密工作关系，并从事社会调查，将收集到的蒋美日勾结情报，以及台湾主要民众组织及其活动情况交给了地下党组织。

洪国式情报组成员赵德明的同学杨文亮是国民党军空军主管机械的军官。赵德明向洪国式推荐杨文亮加入情报组后，杨文亮又介绍朋友陈琦加入情报组。洪国式正苦于无法打入国民党军空军系统，因此疏忽了对杨文亮和陈琦的甄别、防范，而他们正是国民党情治部门向中共台湾地下党组织渗透的内线，从而导致洪国式情报组人员组成、活动区域、运作方式等被国民党特务全部秘密掌握，使党在台湾的地下情报组织遭到毁灭性破坏。

狱中不屈不挠

1950 年 2 月 28 日，洪国式在台北火车站被捕，国民党特务撒下大网，在台北、基隆、台中、嘉义、高雄等地同步开展实施搜捕行动。3 月，郭秉衡在台北被捕。为破获更多中共台湾地下党情报组织，国民党特务在狱中对郭秉衡施以极刑，但其始终不屈不挠，坚守党的地下情报组织工作秘密，国民党特务一无所获。

为党献出宝贵生命

经国民党"国防部"核定，郭秉衡因参加"洪国式组织关系刘全礼等叛乱案"，被判处死刑。1950 年 10 月 1 日，国民党特务恶意在新中国成立一周年的日子，将台中北方企业商行成员刘全礼、郭秉衡、张礼大、王平（王昭烈）、邹曙、华震、刘天民、江德兴、胡玉麟在台北马场町残酷杀害。郭秉衡和战友们毫不畏惧，大义凛然，慷慨赴死，使国民党刽子手都胆战心惊。

1949 年 12 月，郭秉衡前往台湾前夕，曾手书条幅赠予弟弟，条幅写道，"人生应该以服务为目的，不当以夺取为目的。聪明才力愈大之人，当尽其能力，服千万人之务，造千万人之福；聪明才力略小之人，当尽其能力，服十百人之务，造十百人之福；所谓巧者拙之奴，就是这个道理。至于全无聪明才力的人，也应该尽一己之力，服一人之务，造一人之福"。郭秉衡在南京时曾为中国共产党工作，到台湾后又毅然选择跟着中国共产党走，为中国共产党解放台湾的崇高事业而奋斗，直至献出自己宝贵的生命。究其原因，在郭秉衡留给弟弟的条幅中能够找到答案，郭秉衡"人生应该以服务为目的""服千万人之务，造千万人之福"的人生目标，与中国共产党为人民服务的宗旨是完全一致的。

2012 年 7 月 9 日，郭秉衡被追认为革命烈士。同年 11 月，英烈忠骨从台湾迁回，安放在福州三山公墓。

郭秉衡为党和人民崇高事业不怕牺牲的革命精神，为祖国统一顽强奋斗的奉献精神，为党的隐蔽战线斗争付出的艰辛与努力，永远需要我们发扬光大。

陈昌献

陈昌献（1921—1950），四川资阳人。1949 年 11 月加入中国共产党。1950 年 6 月 15 日被捕，11 月 23 日在台北马场町英勇就义。

"骑在牛背上的读书郎"

1921 年 8 月 7 日，陈昌献出生在四川省资阳市雁江区回龙乡牛家村一个小中农家庭，家里有十几亩田地。父亲陈吉顺（又名陈廷管）利用距离回龙乡集市仅半里的优势，做点小生意，基本能维持一家人的生活。陈昌献共有 5 个弟弟妹妹，他是家中长子。随着二弟陈明康、三妹陈玉清、四妹陈翠子、五妹陈桂芳、六弟陈佑的出生，家庭经济入不敷出，生活越来越困难。

陈昌献从小在离家很近的山上的新庙子私塾启蒙，小学在陈家祠堂（今回龙小学）就读。贫寒出英才。陈昌献自幼聪明好学，很懂事，读小学期间，回到家里放下书包就帮助父母放牛。陈昌献对读书如痴如醉，常常骑在牛背上大声朗读，被当地老百姓戏称为"骑在牛背上的读书郎"。同时，陈昌献自幼练习书法，写得一手漂亮的毛笔字，是当地远近闻名的读书人。

从陈家祠堂小学毕业后，陈昌献前往资阳丹山存诚中学、成都九眼桥存诚中学完成了初中、高中学业。1945 年 7 月，陈昌献考取交通大学（自费学校，缴费后并未读书），同时考取了国民党中央政治学校外语系第十三期（抗日战争时期校址在重庆南温泉，蒋介石担任校长，抗战胜利后迁往南京）。由于家庭贫困，陈昌献选择了收取学费较低的国民党中央政治学校外语系，学费全靠家族长辈们资助。陈昌献六弟陈佑妻子刘素成回忆说，"陈昌献家并不富裕，父亲当年做点小生意，卖点花生、酒，是举全家之力外加借钱供陈昌献读书的，其他弟弟妹妹都没有读书，主要是希望陈昌献读出来后能有所作为，能挣钱为家里分担"。

1948 年 7 月，陈昌献从国民党中央政治学校外语系毕业。这时，国民党召开"国民大会"，陈昌献应聘前往会议服务，并将所得收入置办了衣服。在南京，陈昌献先是在国民党政府中央银行谋得一个雇员职位，后来又在国民党政府其他部门担任干事、行员、科员。第一次领到工资后，陈昌献没有忘记父老乡亲的资助，立即寄了 100 元（当时能购买 100 斤大米）给父亲，要求父母宴请乡亲，以示感谢。由于国民党滥发纸币，加之战局急剧变化，货币迅速大幅贬值，这 100 元汇到家乡时已经不值钱了，结果父母自己出钱款待了乡亲们。

献身祖国统一

1949 年初，陈昌献考取了国民党军海军总司令部翻译官。在 4 月 21 日人民解放军百万雄师横渡长江解放南京前夕，陈昌献跟随国民党军高层要员撤退到了台湾，担任国民党军海军总司令部五处二署少校参谋（翻译）。在前往台湾前，陈昌献专门回过一次家乡探亲。陈昌献的亲人们至今还记得，"陈昌献回来时穿了一件黄马褂"。到台湾不久，陈昌献给父母写了一封信，家里人这才知道他去了台湾，但从此就杳无音信了。

为了早日解放台湾，在国民党反动集团败退台湾时，根据党组织指示，大批地下党员随国民党军队撤退到台湾，为人民解放军解放台湾进行各方面准备。与此同时，中共台湾地下党组织在岛内秘密发展党员，积极开展地下斗争。在台湾岛内，中共地下党员与陈昌献进行了多次接触和谈话。陈昌献深明大义，决心为解放台湾作出自己的贡献。1949 年 11 月，经中共台湾地下党员陈道东介绍，陈昌献秘密加入中国共产党，成为潜台"陆效文组"核心骨干成员，决心为解放台湾不惜牺牲一切，甚至献出自己宝贵的生命。

陆效文 1922 年出生在江苏昆山花桥乡石头联村，曾用名蔡冲、张华明、吴苏，1946 年 7 月毕业于国民党中央政治学校外语系第十一期，历任国民党青年军二〇二师少校指导员、中央训练团东北分团政治教官、辽宁省政府秘书、《沈阳日报》总经理及台湾《军民导报》总主笔等职务。1948 年 11 月，陆效文在沈阳经共产党员李季生介绍参加党的地下情报工作，因其父亲在台湾任职，与中央社会部大连情报处建立工作关系，后被派往上海等地从事地下情报工作，发展了陈道东等工作关系。1949 年 10 月，陆效文与陈道东受党组织派遣前往台湾开展地下情报工作，成立"陆效文组"，陆效文担任组长。

陈道东 1921 年出生在四川省武胜县，曾用名陈建华、陈日华，1948 年 7 月毕业于国民党中央政治学校外语系第十三期，与陈昌献是同期同学，历任国民党政府军事委员会外事局云南盟军部队翻译官、南京《大纲报》英文翻译、法院书记官等职务。1949 年 1 月，陈道东在上海经陆效文介绍秘密参加革命，从此担任陆效文的情报交通员。同年 10 月，陈道东与陆效文一起乘船前往台湾从事党的地下情报工作。

随着中共台湾地下党组织不断发展壮大，广大地下党员和革命群众反抗国民党腐败专制统治的斗争日益高涨，引起了国民党高层的极大关注。蒋介石下达命令，要求国民党特务采取一切可以采取的手段，破坏中共台湾地下党组织及其情报网络。陈昌献加入"陆效文组"后，很短时间就提供了大量国民党军海军情报，包括国民党军海军舰艇名称、海军编制、海军兵力部署等核心情报，尽职尽责地为收集国民党军海军情报做了大量艰苦工作。

这期间，陆效文等曾拟发展的情报工作关系因其他案件被捕，向国民党特务出卖了陆效文等人的秘密情报活动。1950 年 6 月 15 日，"陆效文组"分布在台北、台中和高雄左营、凤山等地的 13 名成员同时被捕，陈昌献也因身份暴露而被捕。11 月 23 日，陈昌献被国民党特务冠以"通敌叛国罪"，在台北马场町英勇就义，年仅 29 岁。

陈昌献在台湾英勇就义后，家乡父母一直不知其情。1986 年夏，旅居台湾岛内的回龙乡乡亲文辉回到资阳探亲，在谈及回龙乡其他在台湾乡亲的有关情况时，告知陈昌献已于 1950 年 11 月在台湾英勇牺牲。直到这时，陈昌献母亲才知道陈昌献已经在台湾牺牲的消息。1990 年，经有关部门调查核实，陈昌献确实已于 20 世纪 50 年代在台湾英勇就义。

追认为革命烈士

1991 年 7 月 11 日，陈昌献被追认为革命烈士。同年 9 月 10 日，民政部颁发《革命烈士证明书》载明："陈昌献同志于 1950 年 11 月 23 日在执行革命任务中壮烈牺牲，经批准为革命烈士。特发此证，以资褒扬。中华人民共和国民政部 1991 年 9 月 10 日。"

1999 年 12 月，资阳县民政局为陈昌献亲属颁发了革命烈士证书。《资阳县人民政府关于追认陈昌献同志为革命烈士的通知》如下："回龙乡人民政府：陈昌献同志系回龙乡牛家村人，1949 年 11 月参加革命。1950 年 11 月 23 日在执行革命任务中被敌人杀害。接中华人民共和国民政部 1991 年 7 月 11 日以民优函〔1991〕182 号文，正式追认陈昌献同志为革命烈士。特此通知！1991 年 9 月 10 日（肖莲贞执证）。"

陈昌献短暂而光辉的一生，在 1995 年 7 月印发的陈氏续修族谱中明确记载："陈昌献，生于辛酉（1921）8 月 7 日，家贫，靠勤工俭学和祠堂会补助上学，1948 年毕业于中央政治学校外语系，先在中央银行当雇员，1949 年在台湾高雄海军总司令部五处二署任少校参谋（翻译），同年 11 月秘密加入中国共产党，1950 年 11 月为革命事业壮烈牺牲，直至 1990 年经天津市国家安全局查证核实，1991 年民政部通知追认为烈士。"

国家和人民没有忘记陈昌献为祖国统一大业献出年轻的生命。陈昌献英勇就义后，有关部门一直在查找其出生地及亲属。在查证到陈昌献的亲属后，由中共四川省委组织部牵头，给其六弟陈佑安排了工作，由资阳县人事局每月为陈昌献健在的母亲肖莲贞发放生活补助费。

2000 年 6 月 12 日，陈昌献母亲肖莲贞去世，享年 98 岁。有关部门派员专程前往资阳，看望陈昌献烈士亲属并召开座谈会。2002 年 5 月 16 日，中共四川省委组织部派员来到资阳，通知陈昌献亲属前往北京参加陈昌献烈士追悼会。5 月 23 日，陈昌献烈士追悼会在北京八宝山举行，英烈骨灰安放在北京八宝山革命公墓。

1991 年 7 月 11 日，陆效文被追认为革命烈士。2002 年 5 月，烈士遗骨从台湾迁回故乡，安放在苏州革命烈士陵园。

1991 年 7 月 11 日，陈道东被追认为革命烈士。2002 年 5 月，烈士遗骨从台湾迁回故乡，安放在武胜县革命烈士陵园。

许 强

　　许强（1913—1950），台湾台南人。1948年2月加入中国共产党，担任中共台湾大学医学院地下党支部书记。1950年5月被捕，11月28日在台北马场町英勇就义。

出身农家的医学精英

1913 年 12 月 13 日，许强出生在日据时期台湾台南厅蕭壠支厅佳里兴区佳里兴庄（今台南市佳里区）的一个农民家庭。许强从小非常聪慧，学习成绩优异，从日本殖民当局兴办的佳里兴区公学校毕业后，由于父母无力筹措学费，无奈打算放弃报考中学。但许强的老师认为其不能升学非常可惜，登门拜访劝说，并向许强的父亲承诺，只要能考上中学就资助其全部教育费用。遗憾的是，台湾学生和日本学生使用的教材差异很大，许强虽然十分努力学习，但还是落榜了。随后经过一年时间的苦读，许强考上了台南第二中学。

进入台南第二中学后，许强更加发奋学习，四年制的中学仅用三年就跳级提前完成了学业。由于成绩优异，1933 年 7 月，许强免试进入台北高等学校理科乙组，也是当年唯一一位被录取的台南第二中学学生。1936 年 7 月，许强再次提前完成台北高等学校五年制学业，被保送到台北"帝国大学"医学部，成为该校第一届医学生，与李镇源、萧道应、邱林渊、谢有福、陈登科等台湾省籍学生为同班同学。

1940 年 7 月，许强从台北"帝国大学"医学部毕业，是极少数没有补考记录且通过全部考试的学生。1946 年 7 月，许强获得日本九州大学医学博士学位，同年底回到台湾，担任台湾大学医学院副教授。1947 年 5 月，许强担任台湾大学附属医院第三内科科室主任、台湾大学附属医院院务改革委员会委员。许强在医学方面的专业素养和学术能力，得到同行的高度认可和欣赏。据说，台北"帝国大学"日本籍教授泽田藤一郎曾赞誉许强为"亚洲第一个可能获得诺贝尔医学奖的人"。

反抗日本殖民统治的斗士

在日据时期，像许强这样的台湾精英仍然遭到日本殖民统治者的欺凌和歧视。在求学阶段，许强就富有中华民族意识，怀有反殖民反封建思想，时刻不忘自己是中国人。在就读台北高等学校时，日本学生经常欺负台湾学生，而校方十分偏袒日本学生，许强与萧道应等冒着被学校开除的风险，毫不退缩，凭着满腔热血进行反抗。台北"帝国大学"医学部日本籍教授柳金太郎曾说，"许强是少数富有气概的台湾人"。

1937 年 7 月，也就是许强进入台北"帝国大学"医学部学习的第二年，日本发动全面侵华战争，祖国大陆人民开始全民族抗战。日本殖民当局为了巩固台湾的战略地位，彻底奴役台湾人民，制定了强迫台湾人民"皇民化"的毒计：禁止台湾人民使用汉字，停开各级学校汉语课程，废止中文报刊，强迫学习、使用日语，禁穿中式服装，改穿日本服装等等。那个年代，由于日本殖民当局的残酷迫害，台湾岛内的反日社会政治运动和反日民间社会团体遭到残酷镇压，日本殖民当局妄图泯灭台湾人民的中华民族意识和中国人意识。为反抗日本殖民统治，政治意识日益觉醒的台湾进步青年，不论是闽南人，还是客家人，都走上了革命道路，与祖国大陆人民一道，投身到抗日战争的洪流之中。作为台湾进步青年，许强心向祖国，关心时事，经常与同学聚会，积极学习汉语，学说普通话，学唱《义勇军进行曲》等抗战歌曲，政治觉悟逐渐提高。通过聚会、学习，许多台湾进步青年认为，要发挥自身所学，组成医疗服务团，前往祖国大陆参加抗战。这些台湾进步青年当中，就有萧道应、钟和鸣、黄怡珍、蒋碧玉等人。他们身体力行，毅然前往祖国大陆参加全民族抗战。20 世纪 90 年代中期，台湾导演侯孝贤执导的一部名为《好男好女》的影片，就是以他们的事迹为蓝本创作的。

许强虽然没有回到祖国大陆参加抗战，但他在 1944 年参加了岛内一个秘密反日的进步组织"不定期会"，成员包括 20 世纪 50 年代台湾白色恐怖时期被国民党杀害的徐渊琛、朱点人、廖瑞发、王忠贤等中共台湾地下党员。他们经常秘密集会，一起研讨祖国大陆抗战最新形势、欧洲反法西斯战争最新进展等问题，向台湾人民宣传正义必将战胜邪恶、日本殖民统治终将失败的道理。1945 年 8 月，中共台湾地下党员谢雪红在岛内筹组台湾人民协会，"不定期会"成员成为台湾人民协会台北分会的基本成员。

1945 年 8 月 15 日，日本宣布无条件投降，台湾重回祖国怀抱。台北"帝国大学"改名台湾大学。蒋介石任命的台湾省行政长官陈仪聘请杜聪明负责接收台湾大学医学部及其附属医院。许

强被医学部在职台湾医师无记名投票选出，参加以杜聪明为首的 6 人接收小组，与许灿煌、李镇源、翁廷俊、赖肇东负责组织领导接收工作，组建台湾大学附属医院院务改革委员会。许强主要负责附属医院营养部的接管工作，努力保留了许多原医学部资产，使得台湾光复后台湾大学医学院能够顺利运作。

许强为人正直，是非分明。1946 年 3 月 22 日，为了声援台湾大学附属医院无薪助理医师获得行医执照，维护自身正当权益，许强发动台湾大学第一附属医院全体医师罢诊抗议，并通过进步报纸《人民导报》制造社会舆论，获得社会各界广泛支持。很快，罢诊风波扩大到台湾大学第二附属医院，台湾大学医学院学生也举行了罢课活动。

积极投身党的地下斗争

抗日战争胜利后，全国人民热切希望和平、民主，建设一个新的中国。但是，1946 年 6 月 26 日，国民党重兵围攻以鄂豫边宣化店为中心的中原解放区，挑起全面内战。国民党敢于发动全面内战，很重要的原因之一是依恃美国的支持。

1946 年 12 月 24 日晚，美军士兵在北平东单欺凌北京大学女学生沈崇，引发大规模学生抗议活动。12 月 29 日，900 多名北京师范大学师生在校园举行抗议示威，遭到国民党军警镇压。12 月 30 日，北京大学、清华大学与北京师范大学等学校学生联合组织了 5000 多人的抗议游行，同学们一路高呼"美军滚出中国""维护主权和独立"等口号，全国学生运动风起云涌。中国共产党组织领导学生反美运动，学生运动的高涨促进了整个人民运动的高涨，以学生为先锋的爱国民主运动同国民党政府之间开展斗争，逐渐形成配合人民解放战争的第二条战线。

　　经过学生运动考验，光荣加入中国共产党的台湾省籍青年吴克泰、陈炳基，以及台湾进步学者黄肃秋等知识青年和知识分子，纷纷响应祖国大陆学生运动，联系、集合在台湾岛内的志同道合的青年学生，加入反抗国民党反动统治的革命洪流，与祖国大陆人民解放战争相呼应。1947 年二二八起义被镇压，激起广大台湾青年和革命群众对国民党血腥统治的极大愤慨，他们从共产党人英勇顽强的斗争和牺牲中，逐渐加强了对中国共产党领导的新民主主义革命的向往，加深了对中国共产党的认识。同时，国民党在人民解放战争中节节败退，国民党在祖国大陆的反动统治土崩瓦解，也激起众多台湾青年坚定地与中国共产党站在一起，坚定投身于反抗国民党反动统治的斗争，奋力参加中共台湾地下党组织，为迎接人民解放军解放台湾进行各方面准备。这一时期，许强组织台湾大学附属医院进步医护人员秘密开展了研习有关左翼理论的读书会，阅读了《社会学简明教程》《唯物论》《辩证法》《论新民主主义》等书籍。其间，许强还秘密前往上海，与中共地下党员、上海台湾同乡会会长李应章及中共地下党组织取得了直接联系。

　　1945 年 8 月 15 日日本宣布无条件投降后，中共中央根据全国战略形势需要，指示中共中央华中局在台湾组建党的组织，在台湾开展党的工作。9月19日，中共中央作出指示，决定华中局北移山东，与山东分局在临沂南山合并成立中共中央华东局，并另设华中分局。在台湾组建中共地下党组织的工作就由在苏北根据地新成立的华中分局负责。1946年2月，华中分局决定成立中共台湾省工委。7月中旬，中共台湾省工委书记蔡孝乾从上海到达台北，中共台湾省工委正式成立。1947年5月，中共台北市工委正式成立，廖瑞发担任台北市工委书记。

1947年6月，经廖瑞发介绍，台湾大学附属医院第一外科室临床医生郭琇琮秘密加入中国共产党。台北市工委成立后，廖瑞发担任书记，郭琇琮、吴克泰、孙古平担任工委委员。同时，台北市工委迅速与中共台湾省工委建立联系，组织开展在台湾的地下党组织工作。从上海返回台湾后，许强根据党组织指示要求，更加积极投入党的地下组织工作。1948年2月，经郭琇琮介绍，许强光荣加入中国共产党。根据党组织决定，许强担任台湾大学医学院地下党支部书记。

加入中国共产党后，许强全身心投入党的地下组织工作，认真完成党组织交给的工作任务。为筹措地下党组织经费，遵照党组织安排，除在台湾大学附属医院坐诊外，许强还在外面开设诊所，并将诊所作为地下党组织的联络点。当时，许多不知内情的医护人员认为，许强是为了挣钱才出来开诊所的，对其风言风语，甚至一些台湾大学医学院学生都说许强爱钱。面对这些议论，许强谨言慎行，从不辩解，对一些不理解他的医护人员和医学院学生，只是以一句"我搞诊所不是为钱，是为了做一点功德"加以应对。

坚守信仰　慷慨就义

1950 年 3 月，中共台湾省工委遭到国民党特务毁灭性破坏，台湾省工委书记蔡孝乾再次被捕，继而叛变，出卖了组织和同志。国民党特务循线侦搜，又逮捕了 25 名地下党员，并由此扩及台湾省工委学生工作委员会，波及中共台湾地下党各级组织。5 月 2 日深夜，接替许强担任台湾大学医学院地下党支部书记的郭琇琮被捕。5 月 10 日，地下党员李水井、吴思汉被捕。5 月 13 日，许强、胡鑫麟、胡宝珍、苏友鹏 4 名台湾大学附属医院医师被捕。

许强被捕入狱后，经受住了国民党特务 3 个多月的严酷审讯。1950 年 8 月 15 日，许强被移送到位于台北青岛东路的国民党"台湾省保安司令部"军法处监狱，等待最后判决。在监狱，国民党特务表示，许强是台湾医疗界精英，只要愿意写一份"悔过书"，就可免于一死，遭到许强义正词严的驳斥。许强说："我没做错什么事，为什么要写悔过书？再说，台湾人走上这条路也是你们政府逼的。假使政府不是如此恶质，台湾人怎会起反感？"为了"挽救"许强，国民党特务安排其妻刘顺娣背着两岁的幼子来监狱劝其"悔过"。刘顺娣哭着对许强说："许强，写一张，写一张，只要你写一张，眼睛闭上写，至少保住一条性命。"许强不忍骨肉从此阴阳两隔，只是淡淡地说："孩子顾好，要认命！"同时，许多被许强救治过的台湾社会名人也多方托关系，保证只要其写"悔过书"，就可以从轻判决。但是，面对生死抉择的考验，怀着对党的事业的无限忠诚，许强坚守了自己坚定的政治信仰，决心为党和人民的崇高事业而献身！

在狱中，面对国民党特务的威逼利诱，许强始终保持共产党员的忠贞不屈，始终保守党组织的秘密，保护了许多台湾大学医学院地下党员和进步医护人员。许强的诀别书，阐述了医生"医人医国"的道理，宣示了加入中国共产党"不是因为追逐权力，而是基于社会关怀，不满国民党的腐败及漠视学术研究"，字字句句铿锵有力，这才是国民党置许强于死地的根本原因。

1950 年 9 月 7 日，许强与郭琇琮、吴思汉等 15 名地下党员被国民党"台湾省保安司令部"军法处判处死刑。9 月 21 日，国民党"台湾省保安司令部"将许强等人的判决书上报国民党"国防部"审核。11 月 25 日，国民党"国防部"核定了对许强等人的死刑判决。

判决之前，许强已经知道了自己的命运。许强向妻子刘顺娣写了最后一封家书。在信中，许强交代了其尚未完成的学术研究论文，并附上手抄的《万里长城》和《安息歌》歌词。1950 年 11 月 28 日清晨 4 时 30 分，听到监狱看守喊自己的名字，许强平静地站起来，用手轻轻拍了拍狱友胡宝珍的肩膀，用闽南话说了一声"再见"，转身大踏步走出牢门。在前往刑场的路上，视死如归的许强带领 14 名战友，高呼"中国共产党万岁""打倒国民党"的嘹亮口号，高唱《国际歌》。他们临刑前的大义凛然，使驾驶囚车的国民党特务惊慌失措，差点发生了车祸。许强、郭琇琮、吴思汉、朱耀珊、谢涌镜等 15 名共产党员，在台北马场町英勇就义。

台湾知名作家蓝博洲在其书中，赞誉许强、郭琇琮等人是"消失的台湾医界良心"。许强是第一位在白色恐怖时期英勇就义的台湾医学博士。作为受过高等教育的台湾优秀儿女，他们本来可以凭借备受尊重的医师职业过着优越的生活，但为了寻求革命真理，为了追求台湾人民的解放和祖国统一大业，许强和他的战友们毅然决然选择了充满荆棘甚至牺牲的人生道路。他们这种为了信仰而无怨无悔、不怕牺牲的崇高革命精神，永远值得我们铭记。

杨廷椅

　　杨廷椅（1926—1950），化名杨南光，又化姓邱，台湾新竹人。
1947年5月加入中国共产党，担任中共台湾省工委学生工作委员会委员
并兼任台湾大学法学院地下党支部书记。1950年5月13日被捕，11月
29日在台北马场町英勇就义。

受兄长影响留学日本

1926 年 9 月 22 日，杨廷椅出生在台湾新竹香山区树下里一个殷实的地主家庭。父亲杨景周在日据时期曾担任保正，有"五十三庄保正王"之称。杨景周夫妇育有 5 个儿子，分别为杨廷藩、杨廷谦、杨廷国、杨廷椅、杨廷琛，杨廷椅在兄弟中排行第四。杨廷椅二哥杨廷谦从小学习优异，从淡水中学毕业后前往日本求学，先后就读于日本京都同志社中学部、中央大学经济部经济系，毕业后在日本东京都厅（今东京市政府）担任人事主任。第二次世界大战期间，美国陆军航空队对日本东京进行大规模轰炸，日本华族伊达氏宅第被毁。二战结束后，杨廷谦将之改建为临时住所，专门收容在东京无家可归的台湾学生，名为"乌秋寮"。1946 年 1 月，杨廷谦回到台湾，积极参加反抗国民党反动统治的革命斗争，被国民党特务抓捕。1948 年 5 月，国民党台湾省保安司令部军法处判处杨廷谦死刑。杨廷谦被残酷杀害。

杨廷椅从小就把杨廷谦当作学习榜样，从淡水中学毕业后跟随杨廷谦脚步留学日本，就读于东京明治学院大学预科（中学部）。留日期间，杨廷椅发奋学习，阅读了许多进步书刊，对马克思主义产生了浓厚兴趣。《资本论》及日本马克思主义政论家河上肇所著的《社会主义问题》等，都是杨廷椅非常喜欢阅读

的书籍。1944 年 3 月，杨廷椅从东京明治学院大学预科毕业后，曾短暂在东京工业大学研究室担任技工。

1945 年 8 月 15 日，日本宣布无条件投降。10 月 25 日，中国政府在台湾省台北市公会堂（今中山堂）举行中国战区台湾省受降仪式，被日本占领 50 年之久的台湾以及澎湖列岛，重归中国主权管辖之下。这成为抗日战争取得完全胜利的重要标志。台湾同胞扬眉吐气，欢欣鼓舞。他们发扬热爱祖国的光荣传统，满怀抱负和热情，憧憬着美好未来。其中，许多旅居日本的台湾省籍知识分子纷纷放弃原来的工作，准备集体返回台湾，重建美好家园。只是由于当时缺乏船只，日本与台湾省之间的海上交通尚未完全恢复，留居日本的台湾省籍知识分子就利用这段等待的时间，进行返回台湾重建家园的各方面准备工作。于是，各种各样的由台湾知识分子组成的民间社团纷纷成立了，"新生台湾建设研究会"就是其中之一。

1946 年 1 月，杨廷谦、朱昭阳、曹钦源、谢国城等在日本东京成立"新生台湾建设研究会"，朱昭阳担任会长，谢国城担任副会长，杨廷谦担任组织科长，曹钦源担任文化科长。研究会会员达 200 人，包括攻读文、法、商、工、农、医等各专业的台湾省籍知识分子，同时也有部分第二次世界大战期间被日本军国主义强征的台湾省籍劳工界代表人士。研究会制定了共同的活动和目标，所有成员都坚决反对在日本殖民统治下受到的民族歧视与差别待遇。

1946 年 2 月，杨廷椅抱着强烈的建设美好家园的热情，从日本返回台湾，加入"新生台湾建设研究会"，与其一起加入研究会的还有从日本中央大学法学部毕业的台湾进步青年李中志。他们志同道合，无话不谈，很短时间就成为拥有共同政治抱负的好朋友。当时，从事地下斗争活动的李中志生活非常困难，只有一双从日本穿回台湾的马靴、两条裤子和两件衬衫，且只有一条裤子能够勉强穿得出门。李中志家庭贫穷，家里的房子也年久失修，破败不堪。一天晚上，杨廷椅来到李中志家里看望，他们畅谈人生志向和革命理想到第二天凌晨几近天亮。由于交通不便，李中志请杨廷椅留下来睡一两个小时，并把自己的床让给杨廷椅，而李中志自己则睡在外屋的一条板凳上。杨廷椅醒来后看到这种情景，内心十分感动，更加坚定了与李中志一起奋斗的决心。

在延平学院接受政治启蒙

1946 年 2 月，杨廷谦返回台湾后，参与筹设了私立延平学院。5 月 1 日下午 4 时，延平学院举行成立仪式。在成立仪式上，首先由筹备组组长黄朝琴说明了成立延平学院的宗旨，介绍了筹备过程的有关情况，然后由朱昭阳报告了成立延平学院的三点决议。在这次会议上，台湾著名文学家、反日志士林献堂被推举为延平学院筹备委员会主任委员，台湾省参议员陈逢源、刘明、陈逸松被推举为延平学院筹备委员会常任筹备委员。

1946 年 8 月，杨廷椅考入延平学院经济系。由于延平学院是以推动台湾本省子弟接受中华文化教育为宗旨成立的，且为私立、夜间大学性质，甫一成立就吸引许多台湾有志进步青年报考。同时，许多有志进步教师也纷纷加入，他们白天在台湾大学等学校授课，晚上则来到延平学院兼课。由于是台湾进步青年发起成立的，延平学院反对国民党腐败专制统治的风气很盛，张贴传单、发表演讲抨击国民党反动统治随处可见。延平学院民主自由的学风，以及志同道合的老师和学生的熏陶，对杨廷椅产生了很大影响。他受到了政治启蒙教育，逐渐认识到了美帝国主义和蒋介石反动集团的真面目，毅然下定决心，投身到反美反蒋的人民运动洪流之中。

在延平学院，杨廷椅和同学们一起组织读书会。当时，读书会使用的材料，大都以祖国大陆民主党派的刊物为主，同时还有许多宣传社会主义和共产主义的书刊。他们还将台湾新文学运动旗手简国贤创作的剧本《赵梯》（"赵梯"是闽南语"该打"的谐音）改编为话剧，以此激励广大台湾民众奋起反抗、推翻国民党腐败专制统治。除了在延平学院开展革命斗争活动，杨廷椅等进步青年学生还经常在台北各所大学之间进行串联，将读书会扩展到台湾师范学院、台湾大学等高校。延平学院因此成为台北进步师生的重要据点。1947 年二二八起义时，延平学院就是台湾岛内学生武装暴动的一个中心点，许多秘密会议都是在这里召开的。后来，国民党借口在延平学院发现了一箱手榴弹，强行关闭了学院。在延平学院的这段革命斗争经历，为杨廷椅后来从事爱国学生运动奠定了坚实的思想基础和行动基础。

光荣加入中国共产党

台湾光复后，中共台湾地下党组织和革命群众力量不断发展壮大，引起国民党极度恐慌。国民党对台湾社会进行高压统治，大肆搜捕中共台湾地下党员和革命群众，将接收变为"劫收"，台湾民众从当初的欢天喜地变为呼天抢地，纷纷奋起反抗国民党反动统治。在这一时期，广大台湾同胞，尤其是革命群众和进步青年，经过二二八起义的磨难与斗争，更加充满了对国民党残暴独裁统治的反抗，充满了对台湾混乱时局的苦闷。很多台湾民众尤其是进步青年纷纷加入中共台湾地下党组织，与国民党进行斗争。杨廷椅就是其中的一位。在经历了1946年抗议日本东京"涩谷事件"学生示威、1947年抗议"沈崇事件"万人游行，以及二二八起义学生武装暴动的革命斗争后，杨廷椅在政治上思想上不断觉醒、不断成熟。而目睹了二二八起义时国民党军警对台湾人民的血腥屠杀和对进步青年的肆意搜捕，杨廷椅更加认清了国民党的反动本质，对国民党更加失望和不满，对共产党的信仰与追求更加炽烈。在二二八起义中，中共台湾地下党员展现出的不屈不挠斗争精神，使杨廷椅深为震撼和敬佩。1947年5月，经中共台北市工委书记廖瑞发介绍，杨廷椅光荣加入了中国共产党。

热血献身爱国学生运动

1946 年 2 月，中共中央华中分局决定成立中共台湾省工委。经过认真甄选，决定派遣地下党员林英杰等前往台湾开展工作。4 月初，根据中共中央华中分局和中共中央上海局指示，林英杰与中共地下党员张志忠、洪幼樵、许敏兰作为台湾省工委第一批赴台人员到达台湾。7 月中旬，中共台湾省工委书记蔡孝乾从上海到达台北，中共台湾省工委正式成立。

经过艰苦努力，1947 年 5 月，中共台湾省工委成立了台北市工委、台中市工委，并在台南、嘉义、高雄秘密建立了地下党支部，发展地下党员 70 多人，并计划建立台湾人民武装力量，反抗国民党腐败专制统治。

为进一步发挥二二八起义被国民党镇压后台湾进步青年学生高涨的革命热情，1947 年 8 月，中共台湾省工委成立了学生工作委员会，努力团结发动广大青年学生开展革命斗争，大力吸收有志青年加入地下党组织，反对国民党专制独裁统治。学生工作委员会成立之初隶属于台北市工委，由中共台北市工委书记廖瑞发直接领导。随后一段时间，由于廖瑞发工作任务繁重，学生工作委员会由化名詹世平的地下党员吴克泰领导，1948 年 2 月再由地下党员徐懋德（化名李洁，又称"外省李"）领导。由于政治表现突出，组织动员能力强，地下党组织研究决定，杨廷椅与刘沼光、陈水木、陈炳基等一起担任学生工作委员会委员，负责领导台湾学生运动。后来，根据党的地下斗争形势发展需要，学生工作委员会由中共台湾省工委直接领导，成为台湾省工委的直属组织之一。

成立之初，学生工作委员会确定的工作范围和工作对象，主要是台湾大学、台湾师范学院的教职员工和学生，因而成立了台湾大学本部地下党支部、台湾大学法学院地下党支部、台湾大学医学院地下党支部和台湾师范学院地下党支部等组织。其中，1949 年 6 月台湾大学医学院地下党支部由杨廷椅领导。9 月，由于台湾大学法学院地下党支部遭到国民党特务破坏，组织上决定，杨廷椅停止领导台湾大学医学院地下党支部工作，为确保人身安全，迅速进行隐蔽转移。在领导学生工作委员会期间，杨廷椅极其负责，全身心投入，达到了忘我付出的程度。对其他地下党支部组织工作，杨廷椅虽然没有直接参与，但仍然付出了艰苦努力，大力发展壮大地下党组织。台湾大学本部地下党支部书记王子英、台湾大学法学院地下党支部书记叶城松等都是由杨廷椅发展并领导的。

考虑到参加台湾大学地下党组织的学生毕业后返乡工作的实际，为发展壮大台湾地下党组织，中共台湾省工委决定，将学生工作委员会的活动范围扩大到台湾北部基隆及台湾中南部地区，并指派秘密转移中的杨廷椅负责发展新的地下党组织工作。在此期间，杨廷椅已根据党组织指示安排，秘密转到宜兰地区。1949年 12 月，由于基隆地下党组织遭到国民党特务破坏而急需负责人，杨廷椅又被党组织派到基隆，组织领导基隆造船厂地下党支部、汐止地下党支部、基隆电信局地下党支部等地下党组织工作，发展了十多名地下党员。

由于信仰马克思主义，并且时刻关注祖国大陆人民解放战争形势发展，杨廷椅在组织领导台湾岛内学生开展革命斗争时，十分注意与祖国大陆学生爱国民主运动结合起来，把"反饥饿""反内战"等口号引入台湾校园，把祖国大陆以学生为先锋的爱国民主运动，尤其是国民党统治区的爱国民主运动与革命精神引入台湾校园，进一步加强引导台湾进步学生以更广阔的视野看待和思考时局问题，以更加理性成熟的立场主张为台湾人民的解放而继续奋斗。

1949 年 8 月，基隆中学"《光明报》案"爆发，中共台湾地下党组织遭到国民党特务破坏，许多地下党员相继被捕。为加强搜捕中共台湾地下党组织和地下党员，国民党特务在台湾大学法学院埋伏，逮捕了散发《光明报》的地下党员王明德，进而导致台湾大学法学院地下党支部、成功中学地下党支部和中共基隆市工委暴露。

1949 年底至 1950 年初，国民党特务对中共台湾地下党组织进行疯狂搜捕，中共台湾省工委及其各级地下党组织遭到严重破坏，大批地下党员和革命群众被捕。

1950 年 1 月，为重振党的地下组织，中共台湾省工委学生工作委员会负责人徐懋德将杨廷椅调回台北，指派其具体负责领导台湾大学医学院地下党支部和台湾师范学院地下党支部工作。

尽管这时中共台湾地下党组织已不同程度遭到国民党特务破坏，但杨廷椅仍然按照党组织指示要求，义无反顾地坚持开展党的地下斗争。

1950 年 5 月 13 日，杨廷椅在台湾大学被国民党特务秘密抓捕。此后不久，郑文峰、洪天复、江源茂、邱妈寅、王超伦、张坤修、孙进丁、王乃信、陈子元、叶盛吉、颜世鸿等地下党员也相继被捕，中共台湾省工委学生工作委员会遭到彻底破坏。

在狱中，杨廷椅经受住了国民党特务的严刑拷打，始终坚守党组织秘密，令国民党特务一无所获。1950 年 11 月 29 日，国民党"台湾省保安司令部"军法处以所谓"以非法之方法意图颠覆政府罪"，判处杨廷椅死刑并立即执行。随着台北马场町上空冰冷、残酷的枪声响起，年仅 24 岁的杨廷椅带着"吾志未酬"的凛然浩气，带着对台湾前途命运的无限思考，带着对共产主义信仰的无比忠诚，永远地离开了他热爱的这片土地。

杨廷椅和那一代台湾进步青年，他们风华正茂，他们铁骨铮铮，在血与火的考验中，扛起了那一代台湾有志青年的使命、担当和责任，燃烧了自己的宝贵生命，苦苦地寻找台湾前途的光明道路。他们是时代的先锋，是真理的追光者。我们应当永远铭记他们的光辉事迹。

陈志云

　　陈志云（1925—1950），又名陈水枝，化名李志华，福建惠安人。1949 年 5 月加入中国共产党。1950 年 9 月前往金门从事情报收集工作，12 月底在金门英勇就义。

青年时代求学报国

1925 年，陈志云出生在福建省惠安县净峰镇山前村一个商人家庭，家里有五男三女共八个兄弟姐妹，陈志云在兄弟中排行第四，取名陈水枝。父亲陈光兴为人诚实善良、忠厚正直，早年开始从事卖布生意，经过多年苦心经营，生意做得顺风顺水，规模越来越大，成为惠安县影响较大的布匹商人，十里八乡都称其为"卖布光兴"。陈志云不满十岁就被父亲送到家乡附近的私塾读书。在私塾上学时，陈志云聪明好学、勤奋刻苦，深得老师和同学喜爱。

1937 年 7 月，日本发动全面侵华战争。1938 年 7 月，日军从崇武等地侵入惠安，陈志云就读的私塾被迫停办。中断学业后，陈志云被父亲暂时安排在身边帮忙打理生意。在日本侵略者的无情践踏下，华夏大地遍体鳞伤、满目疮痍，百业凋敝、民不聊生，陈光兴的布匹生意也是举步维艰，生活一天不如一天。

在帮助父亲打理生意的一年多时间里，陈志云目睹日寇的残酷暴行，心中燃起一股抗日救亡的强烈怒火。陈志云再也没有心思继续经商，暗中打听哪里有抗日斗争武装组织，下定决心参加抗日战争。当陈志云听说惠安县立中学成立了抗日救亡组织的消息后，立即说服父亲让其继续上学，以便利用机会参加抗日救亡运动。父亲郑重地答应了陈志云的请求。1939 年秋，陈志云满怀激情前往惠安县立中学读书，同时把自己的名字"水枝"改为"志云"，寓意"壮志凌云"。在惠安县立中学读书学习期间，陈志云参加了学校组织的抗战救援会宣传队。他经常和同学们走上街头游行示威，深入乡村发放传单，张贴宣传抗日的海报，投入抗日救亡运动的洪流中。

1944年春，陈志云遇到抗日救亡道路上的领路人杨其精。当时，陈志云在惠安县立中学读高中，是学校抗战救援会宣传队的骨干成员。一天，国民党军二十七军八〇师通讯连少校连长杨其精（惠安县净峰镇净北后园村人，距山前村仅两公里）来到学校招募爱国青年组织"学兵队"，作为补充兵员到前线参加抗日战争。杨其精是黄埔军校十三期毕业生，比陈志云大十岁，之前曾在晋东南国民党军二十七军（军长范汉杰）四十五师（师长刘进）工兵营担任二连上尉连长。在招募会上，杨其精向同学们详细讲述了其在山西中条山与侵华日军拼死作战，在太行山参加抗日战争的亲身经历。陈志云听得热血沸腾，更加坚定了奔赴抗日战争前线打击日本侵略者的决心，第一个报名参加了"学兵队"。招募会结束后，陈志云没有回家与父母告别，立即带上简单的行李跟随杨其精前往福州，到达了抗日战争的最前线。

抗日战场显身手

　　1944年3月，在杨其精的带领下，陈志云在福州加入国民党军第八〇师爱国青年"学兵队"，被安排在无线电训练班，迅速进入紧张训练状态。在无线电训练班，陈志云的学习科目包括机器维修、故障排除和器材补充，技术训练包括放线、收线、架线、收发报速度和准确率，以及夜间演习训练等内容。在杨其精的言传身教下，经过为期半年的无线电训练班学习培训，陈志云从几十名学员中以全优成绩脱颖而出，被安排在国民党军二十七军八〇师师部通讯连无线电排担任无线电通讯员。

1944 年 9 月，国民党军二十七军八〇师师长、厦门同安人李良荣将军从陈志云所在的无线电排获得情报，得知日军准备从连江县外海登陆，再度进攻福州。进犯福州的是日军第二十三混成旅团，旅团长长岭喜一，这是一个加强旅团，兵力和武器装备比国民党军队强很多。为研究打击对策和部署兵力，李良荣召集团以上军官及直属部队负责人开会，根据陈志云所属无线电排提供的情报，分析认为日军不可能沿闽江进犯福州。距离福州城十多公里的大北岭和小北岭，地势险要，是福州屏障，历史上是著名的古战场，为历代兵家必争要地，也是攻取福州胜败的重要据点。

经过分析，李良荣判断，日军会取道山路而不会走水路，为此对大北岭和小北岭进行了周密的军事部署。正如判断一样，日军正是沿着大北岭和小北岭进犯福州，双方随即在大北岭和小北岭展开激战。敌我双方反复冲杀，你争我夺，激战一上午，日军死伤惨重。在大北岭战役中，陈志云所在无线电排在通讯连连长杨其精的指挥下，时刻保持无线电通讯系统灵敏畅通，确保师部与军部之间、师部与团部之间通讯联络不间断，及时迅速、准确安全传递作战计划、作战命令以及战场信息，为国民党军二十七军八〇师战斗部署顺利实施提供了有力通讯支持。战役结束后，通讯连无线电排得到二十七军军部和八〇师师部记功表扬，杨其精也被提拔任命为八〇师二三九团一营中校营长。通过这次实战锻炼，陈志云成长为一名真正的抗日战士、一名优秀的话务员，为后来在闽东地区对日军的追击作战积累了经验、打下了基础。

1945 年初，日军在太平洋战场遭到盟军猛烈反攻，节节败退，第二次世界大战胜利在望。为做好日本战败后的接收工作，需要对侵华日军战后可能集结的较有战略价值的地域进行提前分析研判。根据陈志云所在无线电排提供的情报，国民党军二十七军八〇师师长李良荣与团以上军官进行研究分析，认为福州之敌有放弃福州而北撤浙江的可能，因为这时上海已被盟军封锁，日军必在浙江集中兵力，苟延残喘。李良荣随即作出攻击与追击日军的部署，令八〇师二三九团（团长陈维金）反攻福州，待福州收复后，跟随敌后尾追；八〇师二三八团（团长罗达时）原驻古田整训，令其由原驻地直插罗源、宁德、霞浦，截住日军退路；八〇师二四〇团（团长刘化之）为机动部队，以便首尾合击歼灭日军。

反攻福州战役打乱了日军的撤退计划，日军十分恐慌，被迫提前放弃福州，仓促向连江方向逃窜。经过激战，1945 年 5 月 18 日，福州收复。同时，为防日军逃脱，李良荣不待部队休整，就下达追击命令。二三九团一营营长杨其精接到追击命令后，立即从福州出发，沿连江、罗源、宁德方向猛打猛追日军。一营追到宁德后，天已大亮，又和主力部队会合，继续追击向八都白马河方向逃窜的日军。为了不让日军渡过白马河，国民党军八〇师官兵对日军展开了一场激烈的短兵相接的歼灭战，直到日军联队长管野中弹身亡，日军才开始溃散，残部朝浙江方向逃窜。八〇师官兵英勇顽强，追击战取得大胜。从反攻福州战役到闽东追击战的白马河战役，击毙日军 500 多人，缴获大量战利品，但国民党军二十七军八〇师也付出了 200 多名官兵阵亡的代价。从此，日军再也无力对福建发起进犯。

从福州大北岭、小北岭战役直到闽东白马河战役，陈志云始终跟随八〇师辗转行动，发挥了无线电收集情报及传达战斗任务的重大作用，为战役胜利立下了汗马功劳。

从事党的地下斗争

1945 年 8 月 15 日，日本宣布无条件投降，中国人民取得抗日战争伟大胜利，中华大地一片喜气洋洋，全国人民欢欣鼓舞，期盼能过上和平安宁的生活。然而，蒋介石不顾全国人民强烈反对，1946 年 6 月 26 日，国民党反动集团悍然发动全面内战，把枪口对准自己的同胞，全国人民刚刚从日本帝国主义铁蹄的蹂躏下解放出来，又要遭受另一场战火折磨，陈志云想到这些就非常困惑和苦恼。回想这几年在国民党军队的亲身经历，陈志云更加看清了国民党统治集团的腐败和无能，心中的愤慨和失望与日俱增，脱离国民党军队的愿望也愈加强烈。当陈志云把心中的想法向同乡杨其精说起时，杨其精也表露出对国民党反动统治的极度不满和失望。他们下定决心，决定迅速脱离国民党军队。

1946 年 7 月，杨其精脱离国民党军队后，被厦门江声报社聘为经理。陈志云也紧随杨其精，在江声报社下属的厦门碾米厂当了一名工人。江声报社副社长许祖义是杨其精的同学和战友。许祖义是福建晋江人，从黄埔军校十三期毕业，曾在国民党军二十二兵团担任上校副团长。1947 年许祖义脱离国民党军队来到厦门，在其父亲创办的江声报社担任副社长。这期间，许祖义加入中国共产党，积极参加地下革命斗争，是一名忠贞的共产党员。

1949 年 5 月，在许祖义的介绍下，杨其精、陈志云加入中国共产党，积极参加厦门地下党组织领导的革命斗争活动。加入中国共产党后，陈志云与杨其精坚决服从地下党组织安排，广泛发动群众，积极参加反抗国民党反动派的斗争。其间，陈志云接触了许多地下党员和革命群众，革命工作视野不断拓宽，政治上不断成熟。随着人民解放战争胜利的脚步日益临近，陈志云进一步坚定了为党工作、为人民解放事业奋斗的决心和信心。

根据厦门地下党组织安排，1949 年初，杨其精利用其与时任国民党厦门警备司令部司令李良荣的关系，打入国民党军二十二兵团，担任教导团上校团长兼金门县县长，负责掩护、策反和情报收集等工作。在党的组织系统内部，陈志云接受杨其精直接领导，利用碾米厂工人身份为掩护，发挥无线电通讯技术特长，担任杨其精与地下党组织之间的交通员和联络员，机智灵活地为杨其精与地下党组织传递情报、联络信息。

1949 年 5 月 24 日，汤恩伯从上海乘军舰狼狈向福建逃窜。这时，人民解放军华东野战军第十兵团司令员叶飞正率部进军厦门。解放厦门的战役即将打响。为了尽快顺利解放厦门，人民解放军急需驻守厦门国民党军队的兵力部署和火力配置图，而要从戒备森严的国民党军队获取这张配置图，不仅需要过人的胆识，还需要具备专业的军事能力。

经过认真研究，厦门地下党组织认为杨其精十分适合承担这项任务，就把这项极其艰巨的任务交给了他，要求他不惜一切代价获取这份情报并安全送到人民解放军手中。杨其精接到党组织交给的任务后，立即着手进行情报收集工作，利用各种名义收集有关材料，并以国民党军二十二兵团教导团团长兼金门县县长的身份，全副武装，乘坐军用吉普车，花了整整一天时间，走遍厦门各个角落，到沿岸各个阵地视察兵力部署、火力配置和防御工事，并与打入国民党内部的厦门警备司令部参谋、地下党员张幼铣迅速取得联系，一起精心绘制了一张厦门守敌兵力部署和火力配置图。配置图绘制完成后，如何将这份极端重要的情报安全送到人民解放军手中，是一项十分艰巨危险的任务，处理不好就会前功尽弃、功亏一篑。

为安全可靠，杨其精本想亲自将这份情报送给厦门地下党组织，但其身份特殊，容易引起怀疑，如果不慎暴露，牺牲个人生命事小，人民解放军不能及时收到情报将影响整个战局。事关重大，容不得半点闪失。关键时刻，杨其精想到了陈志云，他十分了解、信任这位同乡，知道陈志云不仅胆大心细而且机智勇敢，最重要的是陈志云信念坚定、忠诚可靠。杨其精相信陈志云一定能够完成任务，于是紧急联系陈志云，令其火速将这份情报安全送给厦门地下党组织。陈志云接到传递情报的任务后，连夜从厦门碾米厂动身，马不停蹄，机智巧妙地绕过国民党驻军层层关卡，安全顺利地把国民党兵力部署和火力配置图送给了厦门地下党组织，为解放厦门发挥了重要作用。

厦门解放前夕，由于叛徒出卖，杨其精与一起潜伏在国民党军队内部的地下党员遭到国民党特务追捕。获悉情报后，陈志云心急如焚，迅速与以前在国民党军二十七军八〇师的同事取得联系，帮助杨其精及暴露的地下党员成功躲过国民党特务搜捕，秘密撤离而脱险。

为人民解放事业献身

厦门解放后，杨其精从金门辗转回到厦门，被党组织安排在福建省委台湾工作委员会漳（州）厦（门）联络站工作。1950年5月，经杨其精推荐，陈志云正式参加中国人民解放军，成为福建省委台湾工作委员会漳（州）厦（门）联络站的一名无线电话务员。

1950 年 9 月，福建省公安机关在厦门破获了一批敌特电台，其中一部敌台及相关人员被有关部门控制。上级党组织决定，利用这次机会派遣精干人员潜入金门，建立情报组织和情报渠道。这就急需一名熟悉无线电通讯技术的同志承担此项重要工作任务。经过认真挑选，有关部门认为陈志云是执行这项艰巨潜伏任务的最合适人选，决定派遣他携带电台与被控制的敌特人员一起潜入金门，开展对国民党的情报收集工作。党组织决定，由杨其精向陈志云直接传达任务安排。陈志云接到杨其精代表党组织传达的要求其潜入金门开展情报工作的指示时，毫不犹豫地领受了任务，表示一定完成上级党组织交给的任务。

1950 年 9 月 26 日凌晨，陈志云向杨其精辞别，并请杨其精向自己妻子转达，好好照顾刚刚出生 3 天的女儿，就带上电台，毅然踏上征程。陈志云化名李志华，带领其他几名同志，随同被有关部门控制的敌特人员，借着海雾，乘着小船，悄悄潜入金门，从此开始了光荣而艰巨的地下情报斗争工作。

陈志云刚到金门潜伏不久，就被国民党特务抓捕。经过严刑拷打，国民党特务毫无所获。1950 年 12 月底，陈志云被国民党特务秘密杀害。直到 20 世纪 80 年代，有关部门才从回到厦门的幸存下来的同志的讲述中，了解到陈志云英勇就义的确切消息。

1980 年 1 月 5 日，陈志云被追认为革命烈士。

陈志云英勇就义时年仅 25 岁。他用青春年华书写了对党的忠诚、对人民的热爱。他矢志不渝、无怨无悔、英勇献身的革命精神，永远值得我们铭记。

林良桐

　　林良桐（1914—1951），福建闽侯人。1934年毕业于清华大学法学系。1945年10月被派往台湾，担任台湾糖业公司人事室主任。1950年5月因"台糖事件"被捕，1951年1月11日在台北马场町英勇就义。

品学兼优 "为国谋"

1914 年 2 月，林良桐出生在福建省闽侯县一个普通家庭。林良桐从小好学上进，品学兼优，在家乡读完小学、初中、高中，1930 年 7 月考入清华大学法学系，1934 年 7 月以全优成绩毕业。在 1934 年清华大学毕业纪念专刊中，留有一幅林良桐的毕业照，照片上配有其写的一首诗："鹏翼抟风气自遒，几春鼓箧旧畿游；晋安独秀方年壮，博览多阅为国谋。"

1936 年 6 月，林良桐作为公费生前往美国留学，1937 年 6 月学成回国后在清华大学担任教师。这时的林良桐，青春独秀，意气风发，处在"为国谋"的人生道路上。1937 年 7 月，全民族抗战爆发。1938 年 4 月，清华大学、北京大学、南开大学在云南昆明联合成立西南联合大学（1946 年 7 月停办）。1939 年至 1942 年，林良桐转往西南联合大学，担任法律学系专任讲师、副教授。西南联合大学是抗战时期大后方的爱国民主运动策源地，林良桐在此期间积极参加爱国民主运动。

当时，抗日战争环境严峻，国民党经济政策失败，导致通货膨胀高企，全国人民生活在水深火热之中。西南联合大学进步知识分子对国民党的倒行逆施极为愤慨，先后三次集中表达对国民政府的不满意见，纷纷发表文章、发表演说抨击国民党专制独裁统治。1942 年 4 月 30 日，西南联合大学进步知识分子发表了《我

121

们对于当前物价问题的意见》，伍启元、费孝通、鲍觉民、戴世光、李树青、沈来秋、林良桐、张德昌、杨西孟共9位教授在文章上署名，表达了教书人和读书人"义不容辞的责任"，在社会上产生了广泛影响。林良桐作为参与者之一，明确表达了对社会现状的高度关注，表达了对参与爱国民主运动的积极态度。

经营台糖显身手

1945年8月15日，日本宣布无条件投降，全国人民欢欣鼓舞。10月25日，台湾光复，回到祖国怀抱。

日据时期，制糖业是台湾经济的主要来源。台湾光复前，台湾原有的42家制糖工厂被日本殖民当局炸毁了34家，剩下的8家工厂保存较为完好。台湾光复后，为重整台湾制糖业，国民政府经济部资源委员会指派在四川内江担任中国联合炼糖公司董事长的沈镇南前往台湾，接受、整顿、建设台湾制糖企业。

1946年5月1日，台湾糖业公司成立，吴兆洪担任董事长，沈镇南担任总经理。要经营好台湾最大的制糖企业，急需大批制糖专业人才与人事管理人才。沈镇南早年毕业于清华大学化学工程系制糖专业。为广纳贤才，沈镇南通过清华大学人脉关系，聘请了4名清华大学毕业生，分别为化学工程系制糖专业的吴卓和周大瑶、法学系的林良桐和郭铎，邀请他们前往台湾工作。在台湾糖业公司，吴卓担任协理，周大瑶担任总工程师，林良桐担任人事室主任，郭铎担任人事室副主任。经过不懈努力，他们卓有成效地管理了 200 多万亩台湾蔗田、40 多家制糖工厂，整修了 2000 多公里的轻便铁路。仅用 3 年时间，他们就把台湾的糖业年生产能力从 8.6 万吨提高到 63 万吨，产值占台湾工业总产值的 65%，为台湾光复后的经济恢复作出了重大贡献。

大义凛然　向死而生

1948 年末到 1949 年初，经过辽沈、淮海、平津三大战役决战，时局发生了根本性变化，国民党统治集团败局已定。迫于内外强大压力，1949 年 1 月 21 日，蒋介石不得不宣布下野。此前，蒋介石已选择台湾作为其最后的落脚点，开始了对台湾的经营。

随着国民党统治集团节节败退，许多台湾有识之士心向中国共产党，采取各种方式离开台湾，纷纷返回祖国大陆。在这些返回祖国大陆的人士中，就有国民政府经济部资源委员会主任孙越崎。1949 年 9 月，孙越崎公开通电起义，回到祖国大陆。受孙越崎影响，台湾糖业公司董事长吴兆洪、协理宋以云也先后返回祖国大陆。在台湾，孙越崎直接领导台湾糖业公司重振建设工作，与沈镇南、吴兆洪、宋以云关系十分密切。他们陆续返回祖国大陆，造成了很大影响，迅速引起国民党特务关注。

1950 年 5 月初，国民党"台湾省保安司令部"三大队八中队分队长秦荣桂通过"线报"，获得台湾糖业公司所辖虎尾制糖厂员工福利部经理李基藩提供的线索，发现台湾糖业公司所辖月眉制糖厂工人洪子瑜等人"行动诡秘"。秦荣桂把所获情况迅速上报，国民党特务综合判断，认为洪子瑜、陈乃东、邵毓秀、雷大效等月眉制糖厂工人"有重大嫌疑"。5月26日，洪子瑜、陈乃东被捕。在国民党特务的严刑拷打、威逼利诱下，洪子瑜、陈乃东"经严讯供认为匪不讳"，出卖了邵毓秀、雷大效等人"行动诡秘"的线索。邵毓秀、雷大效被国民党特务秘密抓捕。随后不久，邵毓秀、雷大效又"供出了沈镇南、林良桐为中共活动事实"。国民党特务迅速将沈镇南、林良桐逮捕并移送到国民党"台湾省保安司令部"军法处审讯。

国民党"台湾省保安司令部"军法处在"沈镇南等叛乱案"中，对林良桐等列出的"阴谋策略与活动方式"主要有："一、整理与保护台糖财产，研究如何使台糖所属铁道转运灵活，以配合中共进军台湾运输之用；二、从事破旧车辆机车之整修、水泥枕木之制造、港口潮汐之调查，以备中共军事登陆之用；三、以扩充设备，增强生产能力为借口，多产少卖为手段，藉以避免外汇流入政府之手，并主张卖糖外汇应先购置工厂与铁道器材，以利中共接收；四、调查现职员工状况，掌握控制转业军官，以配合变乱时之运用；五、利用业务上之便利，从事有利于中共之各种活动，以及达成藉合法掩护非法之最高策略运用"。判决最后综合结论为："沈镇南利用其主管业务之合法便利，从事有利于中共之非法行为，对业务上一切措施如加强铁道转运灵活，港口潮汐调查；以扩充设备为借口，尽量增加公司财产，准备中共接收；以多产少卖为手段，免外汇流入政府，减少政府运用资金，增加政府经济困难。类此表面均似有利于公司，实则间接不利于政府，均属中共策略之高度运用。"判决承认，"难免有以行动代侦查，以侦讯寻线索之憾，事前无充分资料，侦讯人员无法指证案情。讯供结果，酿成案件移送保安司令部复审时，几乎全部翻供"。"因而该案在侦查上，似未能善尽能事，殊值改进"。

尽管如此荒唐，但国民党"台湾省保安司令部"军法处还是判处沈镇南、林良桐死刑。1950年12月30日，国民党"国防部"核准了对沈镇南、林良桐的死刑判决。1951年1月11日，沈镇南、林良桐在台北马场町英勇就义。

从保存的照片看，临刑前，面对罪恶的枪口，沈镇南、林良桐没有表现出丝毫的畏惧，而是大义凛然、慨然就义！他们的流血牺牲，是坚强勇士为光明与黑暗两种命运前途决战付出的生命代价；他们的流血牺牲，是祖国统一伟业中的无私奉献。

"台糖事件"在当时的台湾岛内产生了很大影响，国民党特务逮捕了21人，其中14人被判刑。

林良桐等英烈们可以感到欣慰的是，祖国大陆没有忘记他们。林良桐的英名镌刻在北京西山无名英雄纪念广场上。在英烈们的身后，祖国大陆已经发生了翻天覆地的变化，正朝着完成祖国统一、实现民族复兴的伟业奋勇前进。

李玉堂

　　李玉堂（1898—1951），字瑶阶，山东东营人。参加了北伐战争、抗日战争。1950 年 2 月起义不及撤往台湾。1951 年 2 月 5 日在台北碧潭英勇就义。

良心救国　引起轰动

1898 年 3 月 18 日，李玉堂出生在山东省东营市广饶县大王桥西村的一个地主家庭。父亲李启绪，母亲延氏，共育有五男二女，长子李春堂，次子李书堂，三子李玉堂，四子李琴堂，五子李萌堂，李玉堂上有两个哥哥一个姐姐，下有两个弟弟一个妹妹，在家中排行第四。李家世代经营农商，到李启绪这一代已有田产 60 余亩，家境较为富裕，这使李玉堂从小就受到了良好教育。

李玉堂没有亲生子女，抚育培养其大哥李春堂的次子李守经为己子，以后又抚育培养其五弟李萌堂的女儿李国英为己女。

李玉堂 7 岁时进入大王桥西村私塾读书，15 岁起考入广饶县二区刘家集振华高等小学、河西国民学校就读，毕业后考入设在济南的山东工业专门学校甲种班。从山东工业专门学校毕业后，李玉堂投军到山西阎锡山部队。仅仅数月时间，李玉堂看到军阀各霸一方，割据掠夺，欺压百姓，十分失望，不久就不辞而别，回到山东家乡。

1915 年袁世凯在北京复辟帝制后，孙中山率革命党人举兵讨伐。孙中山委任居正为革命军东北军总司令，占领潍坊县城及附近各县；吴大洲为山东都督，薄子明为总司令，邓天一为民政长，占领周村及附近各县。时年 18 岁的李玉堂，加入阎抚尘率

129

领的学生营，参加讨袁战争。1916 年袁世凯病亡，学生营随之解散。返回家乡一年后，1917 年李玉堂考入济南公立工业学校继续求学，就读于金工科甲等班。

1918 年冬，第一次世界大战结束。1919 年 1 月 18 日起，战胜国在法国巴黎召开和平会议，重新划分势力范围。日本妄图继承德国在山东的权益，引起全国舆论谴责和全国人民愤怒。山东各界纷纷成立外交后援会，要求北洋政府拒签对德和约。李玉堂作为山东学生外交后援会的急先锋，组织集会游行，抵制日货，拒乘日本霸占的胶济铁路火车……抗日救国热潮，弥漫全国。

1919 年五四运动爆发，全国上下掀起抵制洋货高潮。李玉堂深受五四运动影响，积极参加外交后援会组织的活动，率领十多名青年学生在家乡大王桥将集市上尚未销售的日货全部砸毁。为表示爱国决心，李玉堂当众咬破手指，用鲜血写下"良心救国"4 个大字，贴在集市的墙壁上。

参加北伐　破格提拔

经过四年苦读，本想有一番作为的李玉堂，切身感受到祖国遭受西方列强欺凌、国内战乱不安的残破景象，毅然决定再次投笔从戎。1921 年，李玉堂投入山西军士教育团，受训结业后充任晋军炮兵队上士班长、准尉司书等职。

1923 年 12 月，李玉堂回到家乡广饶县大王桥西村探亲。

1924 年 2 月，得知领导南方革命政府的孙中山正在筹备建立军校的消息，李玉堂决定不再返回晋军，与赋闲在家的堂弟李延年等商量报考军校事宜。

为了顺利考入军校，1924 年 3 月，在国民党员王乐平、延瑞祺的介绍下，李玉堂、李延年加入中国国民党，准备报考黄埔军校。4 月，在国民党员邓天乙、李郁亭、王乐平的推荐下，李玉堂与李延年、项传远、李殿春等 15 名青年前往上海参加了初试。由于从小受到良好的教育，加之曾在晋军中受到锻炼而具有强健的体格，李玉堂顺利通过了初试。这 15 名青年，有 5 人在上海的初试中被淘汰。初试合格后，李玉堂等 10 名青年从上海乘船南下广州，在广州通过复试，成为黄埔军校第一期学员，李玉堂、李延年被安排在第二队学习。在校期间，李玉堂参加了孙文主义学会，经常与同学们就中国的未来发展方向展开热烈讨论。

1925 年从黄埔军校一期毕业后，李玉堂被分配到国民革命军陆军第一师第二团担任见习军官，参加了第一次北伐战争。在孙中山领导的平叛广东军阀陈炯明的战斗中，李玉堂英勇顽强，很快由见习军官升任排长，继而升为连长。淡水之战，当围城部队吹响冲锋号时，李玉堂不顾密集炮火，一跃而起，迅速冲到城墙下，高举战旗，第一个从云梯爬上城楼。敌军一时大乱，国民革命军乘机扩大战斗，久攻数日而攻不下来的淡水城，不到两个小时就被攻破收复。战斗结束后，李玉堂被通令嘉奖，晋升为少校营长。

在第二次东征战役中，李玉堂屡立战功，被提拔为国民革命军陆军第三师第八旅八团团长，随东路北伐军沿粤东、福建、浙江向江苏挺进。李玉堂率八团官兵一路攻城斩将，缴获大批战利品。

1927年初，中路北伐军从武昌沿长江直下攻克南京。当时，北洋军阀五省联军在总司令孙传芳的指挥下，抢占军事要地龙潭，背水作战，孤注一掷，妄图垂死挣扎。北伐军围困龙潭，久攻不下，而且有几个团被打垮打散，死伤惨重。与李玉堂同时参加北伐战争的团长项传远就因溃不成军，无法交代，弃部逃回家乡。而此时，东路北伐军已过沪杭进抵苏州，李玉堂率部作为先头部队到达常州车站待命。

在此期间，几位同乡前往看望李玉堂，说起龙潭战斗北伐军伤亡很大，数次进攻都未获突破。李玉堂听后，冲口说道："我就不相信冲不进去。今天我来了，我定要去救救弟兄们！"豪言壮语令人深为敬佩。

李玉堂率八团一进入龙潭，就以雷霆万钧之势将北洋军阀五省联军数道防线全部摧垮。五省联军溃不成军，纷纷丢盔弃甲，仓皇逃命。战斗结束后，李玉堂被特别记功授奖并荣获孙中山"智仁勇"银盾奖章。

北伐军打过长江，李玉堂部仍为前锋。这时，孙传芳已逃到安徽蚌埠，重新组织起数股联军固守蚌埠。李玉堂率八团尾随追到，人未歇脚，马未卸鞍，立刻下令向蚌埠守敌发起攻击。蚌埠北靠淮河，对敌军十分不利。敌军官兵已成惊弓之鸟，毫无斗志。经过 3 个小时战斗，除少数敌军溃逃外，其余全部缴枪投降，李玉堂部顺利攻占蚌埠。北洋军阀张宗昌部溃败后，残兵化为流寇，到处抢劫烧杀，危害群众。李玉堂率部围剿流寇，仅用不到一年时间就将其全部肃清。随后，李玉堂晋升国民革命军第三师第八旅少将旅长，旅部驻扎徐州。

1930 年 2 月，阎锡山、冯玉祥、李宗仁结成军事政治联盟。南京国民政府严加防备地方实力派军阀勾结成势，令国民革命军第三师回驻徐州，与李玉堂所部第八旅一起稳定江苏局面。3 月，第三师又奉命开赴豫东攻打孙殿英部。3 月 21 日，李玉堂率第八旅猛烈进攻北洋军阀孙殿英部据守的马牧集，经过 3 天激战，击溃了孙殿英部。5 月，中原大战爆发。李玉堂率第八旅由砀山向西进攻，在陇海路沿线作战。7 月，转移到津浦路一带作战。9 月，因损失过重，第八旅被调为预备队。10 月战事结束，第八旅奉命开赴武昌休整。由于在中原大战中屡建战功，1931 年 2 月 28 日，李玉堂获颁四等"宝鼎"奖章。

1931 年 3 月，李玉堂率部入赣，在广昌、兴国一线与红军交战，但面对红军的坚强抵抗，李玉堂所部第八旅屡战屡败。9 月，第八旅移驻河南洛阳。

1932 年 5 月 18 日，李玉堂升任国民党军陆军第三师中将师长。7 月，李玉堂率部参加对鄂豫皖苏区第四次进攻，遭到红四方面军英勇抵抗。终因寡不敌众，红四方面军主力从根据地撤离。李玉堂所部第三师留在鄂豫皖担负地方绥靖任务。从军 7 年，李玉堂由见习军官升至中将师长，在国民党军队实属

少见。

军旅生涯中，李玉堂虽在北伐战争中立下功劳，但也受到蒋介石集团驱使，充当了反共反人民的工具。

1931年九一八事变后，国民党军第十九路军调防上海。1932年1月28日，日军进攻上海。这就是一二八事变。蒋光鼐、蔡廷锴指挥的第十九路军奋起抵抗，给日军以沉重打击，受到全国人民声援和支持。史称淞沪抗战。然而，蒋介石坚持"攘外必先安内"的反革命政策，对第十九路军抗日斗争极尽破坏，迫使第十九路军撤出战斗。

1932年5月，国民党与日军签订《淞沪停战协定》，引起第十九路军官兵和全国人民强烈义愤。第十九路军联合全国各界人士和中央苏区红军，1933年11月在福建成立"中华共和国人民革命政府"，举起了反蒋抗日旗帜。蒋介石随即调集军队进行围攻。李玉堂所部国民党军第三师与李延年所部国民党军第九师，根据蒋介石命令进入福建，参加对第十九路军的围攻。在国民党几路军队的围攻下，第十九路军被迫解散，"中华共和国人民革命政府"也随即宣告解散。李玉堂率部进驻漳州，准备对中国共产党领导的中央苏区发动"围剿"。

1933年下半年，蒋介石调动100万军队，发动对中央苏区的第五次"围剿"，其中30万国民党军队于9月下旬开始向中央革命根据地发动进攻。

这次"围剿"，蒋介石担任总司令，以5个师为一个纵队，李延年担任第四纵队司令兼第九师师长，李玉堂所部第三师编入第四纵队。同年冬，李玉堂率第三师作为第四纵队前卫，与红军在龙岩文房山交战。文房山地势险要，是保卫长汀的战略要塞。在彭德怀指挥下，红军早已严阵以待，李玉堂所部第三师遭到红军奋力反击，第三师两个旅五个团遭到沉重打击，死伤过半，溃不成军，红军缴获了大批武器弹药。李玉堂受到蒋介石的严厉处分，由中将师长降为中校代理师长。

痛击日本侵略军 荣膺"泰山军"称号

1937年7月7日夜，日本侵略军悍然发动卢沟桥事变（七七事变），当地中国军民奋起反抗，全民族抗战由此爆发。8月，日军大举进攻上海，淞沪会战爆发。李玉堂率所部第三师参加淞沪会战，激战3个多月，被迫撤出战斗，日军占领上海。1938年5月，李延年指挥国民党军第二军参加徐州会战，阻击日军向北进犯。7月，李玉堂晋升国民党军第八军军长，划归国民党军第九战区，奉命防守江西九江姑塘至硖矶沿岸一带，配合开展武汉会战。8月1日，李玉堂率部参加浙江南浔对日作战。在南浔金官桥，李玉堂部击毙两名日军大队长，全歼日军第一〇六师团一四五联队，沉重打击了日军的嚣张气焰。在大天山、金家山等战斗中，李玉堂部与国民党军第六十四军协同作战，将日军遏止在修水河北岸，粉碎了日军攻取德安的计划，有力配合了万家岭战役。战斗结束后，李玉堂被蒋介石授予"华胄勋章"，并晋升为湘鄂赣边区游击司令部副总指挥，兼任国民党军第八军军长。

1939 年 3 月，日军精锐第六师团从江西箬溪进犯武宁，企图攻占南昌。李玉堂率国民党军第八军转战到浙皖赣交界的牛头山附近时，日军穷追不舍，与第八军首尾相接。危急之下，李玉堂下令："后卫部队坚持阻击，直属各师以先战之利，迅速抢占牛头山制高点，构筑简易工事。"第八军指挥部刚刚安顿，李玉堂就电话命令全军官兵，"必须坚守阵地，如无军令擅自后退者，军法从事"。当日夜间，日军未敢进犯。次日天亮，日军先以重炮轰击，继而向牛头山顶大举冲锋。第八军连续打退日军数次进攻，日军死伤惨重。战斗持续一天，直至傍晚才暂时停止。李玉堂深知，日军决不会善罢甘休，立即命令全军迅速补充弹药，修整工事，准备迎敌。第二天凌晨，日军以两个联队的兵力向山顶冲击。当日军冲到有效射程之内时，国民党军第八军全线轻重武器一起射击，打得日军尸横遍野，大败溃逃。这次战斗，李玉堂始终指挥在最前线。牛头山战斗结束后，第八军对外更名为"泰山军"。从此，"泰山军"威名使侵华日军闻风丧胆。不久之后，第八军改为第十军，李玉堂担任军长，奉调驻守湖南长沙。

1941 年，侵华日军从武汉沿长江南下。国民党军战地指挥部高级将领们判断敌情，各持己见。李玉堂指出，江西九江是战略咽喉要塞，为防日军进犯，需要派重兵固守。然而，李玉堂的建议遭到多数将领的否定而没有引起指挥部重视，致使日军轻易占领了九江。为此，蒋介石给坚持错误主张的所有国民党军将领一次记过处分。

九江失利，殃及湖南。震惊中外的长沙保卫战爆发！

日军占领九江后，迅速突袭长沙外围的马鞍山。但是，由于日军动向在李玉堂的意料之中，国民党军第十军士气高昂，充分利用马鞍山有利地形，沉着应战，灵活布局，弹无虚发，重创了趾高气扬的日军。在马鞍山战斗中，日军伤亡过半，狼狈逃窜。长沙保卫战，首战告捷。

1942年，日军不甘心失败，纠合劲旅，加强装备，配备化学兵种，气势汹汹地向长沙发起第二次进攻。当此关键时刻，国民党军陆军总司令部突然下令取消第十军番号，第十军无人接管。李玉堂因无他任，卸甲赋闲在长沙附近农村。日军蠢蠢欲动，国民党军第十军所辖三个师，师长皆手足无措，便相约去见李玉堂，告知敌情。李玉堂听闻后，毫不犹豫返回第十军部署作战计划。战斗打响，日军来势凶猛，突破了第十军外围防线。在这千钧一发之际，李玉堂突然出现在硝烟弥漫、血肉横飞的战场前线，全军士气顿时大振。李玉堂命令第十军部署左右两翼，配合第二道防线，形成一个环形包围圈，迅速扭转了战场态势。在全军上下齐心协力以密集火力网三面夹击下，进犯日军全线崩溃，抱头鼠窜，第二次长沙保卫战告捷。

1943年，日军对长沙发起第三次进攻。当时，李玉堂被调到国民党军第二十七集团军担任司令的调令已经发出，但新任第十军军长钟嵩尚未到位。在日军兵临城下的危急时刻，李玉堂的随从、参谋等纷纷表示："既然军长已接受了人事调动的命令，就应赶赴新任。此次再战，纯属自讨苦吃，枉费无功的徒劳，望军长三思"。李玉堂慷慨回答："军长可以不当，抗击日寇的仗不能不打。""本人愿与长沙共存亡，愿与跟随我的官兵同生死共患难，大战临头，决不抛下大家悄然离去。"在场官兵听罢李玉堂的话语，都感动得流下了热泪，并异口同声地振臂高呼："誓与军长在一起，与长沙共存亡！"为鼓舞士气，李玉堂在阵地上举行了誓师大会，采取了各种破釜沉舟的措施：隐蔽了为万一撤退而准备的船只，配备了各个据点的兵力，反复详细研究了敌情，亲自检查了各个阵地，加强了左右两翼的兵力……战斗刚一开始，就证实了李玉堂的正确判断，日军的攻势完全在李玉堂的预料掌握之中。经过一个星期的激战，李玉堂率部击溃了一个日军师团的多次进攻，击毙日军6000多人，俘虏日军2000多人，缴获了大批枪支弹药和辎重车辆等装备，日军大败而逃。大战告捷后，国民党派要员前往长沙，举行了庆功大会。许多中外记者纷纷赶赴前线阵地进行拍摄采访，对李玉堂以民族存亡为重、无视个人安危的品格大加赞赏、广泛报道。

1944年，李玉堂率国民党军第二十七集团军参加湘桂会战，担负迟滞日军、掩护国民党军队转移的任务。日军发起进攻湘西战役后，李玉堂指挥所部坚守龙胜、城步、东安一线，阻击日军沿湘桂路和桂穗路北进，取得重大胜利，粉碎了日军进攻四川、威胁重庆的企图。这次战役胜利后，国民党派要员召开了庆捷大会，对李玉堂指挥有方、屡立战功给予了高度评价。

湘桂会战后，李玉堂升任国民党军第三十六集团军总司令。1945年初，李玉堂又改任国民党军第二十七集团军总司令，驻军广西。此后不久，第二十七集团军又奉命转战湖南衡阳，担负郴县、茶陵、攸县一带防守任务。一天午夜，国民党军第九战区司令长官薛岳电话询问前线战情，李玉堂回答说，刚从前线回来，"发现日军似有撤退模样"，并把计划袭击日军的想法报告了薛岳，获得薛岳同意。放下电话后，李玉堂连夜赶到前线坐镇指挥，并派一个师的兵力轻装潜伏于日军撤退必经之路。果然，日军进入了埋伏圈。李玉堂指挥所部将日军拦腰截断，发起猛烈攻击。时值半夜，又加天阴，日军惊慌失措逃命，军用物资大部丢弃。第二天上午，薛岳率高级参谋20多人来到第二十七集团军司令部了解战况。薛岳独自一人走进李玉堂卧室，发现其酣然入睡，急忙退出，并命所有人不准打扰，待其睡醒后，再行开会商议。薛岳离开后，第二十七集团军流传两句笑语："李玉堂战后鼾睡，薛岳站岗护卫。"

起义未果　碧潭就义

1945 年 8 月 15 日，日本宣布无条件投降，中国人民取得抗日战争伟大胜利。抗战胜利不久，蒋介石就调兵遣将，大举进攻解放区。

1946 年 5 月，国民党军第二十七集团军整编为第二十四军，李玉堂改任整编第二十四军军长。全面内战爆发后，蒋介石令第二十四军进攻中原解放区新四军第五师。新四军第五师主力成功

突围后，国民党军第二十四军主力留在鄂豫皖三省交界地带继续围攻新四军游击部队。

1947 年 3 月，李玉堂升任国民党军徐（州）兖（州）绥靖公署司令兼第二十四军军长。此时，第二十四军所辖三个师被蒋介石下令转隶郑州绥靖公署指挥，李玉堂几乎成了一个空头司令。同年 12 月，徐（州）兖（州）绥靖公署和第二十四军被编入第十"绥靖公署"，李玉堂改任司令，驻地兖州。

1948 年 4 月，国民党军队在胶济线上的重要据点潍县、周村相继失守，济南与青岛之间的交通联系被人民解放军切断。随后不久，人民解放军又将进攻重点转移到津浦线，切断了济南与徐州之间的交通联系。同年 6 月 11 日，山东曲阜解放。

1948 年 7 月 1 日，人民解放军进攻兖州。7 月 13 日，兖州解放。李玉堂率残部逃跑时被俘。被俘后的李玉堂因冒充国民党军士兵而没有被发现，随后在人民解放军押送俘虏时乘机逃脱。他化装成农民，潜入微山湖一个村庄躲藏，再搭乘火车逃到徐州。然而，等待李玉堂的却是国民党国防部颁布的"永不叙用"撤查令。无奈之下，李玉堂又逃到上海。

1949 年 1 月，蒋介石宣布下野。李玉堂认为其复出的机会到了。李玉堂从上海前往广州，投靠国民党广东省政府主席薛岳，谋得一个高级参议的头衔。11 月，李玉堂被任命为国民党军"海南防卫总司令部"副总司令（总司令薛岳）。1950 年 1 月，李玉堂兼任国民党军"东路军"总指挥。2 月，由于抵制薛岳指挥的国民党军第三十二军军长赵琳被撤职，李玉堂又兼任第三十二军军长，担负文昌、琼东、嘉积、榆林一线军务。

这一时期，为解放海南岛，党组织派遣联络员李刚与原国民党军"海南防卫总司令部"驻广州办事处处长李云涛一起前往海南岛策反李玉堂。接到党组织交给的任务后，李刚和李云涛立即前往香港，通过旅居香港的李云涛妻子刘师莲，见到了居住在香港的李玉堂妻子陈伯兰（刘师莲与陈伯兰是亲戚关系），希望陈伯兰协助做好李玉堂的策反争取工作。陈伯兰深明大义，马上分别给李玉堂及其前副官黄诚写了一封信，希望李玉堂率部起义，尽早回到人民一边，共同建设新中国。

李刚随即持信从香港乘船前往海南岛，通过黄诚介绍秘密面见了李玉堂。李玉堂生性豪爽，心胸开阔，对国民党反动统治早已心生不满，深知国民党众叛亲离，大势已去，再也不能为蒋介石卖命了。李玉堂果敢地接受了李刚代表中共党组织提出的率部起义的意见，但认为海南岛仍由国民党重兵把守，必须把起义计划周全，确保万无一失。于是，李玉堂安排李刚留在其身边，担任中尉副官。同时，李玉堂亲笔写了一封密信，派专人从海南乘船前往香港，让妻子陈伯兰与其旅居香港的大哥陈石箐专程从香港前往广州，将此信转交给已从香港回到广州的李云涛，再由李云涛亲自把信交给"解放军驻广州最高统帅叶剑英"（时任中共中央华南分局书记、广州军事管制委员会主任、广州市市长）。叶剑英接到信后亲自批示："李玉堂火速起义。起义后可委以海南岛军政委员会副主任之职。"李云涛拿到叶剑英的批示密件后，迅即从广州赶往香港，密商李玉堂起义大事。但在李云涛从广州乘船起航前往香港时，忽然传来海南岛已经解放，国民党军队没有抵抗全部缴枪投降，李玉堂与副官及卫士10余人搭乘快艇逃往台湾的消息。闻悉情况突变，李云涛急忙下船，交回了叶剑英的批示密件。为了摸清有关情况，党组织再次派出联络员与李云涛一起前往香港，同陈伯兰、陈石箐见面。在交谈中，他们彼此真诚相待，把各自掌握的情况一一作了详细说明。这位联络员传达了叶剑英的批示内容，特别嘱咐即将前往台湾与李玉堂会合的陈伯兰："此去谨慎从事，待机行动。"陈伯兰、陈石箐兄妹愉快地接受了党组织交给的任务，不久就离开香港前往台湾。

李玉堂从海南岛率残部到达台湾新竹不久，就被蒋介石撤掉军职。陈伯兰、陈石箐从香港到达台湾不久，就与李玉堂、李刚遭遇了意外。李刚，原名李振中，曾在河北省国民党军保安七团服役，后经人民解放军四十二军参谋处长萧剑如介绍，加入中国人民解放军。北平和平解放时，李刚参加了收缴国民党军傅作义部队枪支弹药等工作，后经党组织安排，化名李刚秘密潜入国民党军陆军二〇四师，上海解放时策动二〇四师六一一团起义成功。上海解放后，李刚又化名魏天民，被党组织派往海南岛担任李玉堂的联络员。解放上海时，李刚所在国民党军二〇四师六一一团连长毕荣甫，被俘后由于职务较低而被释放。后经人介绍，毕荣甫进入了李玉堂担任军长的国民党军第三十二军。

一天，毕荣甫在台湾突然遇到李刚，并上前问道："你不是李刚吗？"李刚见状惊慌失措地回答："你认错人了吧，我叫魏天民。"毕荣甫随后就向国民党特务告发了李刚。当时，台湾到处是一片白色恐怖的状态，任何人只要一经被告发，就会受到国民党特务的严格审查。

李刚被捕后，经不住国民党特务的严刑拷打，很快就出卖了陈伯兰和陈石箐，交代了其策反李玉堂的全部过程。得到李刚被捕的消息后，李玉堂旋即秘密写信给刚刚调到国民党军高雄要塞司令部的陈石箐，要求其与陈伯兰立即撤离台湾。但李玉堂派人投递信件时，布置在李玉堂住处周围的国民党特务把信件截获了。根据李刚的口供和截获的信件，国民党特务很快就逮捕了陈石箐和陈伯兰，随后李玉堂也被逮捕。

在狱中，审讯李玉堂的正是其1933年在国民党军第三师时的师长钱大钧。钱大钧本有意放过李玉堂，但李玉堂为了保护陈伯兰和陈石箐，将所有事情都揽在自己身上。钱大钧气得大骂："你李玉堂真是糊涂！"然而，李玉堂仍然坚持与陈伯兰和陈石箐无关。

在没有发现李玉堂与他人共谋的证据后，钱大钧将其归咎于李玉堂长居军营、治家不严，认为李玉堂对其家人的"通共"活动并不知情，按照"戡乱时期检肃匪谍条例"第九条，以"知匪不报"判处李玉堂7年徒刑。钱大钧将判决书上报蒋介石后，蒋介石批示了"再判"两个字。为对蒋介石有所交代，钱大钧将李玉堂改判为15年徒刑。但是，蒋介石在审批判决书时，竟然写了一个"耻"字。这就决定了李玉堂的最终命运。

最终，李玉堂、陈伯兰夫妇被改判死刑。由于没有足够的证据，蒋介石下令秘密杀害李玉堂。当时，在台湾的许多山东乡亲只知道李玉堂"消失"了，但并不知道其被国民党特务秘密杀害了。

1951年2月5日凌晨，李玉堂、陈伯兰、陈石箐在台北碧潭英勇就义。

李玉堂在就义前留下一封遗书："我命已矣！但事与我无关……已无申诉余地，我死后望有公论。我不足惜，不过一生为国，如此下场，心有不甘耳……和平后，葬我于徐州云龙山……"

李玉堂被国民党特务杀害32年后，经过有关部门深入调查核实，1983年7月20日，李玉堂被追认为革命烈士。《革命烈士证明书》载明："1949年，李玉堂任海南防卫副总司令期间，中共通过关系策反李玉堂，李接受中共的条件举行起义。因交通中断，李玉堂未及时接到中共关于起义的指示，即随国民党军队撤往台湾。后因叛徒出卖，1951年2月5日，李玉堂被国民党当局杀害于台北碧潭。"

历史，为抗日名将李玉堂作出了公正的结论。

蓝明谷

蓝明谷（1919—1951），本名蓝益远，台湾高雄人，著名作家。1947 年 1 月加入中国共产党。1950 年 12 月被捕，1951 年 4 月 29 日在台北马场町英勇就义。

中华民族意识的觉醒

1919年6月5日，蓝明谷出生在台湾高雄冈山一个农民家庭。父亲蓝土生，以酿制酱油为生，育有五男二女，蓝明谷有四个弟弟和两个妹妹。蓝土生虽然没有上过学，但中华民族意识强烈，始终认为自己是中国人，教育子女们从小就要读中文学汉语说中国话，并偷偷送他们到村里的私塾读"四书""五经"，还经常向他们讲述日本殖民当局对台湾人民犯下的暴行。通过父亲的言传身教，蓝明谷从小就拥有强烈的中华民族意识和中国人意识。

蓝明谷聪明好学，成绩优异，最喜欢文学和历史。在日本殖民当局兴办的高雄冈山公学校读完六年级后，由于成绩优秀，蓝明谷继续留在冈山公学校完成了两年制高等科学习。毕业后，蓝明谷考入台南师范学院学习。1938年7月从台南师范学院毕业后，蓝明谷被分配到屏东枋寮公学校担任教师。1895年日本霸占台湾后，大肆推行"皇民化"教育，企图磨灭台湾人民的中华民族意识。身为教师的蓝明谷感到十分苦闷，在写给父亲的家书中袒露了心声。日本殖民当局蛮横要求台湾学生接受日式教育，使用日本教材，对日本天皇"效忠"，这是蓝明谷绝对不能忍受的。蓝明谷自责地写道："我现在不就是日本人奴化教育的帮凶吗？"于是，经过不到一年的时间，蓝明谷就从学校不辞而别，回到家

乡帮助父母干农活。

1940年8月，经朋友介绍，蓝明谷前往日本东京开展革命活动。不久，日本偷袭美国在太平洋夏威夷的海军基地珍珠港，太平洋战争爆发。为了寻找救国救民的道路，蓝明谷把在东京的台湾进步青年组织起来，成立了"兴汉会"，积极开展学习讨论。通过学习，大家一致认为，"欲救台湾，必先救祖国"。为拯救苦难深重的祖国早日摆脱日本法西斯蹂躏，让祖国人民挺起腰杆，蓝明谷决定离开日本，奔赴祖国大陆，投身全民族抗日救亡运动。1942年7月，蓝明谷考取日本侵略者在北平设立的东亚经济学院，从东京辗转来到北平。

奔赴祖国大陆寻找抗日救国道路

来到北平后，蓝明谷行走在古都街头，心情格外激动，为博大精深的中华文化而骄傲。同时，目睹在日本侵略者占领下，北平人民生活非常困苦，"大街上经常有人饿死，到处都有乞丐翻垃圾桶找东西吃"，蓝明谷的心情格外沉重，但其始终坚信中国人民一定会打败日本侵略者，祖国总有一天会强大起来。在北平，蓝明谷结识了台湾著名作家钟理和，他们兴趣相投，志同道合，结下了深厚的友谊。在这期间，经过反复思考，蓝明谷认为，东亚经济学院并不符合其专业兴趣和理想志向，转而计划报考燕京大学中国语言文学专业。然而，北平物价很高，家里已经供不起蓝明谷读书了，他也不愿意再靠家里寄钱念书。于是，蓝明谷毅然决定离开东亚经济学院，不再上学读书了。

1944 年 8 月，为了生计，经人介绍，蓝明谷来到河南新乡，给一位在这里经商的刘姓台湾商人记账。后来，蓝明谷得知这位台湾商人经营的生意是向当地老百姓收购粮食，然后再卖给日本侵略者，这与蓝明谷的志向格格不入，顿时一刻也不想再干下去，愤然辞掉了这份差事。

为了维持生活所需，同时宣泄内心的苦闷，蓝明谷在新乡以"骚生"为笔名，开始从事文学创作。这一时期，蓝明谷以自己的两个妹妹为原型，创作了短篇小说《一个少女的死》，描写了被日本殖民当局强制送到祖国大陆战场的台湾少女中华民族意识的觉醒，谴责了日本侵略者在海南岛对中国人民进行的屠杀，揭发了日本侵略者解剖俘虏的残暴事实。小说除了严词批判日本军国主义发动的侵华战争外，也通过少女对美丽古都北平的向往，暗示台湾人民只有回到祖国怀抱，才能永远摆脱受压迫的命运。

1945 年 8 月 15 日，日本宣布无条件投降。听到全民族抗日战争胜利的消息，蓝明谷迅速前往火车站，兴奋地跳上一列从新乡开往北平的火车，憧憬着美好的生活。然而，抗战胜利后，国民党反动集团派出的接收"大员"，把接收变成"劫收"，大肆中饱私囊，引起全国人民极大愤慨，蓝明谷对此深恶痛绝。在北平，蓝明谷经常和一些台湾进步青年深入探讨"中国往何处去"

的问题。经过深入实地观察、深刻研究分析，蓝明谷把希望寄托在中国共产党及其领导的新民主主义革命上，认为"中国只能走社会主义道路，别的路已经走不通了"。蓝明谷给在台湾的二弟写信，鼓励其奔赴华北解放区，自己则决定返回台湾开展革命斗争。理由是：一、蓝明谷是家中长子，应该回乡照料年迈的双亲；二、蓝明谷会说普通话，而由于日本对台湾长达 50 年的殖民统治，推行"皇民化"教育，当时许多台湾民众只会日语、不会汉语，其回乡后可以在革命斗争中发挥特殊作用。

回到台湾开展党的地下斗争

1946 年 2 月，在台湾省北平同乡会的帮助下，蓝明谷辗转来到上海。在准备返回台湾期间，蓝明谷住在台湾省上海同乡会，这里是中共中央上海局与中共台湾省工委的联络站。在上海同乡会干事、中共地下党员林昆的影响下，蓝明谷阅读了大量进步书籍，更加坚定了为共产主义而奋斗的信念。同年 10 月，蓝明谷肩负职责和使命，返回台湾开展党的地下斗争。

回到台湾后，蓝明谷在国民党台湾省教育委员会找到一份工作，并与张阿冬结婚成家。1947 年 1 月，经中共台湾地下党组织考察，蓝明谷光荣加入中国共产党，并与地下党员吴克泰、叶纪东组成中共台北市工委学生工作委员会领导小组。2 月，经钟理和介绍，蓝明谷前往基隆中学担任语文老师，将鲁迅的短篇小说《故乡》翻译成日文出版，作为台湾学生学习汉语的教材。2月27日晚，中共台北市工委学生工作委员会书记吴克泰与蓝明谷等一起前往台北火车站附近旅馆，向率领新中国剧社来到台北演出的话剧泰斗欧阳予倩请教如何组织开展学界戏剧革命活动。就在这天晚上，发生了台北烟草专卖局缉私警察在台北街头打伤一名卖烟的妇女，接着开枪示警时又击伤一名群众（后死亡）的恶性事件。2月28日，事态扩散，迅速引起台湾人民极大愤慨，掀起了台湾人民反抗国民党专制统治的抗议游行和武装起义，遭到国民党军警残酷镇压。这就是二二八起义。为响应台湾革命群众斗争运动，蓝明谷与中共台湾地下党员、基隆中学校长钟浩东等连夜赶写张贴标语，声援台湾人民反抗国民党反动统治的斗争。

二二八起义被镇压后，越来越多的台湾民众尤其是进步青年更加认清了国民党的反动本质。对国民党的失望与对时局不满的苦闷，促使广大台湾青年思考、寻找解决台湾经济社会困境的出路，左翼思想逐渐在台湾盛行起来，一定程度上为中共台湾地下党组织发展壮大创造了有利条件。1947年8月，根据中共台湾地下党组织指示，基隆中学成立了地下党支部，钟浩东担任支部书记，蓝明谷、钟国辉担任支部委员。基隆中学地下党支部成立后，积极在基隆港码头工人中培养和发展共产党员。同时，为了打破国民党对全面内战消息的封锁，让广大台湾民众对中国共产党和人民解放战争有更加清楚的认识，在基隆中学附近的一个山洞里，钟浩东等用刻钢板、油印的方式，负责中共台湾省工委机关报《光明报》的印刷、出版和发行工作，扩大中国共产党对台湾社会的影响力。由于文笔较好，对中国共产党政策主张和人民解放战争胜利进展等情况较为了解，蓝明谷担负起《光明报》的主要撰稿任务。

1949年5月27日，上海解放。这期间，中共台湾省工委和中共台湾地下党各级组织在台湾岛内广泛发展革命群众，在台湾岛内的党的隐蔽战线地下党员全力收集国民党政治、军事、经济等各方面情报，为配合人民解放军解放台湾做准备。同月，中共基隆市工委成立，党组织决定任命钟浩东担任基隆市工委书记，蓝明谷、李苍降担任工委委员。基隆市工委下辖造船厂党支部、汐止党支部、妇女党支部，并负责与国民党军基隆要塞司令部、基隆市卫生院、基隆市水产公司等部门地下党员和外围骨干群众的联系。同时，中共基隆市工委决定，将《光明报》交给基隆中学职员张奕明、钟国员等负责印刷出版，由他们传递给在台湾各地的地下党组织和地下党员。

为号召台湾人民做好一切准备迎接台湾解放，1949年7月，《光明报》发表题为《纪念中国共产党诞辰28周年》社论，向台湾人民发布了中国人民解放军百万雄师横渡长江、解放南京的胜利消息，全面分析了祖国大陆人民解放战争迅猛发展的大好形势。这时，国民党在祖国大陆的反动统治即将覆灭，国民党党、政、军、警、宪、特等部门陆续迁往台湾，对岛内的高压控制进一步加强，台湾处在一片白色恐怖之中。

大义凛然　英勇献身

1949 年 8 月，《光明报》被国民党特务破获，钟浩东等被秘密逮捕。蓝明谷获知有关情况后，先将其妻儿送回高雄冈山大寮里家乡，然后与李旺辉、钟里志等在眉乡山区的一处甘蔗园里隐蔽，不久又转移到钟里志家乡附近的尖山山区隐蔽。他们白天藏在山林里，晚上睡在草垛上，吃的是山里的香蕉，偶尔也悄悄下山，到尖山脚下钟里志的兄弟家里吃饭。12 月中旬，蓝明谷从报纸上看到基隆中学职员张奕明等 4 人已于 12 月 10 日英勇就义的消息，在尖山山区密林里为张奕明等举行了默哀仪式。经过讨论，他们决定"化整为零，避开警方耳目"。离开尖山山区后，由于思念家人，蓝明谷在半夜跑回家里，看望了父母与妻儿。为避免暴露，蓝明谷在家里只待了很短的时间就离开了。

面对国民党特务布下的天罗地网，1950 年 12 月 28 日，隐蔽一年多后，蓝明谷还是落入了魔掌。在国民党的魔窟里，特务对蓝明谷刑讯逼供，严刑拷打，企图从其身上获得中共台湾地下党组织的秘密。但面对死亡，蓝明谷大义凛然，绝不屈服，让国民党特务毫无所获。1951 年 4 月 29 日，蓝明谷在台北马场町英勇就义，年仅 32 岁。

在那个白色恐怖的年代，还有很多像蓝明谷这样的台湾青年，他们为了心中的理想信念，为了国家富强、民族复兴，选择了中国共产党，义无反顾走上革命道路，在残酷的革命斗争中勇毅前行。他们身处孤岛，冒着生命危险为祖国统一奋斗不息，直至被捕牺牲。无数为祖国统一而流血牺牲的仁人志士，虽然长眠在历史长河中，但英雄们的事迹不会因为时光久远而被磨灭，他们的闪光英名和丰功伟绩将永远镌刻在丰碑上，也将深深融入我们的血液中，刻在我们的记忆里。

田子彬

田子彬（1922—1951），曾用名田金凯、柳风，山东乐陵人。"台工组"警察组重要成员。1950年4月被捕，1951年6月29日在台北马场町英勇就义。

自幼受到良好教育　酝酿革命斗争精神

1922 年 2 月 8 日，田子彬出生在山东省乐陵县杨盘乡后田河村（今乐陵市丁坞镇后田河村）。祖上从田岱云开始以放粮放钱起家，与人和善，钱财越积越厚，开设的钱庄"德顺堂"远近闻名，六处家宅沿街坐落，大门一字排开，很是壮观，被称为"六大门"，是田家最兴盛的时期。后来，由于子孙经营不善，与人结怨，被仇家放火烧了"六大门"宅院。加之土匪绑架了田子彬大哥、田家第五代接班人田金奎，田家被敲诈了巨额赎金后田金奎获释，自此家道衰落。

虽然家道中落，但田家后人还是令人称道的。田子彬父亲田书成，发扬耕读传家风气，1920 年考入燕京大学。从燕京大学毕业后，田书成在抗日战争时期担任山东宁津师范学校校长，他的许多学生参加了抗日救亡运动。田子彬叔父田赶成，从黄埔军校毕业后，曾在山西阎锡山部担任副官，1937 年 7 月回家探亲期间发生了卢沟桥事变（七七事变），返回山西后没有找到原来所在部队，又回到山东家乡。目睹日本侵略者的暴行，田赶成心中十分苦闷。

田子彬父母十分重视子女们的学习教育培养，田子彬和兄弟姐妹们从小就受到良好教育，这为他们后来走上革命道路奠定了坚实的知识基础和坚定的思想基础。其中，大哥田金奎在抗日战争时期曾担任南京火车站站长，南京解放后担任南京铁路局局长；三弟田金贵子承父业在家乡教书育人，口碑颇佳；四弟田金波在抗美援朝战争期间担任战地记者，写了许多报道志愿军战士英雄事迹的宣传文章。

1939 年 7 月，田子彬与本乡人张岐珍（1919 年 11 月 8 日出生，1992 年 10 月 20 日去世）结婚成家。1941 年 9 月 23 日，他们的儿子田洪仁出生（1999 年 8 月 9 日去世）。1943 年 2 月 5 日（农历正月初一），田子彬因家庭琐事与父亲争吵，年轻气盛，一怒之下离开家乡北上谋生。1945 年 6 月，田子彬考入国民党中央警官学校第十八期。两年学习毕业后，田子彬先后在北平警察局、天津警察局充任警员。后来经人介绍，田子彬来到国民党军高树勋部服役。

潜台承使命　血洒马场町

1948 年 6 月，田子彬随国民党军队撤往台湾，在孙立人主持的国民党军陆军训练部新生训练班担任谍报教官，后任高雄港务警察局局长、国民党台湾省防守司令部高雄港联合检查处第一组组长。1949 年 9 月，经中共地下党员、"台工组"核心成员苏艺林发展，田子彬加入"台工组"警察组并担任高雄地下秘密交通站负责人。田子彬的主要任务是利用职务之便，收集国民党军事、政治、经济、工业生产等方面的重要情报。其间，田子彬在掩护"台工组"成员往返祖国大陆和台湾之间传递情报,保障"台工组"组织安全和情报安全等方面作出了重要贡献。

1950 年 3 月,中共台湾省工委书记蔡孝乾被捕叛变,中共台湾地下党组织遭到彻底破坏。国民党特务根据破获的线索展开严密调查,"台工组"也遭到严重破坏。

1950 年 3 月中旬,获悉国民党特务将对"台工组"组长于非进行公开通缉后,田子彬立即用"犯跌""容缓"等暗语,给"台工组"成员徐国华、马学枞发电报,向于非发出了报警信号。于非撤离台湾前,先到高雄与田子彬秘密见面,再从田子彬的住处前往国民党军高雄凤山司令部,与"台工组"核心领导成员梁钟浚秘密见面,商议脱险之计。在田子彬等"台工组"成员的周密安排掩护下,4 月 1 日,于非成功脱险离开台湾,安全撤回祖国大陆,把《台湾兵要地志图》《海南岛防御计划》《舟山群岛防御计划》等重要军事情报交给党组织。于非撤离台湾不到一个月,田子彬就遭到国民党特务逮捕。国民党特务将田子彬列为"二十二个重要匪谍之一""中共高雄港负责人""中共潜伏台湾警宪系统特务头子"。在狱中,田子彬经受了国民党特务的百般摧残,但坚守党组织秘密,令国民党特务毫无办法。1951 年 6 月 29 日,田子彬在台北马场町英勇就义。

田子彬身负党组织的特殊使命,上不能告诉父母,下不能告诉妻儿。从 1943 年离开家乡,田子彬仅在天津托人给妻儿捎回 10 元钱,以后再无音信。

1987 年 9 月 15 日,田子彬被追认为革命烈士。

2000 年 9 月，田子彬遗骨从台湾迁回家乡，安放在山东省乐陵市革命烈士陵园。2002 年，后人将田子彬遗骨迁回乐陵市丁坞镇后田河村，与妻子张岐珍合葬在一起。

田子彬用 29 岁的青春和热血，谱写了为祖国统一大业英勇献身的壮丽篇章。田子彬和血沃宝岛英烈们的革命气节，以及他们对党和人民的无限忠诚，永远令人景仰。

孙玉林

孙玉林（1914—1951），曾用名孙继业、孙承先、孙耀华，化名赵明，山东宁津人。中国共产党党员。"台工组"核心骨干成员。1950年9月被捕，1951年6月29日在台北马场町英勇就义。

从小立下救国救民志向
光荣加入中国共产党

1914 年 12 月 15 日，孙玉林出生在山东省宁津县一个农民家庭。由于家里贫穷，孙玉林很小就开始下地劳动，帮助父母干农活。懂事后，孙玉林目睹山河破碎、民不聊生的惨况，下定决心要报效国家、拯救民众，暗自在心中立下了救国救民的志向，并在家乡发动群众运动，反抗国民党反动统治。

1937 年 7 月，全民族抗战爆发。孙玉林痛恨国民党对日本侵略者的妥协、退让，决心加入中国共产党，实现自己救国救民的志愿。为此，他四处寻找地下党组织，几经努力，终于找到了在其家乡领导抗日武装斗争的地下党组织，参加了地下党组织活动，结识了后来的"台工组"核心成员于凯。这期间，经过党组织严格考察，孙玉林光荣加入了中国共产党。

在中国共产党领导的山东抗日游击队，孙玉林表现英勇、机智，曾担任游击队秘书、中队长。由于表现优秀，党组织决定派孙玉林前往延安抗日军政大学学习。但在前往延安学习的途中，孙玉林遭到日伪军拦截，从而与党组织失去了联系。

为"台工组"作出重要贡献

1945 年 8 月 15 日，中国人民抗日战争取得伟大胜利。由于失去了与党组织的联系，为了谋生，孙玉林只身前往台湾，先是在一所学校谋得了一个教师职位，后来在台湾结婚成家，与岳父一起经商，开办了米行、林场等公司，孙玉林担任花莲兴泰米厂经理。这期间，孙玉林在台湾遇到了当年在山东一起参加地下党组织活动的同乡于凯。"台工组"副组长萧明华发展于凯后，于凯把孙玉林的有关情况向她作了详细汇报。经过考察，孙玉林参加了"台工组"，被确定为"台工组"核心骨干成员。

参加"台工组"后，孙玉林在为"台工组"提供活动经费支持、开辟地下组织活动联络点等方面作出了重要贡献。同时，孙玉林还利用其对台湾各方面情况较为熟悉的优势，积极为"台工组"收集国民党军事情报，掩护"台工组"战友隐蔽藏匿深山老林。在孙玉林的努力下，"台工组"购买了一些武器和军服，谋划建立了花莲山地武装游击队。

1950 年 3 月，中共台湾省工委遭到国民党特务彻底破坏。为扩大"战果"，国民党特务对中共台湾地下党组织布下大网，在台湾各个角落搜捕共产党员，"台工组"也遭到破坏。

与此同时，"台工组"组长于非遭到国民党特务公开通缉。万分危急之下，孙玉林与"台工组"重要成员苏艺林共同谋划将于非安全送出台湾。他们倾其所有，为于非筹措了 20 两黄金，供其在路上打点之用。与此同时，孙玉林还花重金买通了于非撤离台湾的走私船只。"台工组"确定于非搭乘国民党军"军差船"撤离台湾的方案后，孙玉林又疏通其在国民党军队的内部关系，为于非办理了一张外勤证（"谍报证"），让于非随身携带，以备所带重要情报被查出，可用谍报人员的身份，"以所带情报为查获共党分子交出的材料"为由安全脱身。为确保于非安全撤离台湾，孙玉林还为其办理了一张假身份证，购买了国民党军服和手枪。

1950 年 5 月 24 日，苏艺林在国民党"国防部"办公室被捕。此后，"台工组"许多成员被捕，"台工组"基本被彻底破坏。一些秘密得到国民党特务搜捕消息的其他"台工组"成员，相继前往花莲山地武装游击队基地隐蔽，继续坚持斗争。

为最大限度保护地下党组织和战友们的安全，孙玉林不顾个人安危，积极利用经商和熟悉花莲山区复杂地形的有利条件，努力为"台工组"战友们提供掩护，并谋划扩大山地游击武装，印制假钞扰乱台湾经济。1950 年 9 月，孙玉林被捕。

承受磨难　英勇就义

被捕入狱后，孙玉林、苏艺林曾想方设法策划越狱，并贿赂国民党监狱看守给"台工组"难友们购买一些营养食物，改善难友们的生活，恢复难友们的身体。随着"台工组"成员大批被捕，国民党特务加紧了对被捕人员的审讯，监狱成了孙玉林和难友们的地狱。他们遭受了常人难以承受的磨难，但只字不露"台工组"的半点秘密，保守了党组织的秘密。严刑拷打一无所获，国民党"台湾省保安司令部"军法处判处孙玉林等"台工组"被捕成员死刑。

1951 年 6 月 29 日清晨，孙玉林、苏艺林等 18 名"台工组"难友们在台北马场町英勇就义。

1986 年 1 月 8 日，孙玉林被追认为革命烈士。英烈忠骨现存放于台北极乐殡仪馆。

孙玉林作为"台工组"核心骨干成员，毅然决然为祖国统一事业不惜牺牲自己的宝贵生命，令人敬佩。我们应当弘扬孙玉林和他的战友们的革命斗争精神，为完成祖国统一大业而不懈奋斗。

李学骅

　　李学骅（1915—1951），曾用名杜焕之，福建福州人，公开身份为台湾基隆华泰报关行及港风茶餐厅经理。"台工组"经济组组长。1950年6月被捕，1951年6月29日在台北马场町英勇就义。

思想进步

1915 年，李学骅出生在福建省福州市一个普通家庭。少年时代，李学骅在福州读完小学和中学，受反日爱国运动影响，思想进步，救亡图存意识强烈。

从福州市立商业学校毕业后，李学骅在其舅父，时任国民党军陆军少将、台湾铁路管理委员会专门委员兼防空情报研究所所长游飞的帮助下，1946 年 7 月前往台湾，在基隆开办了华泰报关行及港风茶餐厅，担任经理并兼营一些贸易生意。

加入"台工组"

1949 年 4 月，经中共台湾地下党员吴光亚发展，李学骅加入于非、萧明华领导的台湾新民主主义青年联盟。8 月"台工组"成立后，李学骅成为"台工组"交通组重要成员，担任"台工组"经济组组长。这期间，李学骅发展游飞加入"台工组"。游飞利用自己的特殊身份和职务上的便利，为李学骅提供了台湾铁路系统防空站哨分布图等大量情报，李学骅仔细抄制后安全交给了于非。同时，游飞还向李学骅提供了台湾铁路运输计划等情报。

　　1949年8月，经过认真研究，"台工组"决定利用基隆港口的便利条件，将李学骅经营的基隆港风茶餐厅作为秘密交通联络站。基隆港风茶餐厅既资助了"台工组"活动经费，又方便了联络工作，为"台工组"开展情报收集和传递活动提供了很好的掩护。于非返回祖国大陆期间，由李学骅负责基隆交通站工作。李学骅在为"台工组"筹措经费，掩护"台工组"成员返回祖国大陆，保障"台工组"活动安全等方面做了大量艰苦细致的工作。

　　1949年11月，根据于非安排，"台工组"成员、国民党军空军医学院看护中士安学林多次转经基隆往返祖国大陆传递情报，都由李学骅与公开身份为花莲泰丰米厂记账员、在"台工组"负责收集情报和联络工作的陈平掩护。12月，于非安排安学林从基隆前往天津，向党组织报送国民党重要军事情报，在登船启程之前，安学林就寄宿在基隆港风茶餐厅。正是在李学骅的安全护送下，"台工组"收集的国民党重要情报才能安全送回祖国大陆。

　　1949年底至1950年初，国民党特务对中共台湾地下党组织进行大肆搜捕，中共台湾省工委及其各级组织遭到严重破坏，大批地下党员和革命群众被捕。1950年1月31日，潜伏在国民党警察系统的"台工组"成员王隆煜、郑臣严等相继被秘密逮捕，但"台工组"主要负责人于非和萧明华并没有及时掌握这个情况。

　　1950年2月4日，两个陌生人来到萧明华家里，说是要找于非教授，引起萧明华警觉，于非机智跳窗迅速脱险。于非身份暴露，无法继续留在台湾领导"台工组"情报工作。组织上决定，于非携带已经收集到的国民党重要军事情报撤离台湾返回祖国大陆。3 月 22 日，经地下党组织安排，利用潜伏在国民党军"台湾东部防守区司令部"内线、参谋处少校参谋白静寅的关系，为于非办理了一张化名"台湾东部防守区司令部"参谋赵光磷名字的外勤证（"谍报证"）。于非假借这个身份，在李学骅和陈平等的安全护送下，从基隆港搭乘国民党军"军差船"前往当时仍然由国民党控制的浙江定海，4 月 1 日安全到达上海。这期间，李学骅和陈平还利用基隆港风茶餐厅，为许多"台工组"成员提供掩护和保护，使他们安全登船并辗转返回祖国大陆。

英勇就义

李学骅与"台工组"学生运动工作组组长、台湾大学文学院历史系二年级学生于凯交往密切，引起国民党特务注意，他们遭到秘密跟踪和监视。经过近两个月的监视，在 1950 年 5 月 8 日至 6 月 15 日期间，国民党特务秘密逮捕了苏艺林、陈平、安学林、于凯、李学骅等"台工组"成员。李学骅被国民党特务判定为 22 个重要"匪谍"之一。

1951 年 1 月 26 日，国民党"台湾省保安司令部"军法处在所谓"中央社会部潜台间谍苏艺林等叛乱案"中，指控李学骅参加"台工组"组织活动，"罪行"主要是"其多次传送关于军事之秘密暨供给金钱"。其实，在当时的历史条件下，李学骅以港风茶餐厅经营所得盈利提供"台工组"活动经费是极其有限的，国民党特务掌握的也仅仅只有"捐助读书会新台币 125 元、于非零用款 200 元，并与于非约定凭条给付美钞 100 元于余熙"，尽管如此，仍以"连续供给组织金钱罪，判处有期徒刑 15 年"。判决上报后，国民党高层认为"李学骅对台工组组织贡献之大，无可曲谅"，"原判量刑实为过轻，就原罪名改处死刑"。4 月 17 日，国民党"国防部"核准了对李学骅的改判。6 月 29 日，李学骅等 18 名"台工组"重要成员在台北马场町英勇就义。

1987 年 9 月 15 日，李学骅被追认为革命烈士。

李学骅英勇就义时年仅 36 岁。他坚韧不拔的革命意志和绝不屈服的革命精神，他为祖国统一事业顽强奋斗直至献出宝贵生命的英勇事迹，我们永远不能忘怀。

周一粟

周一粟（1924—1951），曾用名周三明，化名吕芳钦，上海人。1949年5月前往台湾，担任台湾省政府教育厅编译局人事室主任。"台工组"重要成员。1950年5月被捕，1951年6月29日在台北马场町英勇就义。

两入台湾从事编译工作

1924 年，周一粟出生在上海，祖籍福建省漳州市，曾用名周三明，化名吕芳钦。1943 年从上海高中毕业后，周一粟在上海编译馆从事编译工作。周一粟工作严谨细致，深受编译馆负责人和同事们好评。

1945 年 8 月全民族抗日战争胜利后，经人介绍，周一粟前往台湾，在台湾报社从事编译工作。1949 年 10 月 17 日，厦门解放。这年 5 月，周一粟曾返回厦门办理公务，旋即又前往台湾，担任台湾省政府教育厅编译局人事室主任。

毅然加入"台工组"

1948 年 6 月，冀中军区敌工部派遣重要干部朱春芳（化名于非）与在北平开展党的地下工作的萧明华前往台湾从事党的地下情报工作。7 月初，萧明华从广东汕头乘船先期到达台湾，并在台北师范学院担任语文老师。8 月底，党组织决定派于非前往台湾，与萧明华以"夫妻"名义共同开展地下情报收集工作。1949 年 1 月，他们在台湾成立了台湾新民主主义青年联盟，积极开展群众工作。同时，于非、萧明华还按照在北平、天津组织学生运动的方式，以台湾省政府社会科学研究会的名义开办了讲习班和读书会，考察培养骨干力量，并吸收台湾进步青年，加强对他们的思想培养，引导他们加强对中国共产党的了解和认识，很快形成了较好的工作关系和群众基础。这期间，萧明华发展了林范、郑臣严、王隆煜等核心成员。于非争取发展了国民党"国防部"第三厅第一组中校参谋苏艺林。经过努力，于非、萧明华获取了大量国民党重要机密军事情报。

1949年8月，党组织决定撤销台湾新民主主义青年联盟，成立"台工组"，并决定于非担任"台工组"组长，萧明华担任"台工组"副组长，全力开展情报收集工作。

苏艺林是"台工组"骨干成员，主要从事军事情报、策反争取、社会运动、建立游击武装等工作。根据党组织指示，"台工组"成员陈平担任于非与苏艺林之间的秘密联络员和情报交通员。在此期间，周一粟被潜伏在国民党国防部的地下党员张葆发展为"台工组"成员，负责收集国民党军海军、空军军事情报，并担负积极发展"台工组"新成员的任务。这样，苏艺林、陈平、周一粟、张葆组成一个秘密小组。他们经常在一起商议情报收集传递、发展"台工组"新成员等工作。

1950年2月27日，苏艺林将其持有与收集的国民党军事情报、内部文件和图表，包括基隆要塞国民党军兵力驻地地图、国民党在台湾全岛的兵力部署概要图、国民党军装甲兵运用计划、国民党在台湾全岛的炮兵部队调整情形、国民党在台湾全岛的二十万分之一兵要地图等18种资料，以抄本、照片、胶卷的形式，直接或间接交给了于非。其中，为了精准描绘地图，周一粟对台北招商局特务谢士楷做了艰苦细致的工作，利用其管理摄影设备的有利条件，将地图拍摄冲洗底片后交给了于非。这期间，周一粟还发展了徐毅、谢克伦参加"台工组"。

被捕入狱　英勇就义

1950年3月，根据密报，国民党特务在台北县文山中学教室的地板下，发现了大批宣传中国共产党政治主张的书刊。国民党特务"如获至宝"，迅速追查这批书刊的来源，在侦办中发现了"台工组"的组织活动线索，开始大肆追捕"台工组"成员，"台工组"遭到破坏。根据地下党组织指示，周一粟迅速前往花莲山区隐蔽，与苏艺林一起研究组织开展游击武装斗争。5月，周一粟下山时被国民党特务抓捕。

经过审讯，1951年1月15日，国民党"台湾省保安司令部"军法处以所谓"中央社会部潜台间谍苏艺林等叛乱案"，对周一粟以"意图以非法之方法颠覆政府罪，而处极刑并剥夺权益终身"。周一粟在国民党监狱里遭受了常人难以承受的折磨，但只字未露党组织的秘密。6月29日，周一粟在台北马场町英勇就义。

2013年5月27日，周一粟被追认为革命烈士。同年9月23日，周一粟遗骨从台湾迁回祖国大陆，安放在北京八宝山革命公墓。

　　"台工组"是中共隐蔽战线的传奇英雄群体。周一粟英勇就义时年仅 27 岁，他把最美好的青春岁月献给了祖国统一事业，他百折不挠的革命精神，永远值得我们铭记和缅怀。

徐会之

　　徐会之（1901—1951），字亨，湖北黄冈人。1924 年 3 月考入黄埔军校第一期，6 月秘密加入中国共产党。国民党军政工系统"四大干将"之一，历任第五战区政治部中将主任、鄂北行署主任、汉口市市长等职务。1950 年 5 月被捕，1951 年 11 月 18 日在台北马场町英勇就义。

从小聪明好学　秘密加入中国共产党

1901 年，徐会之出生在湖北省黄冈县（今黄冈市团风县）总路咀镇宋坳村一个殷实家庭。父亲徐映奎，1903 年赴日本留学期间去世，自此家庭陷入困境，所遗孤儿寡母难以为生。母亲王氏无奈，携年仅三岁的徐会之寄居娘家。幼小的徐会之聪明懂事，力所能及承担家务，见到富家子弟上学，虽内心十分羡慕，但眼见孤苦的长辈，从不提为难的要求，只是经常偷偷趴在私塾窗外听老师讲课。

有位邱姓人家看中了这个学堂"偷听生"，托人登门邀徐会之当其独生女儿的"陪读"，并答应培养他读书，将来当邱家的上门女婿。在私塾读了几年后，徐会之同邱家小姐一起进入正规的县立小学。在县城黄州，徐会之大开眼界，如饥似渴地埋头苦读。很快，这个被人看不起的乡下穷孩子，在学业上成为引人注目的佼佼者，顺利完成了小学和中学学业。

1919 年，徐会之中学毕业，考入武昌甲种工业学校就读，后转入湖北中法高等学校学习。这时的武昌城，革命思想成燎原之势，《新青年》等进步刊物广为流传，陈潭秋、恽代英等共产党人积极宣传革命思想，徐会之深受影响。五四运动爆发后，徐会之参加了恽代英和林育南领导的武汉学生联合会和湖北教育研史会，并与董必武、陈潭秋等往来密切，进一步受到这些早期伟

大的马克思主义者的熏陶。1923 年 2 月，徐会之参加了京汉铁路大罢工，革命思想得到了实践锻炼。

1924 年 3 月，经中共武汉地区党组织负责人包惠僧、马念一推荐，徐会之前往广州考入黄埔军校第一期，编入第一队。第一队同期同学包括共产党员徐向前、蒋先云，国民党员贺衷寒等人。入校后，受到黄埔军校政治部主任周恩来和教官叶剑英、恽代英等影响，徐会之立下报国救民的毕生志向。6 月，经董必武、陈潭秋介绍，徐会之秘密加入中国共产党。在校期间，徐会之参加了周恩来领导的青年军人联合会，每个星期参加党员生活会，进一步坚定了马克思主义信仰，坚定了中国革命的希望在于中国共产党的信念。

从黄埔军校毕业后，徐会之担任黄埔军校教导团三营连队党代表。1925 年 5 月 15 日，上海内外棉七厂日本资本家枪杀工人、共产党员顾正红。5 月 30 日，在中国共产党领导和发动下，上海工人和学生举行街头宣传和示威游行，租界英国巡捕在南京路上突然开枪，打死学生、工人等 13 人，伤者不计其数。这就是震惊全国的五卅惨案。五卅惨案激起全国人民极大愤怒，形成工人罢工、学生罢课、商人罢市的局面。以五卅惨案为导火索，反对帝国主义的民族解放运动以不可遏制的浩大声势迅速席卷全国。

1925 年 6 月初，徐会之带领所属连队参加了广州工人、学生举行的游行示威，同工人、学生队伍一起高呼"打倒帝国主义""支持工人运动"等口号。7 月，徐会之参加了平定军阀刘震寰、杨希闵在广州发动的叛乱。8月，国民革命军第一军成立，徐会之担任第一军第一师第一团第一连党代表。

1925年12月，国民革命军第二军成立，徐会之先后担任第二军骑兵第一旅和第二军第十师参谋，参加了消灭军阀陈炯明的东江战役，为国共两党合作统一广东革命根据地作出了贡献。1926年3月，蒋介石阴谋制造反革命"中山舰事件"，破坏国共合作，强迫解散青年军人联合会，迫使中共党员撤出第一军和黄埔军校。徐会之被中共地下党组织派往北京、天津从事地下斗争工作。

1926年7月，国民革命军誓师北伐。北伐战争开始后，徐会之奉命南下，在江西、浙江参加消灭军阀孙传芳的战斗，担任国民革命军第十五军中共党务科科长。北伐战争是在中国共产党提出的反对帝国主义、反对军阀的口号下进行的。北伐进军过程中，徐会之等共产党员、共青团员舍生忘死，发挥了先锋模范作用，在军队政治工作和发动工农群众方面作出了重大贡献。1927年初，徐会之升任国民革命军第十五军第二师政治部主任。

坚定革命立场　公开反对蒋介石

1927年4月12日，蒋介石在上海发动反革命政变。当天凌晨，大批青帮武装流氓冒充工人从租界冲出，向分驻上海总工会等处的工人纠察队发动突然袭击。国民革命军第二十六军借调解之名，收缴工人纠察队武装。13日，上海工人和市民召开10万人的群众大会，会后整队游行，要求释放被捕工友，交还工人纠察队被缴枪械。队伍行进到宝山路时，第二十六军突然冲出，向密集的人群扫射，当场打死 100 多人，伤者不计其数。到 15 日，上海工人 300 多人被杀，500 多人被捕，5000 多人失踪。这就是震惊中外的四一二反革命政变。

国民党反动派在上海发动反革命政变后，江苏、浙江、福建、广东、广西等地相继以"清党"为名，大规模捕杀共产党员和革命群众。徐会之被迫离开国民革命军第十五军开始流亡，但他仍然积极投身反对国民党反动统治的斗争。1928 年 11 月，徐会之在上海与余洒度、陈烈、黄雍等共产党员，参加了由黄埔军校各期中的部分进步学员组成的"黄埔革命同学会"，与蒋介石领导的"黄埔同学会"进行对抗，公开打出反对蒋介石的旗帜。徐会之被推选为"黄埔革命同学会"宣传科长，从事组织宣传工作，主持出版发行反蒋刊物《黄埔周刊》。徐会之撰写了《反蒋运动与组织民众》《关于国民会议》《组织政府问题》等文章，在《黄埔周刊》署名刊发，声讨、谴责蒋介石的反革命行径。

为扩大影响，1928 年 12 月，徐会之在天津组织成立"黄埔革命同学会"华北分会，担任分会会长，号召反对蒋介石。曾有记者采访徐会之："你们是黄埔军校的学生，为什么又要反对你们的校长蒋介石呢？"徐会之回答："我们学生投奔黄埔是为了革命。北洋军阀勾结帝国主义，祸国殃民。军阀割据，连年混战，民不聊生。要救国救民，必须实行孙中山先生的联俄、联共、扶助农工三大政策，走国共合作的道路。""黄埔军校是国共合作的产物。然而，蒋介石却一意孤行，破坏国共合作，破坏三大政策。他表面上拥护孙中山，实际上背叛孙中山……"由于要求采访的记者越来越多，徐会之举行了一场记者招待会，大力宣扬成立"黄埔革命同学会"的目的和意义，介绍组织发展和活动情况，揭露蒋介石破坏国共合作、破坏三大政策、背叛孙中山的罪行，参加采访的记者达 200 多人。

为获得更多支持，徐会之前往河南新乡会见冯玉祥。冯玉祥说："你们黄埔学生出来反对黄埔校长，这比我们任何一个军队反蒋都有力得多。你们有什么困难和要求，我一定帮助。"分别时，冯玉祥赠送徐会之 3000 块银圆作为其活动经费。1930 年，冯玉祥、阎锡山等反蒋力量召开"扩大会议"，讨论讨伐蒋介石，成立"北方政府"。徐会之、黄雍等代表黄埔学生前往山西太原参加了会议。但由于讨伐蒋介石失利，维持半年的"扩大会议"很快就解散了。徐会之只得离开太原，南下上海，继续坚持反对蒋介石的活动。

1931 年 8 月，国民党特务勾结上海法租界巡捕，破坏了"黄埔革命同学会"总部，逮捕了邓演达、徐会之、陈烈、黄雍等人，邓演达惨遭杀害。"黄埔革命同学会"随之解散。

展现政治工作才能　成为"四大干将"之一

蒋介石稳定政权后，认为徐会之等人已不足为虑，与其进行严惩，不如加以拉拢利用。根据蒋介石的意图，国民党对"黄埔革命同学会"一些成员采取笼络政策，把他们集中到南京进行强制训练，希望他们为蒋介石效命。1932年9月，蒋介石任命徐会之为国民党军第五十六师政治训练处处长。1933年3月，徐会之调任国民政府军事委员会政治部政治训练科科长，同年底又被改派安徽，担任国民党军第十五军总司令部党政处处长兼河南省经扶县县长。1935年4月，徐会之再次调离原职，先后担任安庆市警察局、芜湖市警察局局长。

1936年12月4日，蒋介石亲赴西安，逼迫张学良、杨虎城率部"剿共"。张学良、杨虎城在向蒋介石要求抗日遭拒后，于12月12日凌晨采取"兵谏"，扣留了蒋介石，并通电全国，提出停止内战、一致抗日等八项主张。这就是震惊中外的西安事变。

西安事变发生后，张学良连夜电告中共中央。1936年12月17日，党中央派遣周恩来到达西安。在弄清情况后，党中央以中华民族团结抗日的大局为重，独立自主确定了用和平方式解决西安事变的方针。周恩来与张学良、杨虎城共同努力，经过谈判，迫使蒋介石作出"停止剿共，联红抗日"的承诺。

西安事变和平解决后，国民政府军事委员会成立西安行营，行营主任由蒋鼎文担任，政治训练处处长由徐会之担任。临危受命后，徐会之斡旋于国民党各派系之间，既要说服国民党中央军，又要安抚张学良领导的东北军，还要劝说国民党西北军与共产党领导的八路军化敌为友，共同抗日。经过努力，徐会之很快就打开了工作局面，受到各方接受和好评。

1937年7月，徐会之调任江西庐山国民党军暑期训练团第一总队第一大队指导员。训练团团长为蒋介石，教育长为陈诚，第一总队长为孙连仲，第一大队长为胡宗南。参加第一大队调训的学员，是驻防西北的阎锡山、杨虎城、马步芳、马鸿逵部队的军长、师长、特种兵独立团团长和部分集团军参谋长。举办训练团的目的，是动员参训人员竭诚拥护抗战，一切行动听从蒋介石指挥。为办好训练团，徐会之撰写了《民众训练须知》，阐述了民众训练的意义、必要性，介绍了民众训练的实施步骤，指出只有团结各方力量才能一致抗日。

1937年8月，徐会之受命组建国民政府军事委员会保定行营政治训练处，参加保定、石家庄对日作战，领导国民党军政治工作，组织抗敌后援会，动员社会各界积极支援抗战，并协助"平汉""正太"线国民党军事运输指挥部疏散伤兵、难民及流亡学生，为前线抢运军用物资。

在石家庄召开的国民党军师以上政治训练处处长工作会议上，徐会之号召："发扬北伐优良作风，宣传民族英雄岳飞、戚继光精神，激励全军士气，同仇敌忾，争取胜利。加强团结，特别是要和行动果敢、善打游击战的八路军密切配合，消灭敌人，收复失地。"1937年12月，保定失守，行营迁到河南郑州。1938年5月，行营又迁到武汉，徐会之仍然担任政治训练处处长兼政治总队长。

1938 年 1 月，徐会之被任命为国民政府军事委员会政治部第一厅第一处少将处长。7 月，武汉行营政治训练处改为国民党军第五战区政治部，徐会之担任政治部少将副主任，主持政治部日常工作并参加了武汉会战。10 月，日军占领武汉。1939 年 1 月，徐会之调任川鄂湘黔边区绥靖公署政治部中将主任。1940 年初，徐会之调任桂林行营政治部副主任，参加了昆仑关会战，随后升任国民党军第四战区政治部主任。7 月，徐会之前往重庆，担任国民政府军事委员会政治部第二厅中将厅长。

1941 年 3 月，徐会之从重庆调往湖北老河口，担任国民党军第五战区政治部中将主任兼第五战区特别党部书记长，同时兼任国民党战时青年团第五战区支团部筹备主任。1942 年 2 月，徐会之调任国民党湖北第五区行政督察专员公署专员兼襄樊保安司令部司令。1943 年 1 月，徐会之担任湖北省政府委员兼鄂北行署主任，同时兼任国民党战时青年训练团鄂豫分团主任，参加了鄂北会战。1945 年 8 月抗日战争胜利后至 1949 年初，徐会之担任汉口市市长。1949 年 3 月，国民党"代总统"李宗仁任命徐会之为"总统府"中将参军。

徐会之从事的基本上是政治工作，在国民党党政军界颇有名气，与贺衷寒、曾扩情、袁守谦并称为国民党军政治工作"四大干将"。徐会之在政工实践和理论方面具有较高水平，除编写的《民众训练须知》由庐山暑期训练团警政组编辑出版外，还发表了《中国国防建设问题》《告华北军民书》《军校政训与国民兵政训之研究》等文章，在国民党军队有较为广泛的影响。

珍惜革命情谊　保护中共地下党员

1928 年 12 月，徐会之在天津开展革命活动时，住在其叔叔的岳父、天津市警察局局长邱某家里。一天聊天时，徐会之从邱某口中得知，国民党特务要秘密逮捕在天津从事地下工作的共产党员陈潭秋。于是，徐会之简单化装后迅速前往旅馆给陈潭秋报信。正巧，陈潭秋外出办事不在旅馆，徐会之就告诉与陈潭秋住在同一个房间的人说："请告诉陈先生，此地不能住，你们赶快搬走。"陈潭秋因此脱险。

徐会之与中共地下党员詹云青在北伐战争时期曾一起工作过，住在同一幢宿舍楼，建立了深厚的革命情谊。1930 年，詹云青在成都西南大学担任教师。这年暑假期间，西南大学被四川军阀以宣传共产主义主张为由查封，逮捕了包括詹云青在内的 7 名教师和百余名学生。徐会之看到报纸上刊登的消息后非常着急，立即托人请驻成都国民党军第三军执法处出面担保，詹云青被释放。1938 年，詹云青前往国民党军第五战区政治部工作，又得到了徐会之的重用和保护。

1937 年 9 月中旬，周恩来、彭德怀等中共领导人参加国民党中央军联合视察团，前往石家庄考察。徐会之获知消息后，立即命令国民党军石家庄警备司令部加强警戒，并组织了 500 多人的欢迎队伍，对周恩来、彭德怀表达敬意。欢迎大会结束后，周恩来从石家庄前往太原，徐会之陪伴周恩来身边保护，把周恩来安全护送到太原，显现出亲切的师生情谊。

1939 年 1 月，徐会之调任川鄂湘黔边区绥靖公署政治部主任，所辖第四政治大队队长潘焰、分队长赵亚夫和队员张全心、陈国钧、龚承平、王云、潘茜等 20 多人，全部是中共地下党外围组织成员。由于他们表现突出，被国民党特务怀疑是"激进分子"、共产党员，随时都有被加害的危险。为了保护他们，徐会之指派专人负责，采取分散的办法，以第四政治大队的名义，保送潘焰、潘茜、王云等到湖北建始县师范学校读书学习；以边区绥靖公署政治部的名义，将赵亚夫、张全心、陈国钧、龚承平等分散到所辖第二十五补充训练处担任连指导员等职务，使他们化险为夷。

担任芜湖市警察局局长期间，徐会之营救了被国民党特务关押的谢仁绍等共产党员，并把他们转移到安全的地方。担任汉口市市长期间，徐会之利用市长身份掩护了大批中共地下党员，并为他们开展地下工作提供方便。当时，中共武汉地下党组织主要负责人程维黄长期住在徐会之家里，地下党员、曾担任武汉市城市工作部部长、武汉地下市委书记的曾惇也经常出入徐会之家里，一些共产党高级干部也曾在徐会之家里隐蔽，徐会之对他们都秘密地严加保护。

逆行台湾　英勇就义

1950 年 3 月，考虑到徐会之在国民党军队的特殊身份和影响，经过反复认真研究，党组织决定派其前往台湾从事策反争取及情报收集工作。徐会之表示，坚决服从党组织安排，坚决完成党组织交给的任务。临行前，徐会之将仅剩的 100 元钱放在枕头下，对妻子刘先知说："以后你们母子三人的日子就难了。我要去执行一项特殊任务，有人劝我不要去，但是党和人民利益高于一切，我没有选择的余地，即使是献身也是值得的。"刘先知问他什么时候才能回来，徐会之回答："胜利的那一天，就是我们见面的那一天。也许胜利的那一天，我已为国捐躯了。"

在党组织的严密安排下，徐会之先到香港短暂停留，然后乘船前往台湾。当时，台湾岛内处在一片风声鹤唳、血雨腥风的白色恐怖之中。到达台湾不久，1950 年 5 月，徐会之就被国民党高雄"警备司令部"稽查处逮捕。由于案情重大，蒋介石指定国民党"国防部"军法局立案侦办。

在国民党监狱，50 岁的徐会之被特务百般折磨，但他只字不吐露此行来到台湾的目的和任务，令特务们一无所获。

1950 年 9 月，由于潜伏在国民党"国防部"的中共地下党员的保护，军法局以"颠覆政府罪"判处徐会之 5 年徒刑。判决书上报后，蒋介石极为不满，立即要求重审。经过一年的再审，

1951 年 9 月，军法局改判徐会之 15 年徒刑。但判决书再次送给蒋介石后，蒋介石改为"立即枪决可也"。

徐会之坦然面对死亡，饱含深情地写下了一首诀别诗：

昔日繁华一瞬，车水马龙三镇，秋心吹动故乡情。

愁难咏、肠寸寸，千古伤心士国恨！

这首诗表达了他对家乡的思念，也满怀对未能看到台湾解放和祖国完全统一的遗憾。

1951 年 11 月 18 日，徐会之在台北马场町英勇就义。

徐会之在台湾没有亲人。英勇就义后，徐会之黄埔军校一期同学袁守谦拿出 20 块银圆，雇了一个农民，将徐会之的遗体埋葬在高雄附近的山林中。

1985 年，徐会之被追认为革命烈士。

1996 年 4 月，烈士忠骨从台湾回到祖国大陆，分别安放在北京八宝山革命公墓和武汉九峰山革命烈士陵园。

2006 年，湖北省团风县恢复重建了徐会之故居，纪念其英勇战斗的一生，传承革命精神，弘扬爱国主义。

徐会之怀揣光明，直面黑暗，为中国革命胜利不屈奋斗。新中国成立后，徐会之没有享受片刻安宁的生活，义无反顾接受党组织安排的任务，抱着必死的信念，毅然只身赴汤蹈火，再入虎穴，将热血忠魂洒在宝岛台湾。徐会之舍生取义、以身许国，为实现台湾解放、祖国统一献出生命，永远活在我们心中。

于成志

　　于成志（1910—1951），又名于前川、于复生，山东平度人。1949年6月前往台湾从事党的地下情报工作。1951年2月13日被捕，12月23日在台北水源路英勇就义。

　　我敢誓诸天良：我始终是爱国家，爱民族的，我虽像一介武夫戎马生涯二十余年，抗战曾负重伤数次，但并未稍懈。

——于成志自述

誓驱日寇　前路多舛

　　1910 年，于成志出生在山东省平度县（今平度市）冢前村一个农民家庭，少年时读过 4 年私塾、4 年小学。长大后，自命名于前川，既有对祖国大好河山的无限热爱，又有事业一帆风顺前途光明的寓意，但个人命运在时代大浪潮中犹如一叶扁舟漂泊在浩瀚的汪洋上。因家境不敷，未得继续学业，于成志遂前往亲戚在山东黄县经营的一家饭馆谋生。

　　在此期间，于成志接触到许多从东北返回山东的乡亲，听说了 1928 年 6 月 4 日 5 时 30 分，东北军奉系军阀首领张作霖从关内返回奉天（今沈阳），乘坐专列经过京奉、南满铁路交叉处的皇姑屯三孔桥时，被日本关东军预先埋伏的炸药袭击，张作霖被炸成重伤，送回奉天后当天身亡的消息（史称"皇姑屯事件"）。乡亲们告诉于成志，张作霖被炸身亡后，日本帝国主义大量增兵，在东北大地上强取豪夺，横行霸道，犯下了令人发指的累累罪行。这令年满 18 岁，身材伟壮、性情刚烈的于成志无限愤怒，青春的热血在燃烧，他下定决心寻找反抗日本侵略者、收复中国

中共台湾英烈 （第二辑）

国土的机会。

皇姑屯事件后，张学良继承父业，主政东北。1928 年 12 月 29 日，张学良宣布东北易帜，服从国民政府领导。国民政府在形式上完成了对东北的统一。1930 年 9 月，张学良任命于学忠为东北军第一军军长，率兵入关，驻扎北平、天津一带，并兼任平津卫戍司令部司令。

山东黄县距于学忠家乡蓬莱县于家庄 20 多里。于学忠曾就读于黄县崇实中学，当地民间经常传说于学忠的事迹，让于成志对这位声名显赫、骁勇善战的东北军将领很是崇拜。几经思考，于成志辗转来到北平，寻机加入于学忠部队。

1931 年 5 月，于成志加入东北军第一军，担任第十四旅六四一团九连上士文书，旅长为陈贯群。参军不久，于成志就在第一军军士训练班接受了 6 个月训练，毕业后担任代理班长。

1933 年 1 月 1 日，日本关东军悍然出兵山海关。3 月 4 日，日军占领承德，接着又分兵数路，进攻长城东段各主要关口，日军主力第八师团和骑兵第三旅气势汹汹扑向北平东北大门古北口，进逼平津。古北口被称为"京师锁钥"，古北口长城以南就是华北平原，离北平只有 100 多公里。

1933 年 3 月 5 日，日军第八师团十六旅和骑兵第三旅侵犯至古北口外。此时的古北口冰天雪地，战斗异常残酷激烈，已担任代理排长的于成志，压抑不住早已积蓄的满腔怒火，奋勇杀敌，但面对装备优良的日本侵略军，东北军群龙无首，纪律涣散，节节败退，令于成志大失所望。此后不到一个月时间，于成

196

志就离开了东北军，另寻出路。

1933 年 4 月，国民党军第十三军军长钱大钧调任国民政府军事委员会保定行营主任兼陆军保定第三编练处（正式称谓为国民政府军事委员会军政部保定第三编练处）处长。这时，第三编练处正在以黄埔军校毕业生为基层军官，大规模收容、招募士兵，编组新的国民党中央军作战部队。

1933 年 5 月，于成志考入钱大钧担任处长的国民党军陆军保定第三编练处。受训 4 个月后，于成志被编入第三编练处三团二营六连，随部队移往江西抚州。到达抚州后，又进行了 2 个月整训，第三编练处三团被改编为国民政府军事委员会补充第一旅，旅长为王耀武。

1933 年秋，于成志担任国民政府军事委员会补充第一旅运输营排长。1934 年 4 月，于成志调任补充第一旅二团三连少尉排长。在胡宗南指挥下，补充第一旅参加了国民党军队在江西、福建、浙江、安徽、河南、四川、甘肃等地对红军的"围剿"。同时，补充第一旅还参加了堵追方志敏领导的红军与红十军会合后组成的红十军团的"围剿"。1935 年 1 月底，红十军团遭到严重损失。补充第一旅作为蒋介石集团的"打手"，参加了"围剿"红军的反革命行动。

1935 年 1 月 29 日，方志敏被俘，8 月 6 日在江西南昌英勇就义。方志敏视死如归、淡定坦然的大无畏英雄气概和革命精神，使于成志受到极大的震撼和教育。

1936 年 2 月，于成志进入国民党中央军校武汉分校学习。

10 个月学习期间，于成志的军事素养有了很大提高，但同时也非常苦闷，十分希望奔赴抗日战争前线打击日本侵略者，结果却被国民党统治集团利用裹挟与中国共产党及其领导的红军打内战。

1937 年 1 月，于成志收到父亲病危的家信。收信后，于成志递交请假报告，以"在外数年，终鲜兄弟，父亲病危，恳请短假，返里省亲，以尽人子之道"为由，请求准假返回平度家乡探亲，也想看看能不能脱离国民党军队，奔赴抗日前线杀敌。同年春，于成志父亲病故。办理完父亲丧事后，于成志在平度结婚成家。

1937 年 7 月 7 日夜，日本侵略军悍然发动卢沟桥事变（七七事变），当地中国驻军奋起抵抗，全民族抗战由此爆发。

1937 年底，山东沦陷。山东全省陷入无政府状态，平度县县长姬春堂携家眷逃亡。1938 年 1 月，日军占领平度县城。为组织开展抗日斗争，国民党任命张金铭为第五战区游击总指挥部直属第十六支队中将司令，兼任平度县县长。

张金铭以平度县东北祝沟为基地，积极组织抗日武装，在胶东开展游击战争。这给决心前往抗日前线的于成志以极大振奋。1938 年 4 月，于成志参加了张金铭领导的平度抗日游击队并担任大队长。之后不久，于成志担任掖县保安团一营营长。于成志始终以抗击日本侵略军为己任，多次在战斗中负伤，一次身负重伤生命垂危，但却死而复生。因此，于成志又将自己的名字改为于复生。

1945年8月15日，日本宣布无条件投降，中国人民抗日战争取得伟大胜利。12月，于成志所部被改编为国民党军第九十六军暂编十二师，于成志担任暂编十二师三团二营六连上尉连长，驻地为山东即墨。1946年6月全面内战爆发后，于成志所在部队在灵山、莱芜战役中遭到八路军沉重打击。

1947年8月，于成志担任国民党军山东省保安司令部第七旅二十一团二营营长。

1948年5月，国民党军山东省保安司令部第七旅改为整编师，扩充为国民党军第三十二军，于成志所在二十一团改编为三十二军二五二师七五四团，团长为方本壮。此后不久，于成志调任七五四团政治工作处少校干事，1949年1月兼任七五四团团部连连长。

投身光明　为党工作

1947年夏，人民解放战争进入第二个年头。经过一年作战，战争形势发生重大变化，人民解放军转入战略进攻。具体地说，人民军队就是要从敌人手里夺取城市，接管国民党政权，解放全中国，夺取新民主主义革命全面胜利。

为适应迅猛发展的革命形势，中共胶东区党委统战部把国民党统治区城市党政军和社会各阶层的统战关系、统战对象进行普遍调查，列出对象，逐一分析，定出重点，做出规划，统战工作范围不仅限于青岛等城市，还在上海、福建、大连等地建立起统战工作网络。1947年秋，中共胶东区党委统战部加大统战工作力度，为解放青岛发挥了重要作用。

1948年初，于成志被中共胶东区党委统战部发展为情报工作关系，主要任务是收集国民党军队内部有关情报和调动情况，并适时协助国民党军三十二军二五二师七五四团团长方本壮组织部队起义。其间，于成志提供了大量情报，并利用其曾担任国民党军山东省保安司令部第七旅二十一团二营营长及七五四团团部连连长的便利，掌握指挥小炮排、搜索排、特务排等优势，将炸药、橡胶皮带、汽车零件、通信器材等军用物资运往解放区。

方本壮，祖籍安徽省安庆市杨桥镇龙庄村，出生于山东济南，黄埔军校洛阳分校第十四期毕业。1939年，被派往国民党军山东省保安司令部第一旅姜黎川部，先后担任参谋、队长、营长等职务。1942年春，姜黎川接受八路军联合抗日主张，率部移驻胶东抗日根据地。当时，方本壮担任第一旅一团副团长，经常同八路军交往，结识了许多共产党员，对共产党和八路军有了初步了解和认识。

1947年1月，为了加强国民党在山东的反共阵地，蒋介石命令李仙洲率国民党军第二十八集团军10万人马，从安徽开往山东，重点进攻山东解放区。姜黎川受到国民党诱惑，背信弃义，同年6月转而投靠李仙洲，引起方本壮对姜黎川的极度不满。但为了保存实力，方本壮只能忍气吞声，以图未来。同年秋，方本壮升任第一旅二团团长。

抗日战争期间，方本壮与于成志就有所接触。抗战胜利后，姜黎川部被改编。1945 年 12 月，方本壮担任国民党军第九十六军三团一营营长，于成志担任三团二营六连连长。1947 年 8 月，方本壮担任国民党军山东省保安司令部第七旅二十一团团长，于成志担任二十一团二营营长。1948 年，第七旅改为整编师，后扩为国民党军第三十二军，方本壮担任三十二军二五二师七五四团团长，于成志调任七五四团政治工作处少校干事。

于成志利用与方本壮共事多年、相互了解信任的关系，相机对方本壮开展统战工作，不断试探方本壮的政治态度。方本壮经常收听新华社广播新闻，逐渐认识了国民党统治集团的欺骗性、反动性，从而动摇了为蒋家王朝卖命的观念。尤其是随着山东解放战争的胜利推进，孤栖青岛的国民党军政要员惶惶不可终日，士气低落，人心涣散，更加增强了方本壮反抗国民党反动统治的决心。经过多年来对共产党的不断认识，加之于成志的不断劝说，方本壮更加坚定了挣脱国民党反动军队羁绊、率部投奔解放区的决心和意志。

协助起义　成功回归

中共胶东区党委统战部在安排于成志对方本壮进行统战工作的同时，还通过其他渠道对方本壮开展争取转化工作。根据上级党组织指示，胶东区党委统战部的主要任务是，在国民党统治区城市宣传党的方针政策，建立发展党的地下组织，收集国民党军事情报，组织发动群众开展革命斗争，里应外合为解放国统区城市做准备。胶东区各级党组织和烟台市委都成立了统战部，并与中共中央华东局社会部紧密联系，力争国民党统治区人民早日获得解放，国统区城市早日回到人民手中。

1948 年 9 月 24 日，济南解放。为促使方本壮尽快率部起义，中共中央华东局社会部派员与济南恒大商号副经理刘子恒取得联系。刘子恒是方本壮的二表哥，他们关系甚密，相互信任，能够完成党组织交给的任务。

1948 年 10 月初，刘子恒来到潜驻在平度县南村的中共青岛市委统战部社会组秘密联络站，社会组组长衣吉民对策应方本壮率部起义事宜作了具体指示。

1949 年 1 月中旬，刘子恒来到方本壮所部驻地，请方本壮亲赴南村，共同商议起义具体方案。方本壮深知，这是起义前必须进行的周密工作，必须做到万无一失。但此时国民党军队已加强了内部控制，作为一团之长离开部队，必须慎之又慎，以免引起怀疑。经过反复考虑，并征得刘子恒同意，方本壮决定做好副团长张德义工作，由张德义代表方本壮前往南村商议起义事宜。张德义性情直爽，为人诚恳。经过方本壮的细致工作，张德义对起义完全同意。

随后，张德义赴南村进行了一周时间的商谈。1949 年 1 月 25 日，刘子恒和张德义返回七五四团驻地。方本壮任命刘子恒担任团部连副连长。为顺利起义，方本壮、张德义和于成志对具体细节进行了认真分析研究和部署。

1949 年 1 月 26 日中午，七五四团团部上尉军需员丁振宇告诉张德义，方本壮将被调任国民党军三十二军副参谋长，新任七五四团团长将于 1 月 27 日上午到职。张德义立即将情况向方本壮进行了汇报。方本壮听闻后立即意识到，酝酿起义之事，尤其是张德义秘密前往南村，很可能已被国民党特务发现或怀疑，本次调任是对其"调虎离山"，然后再进行深挖细追。事态紧急，与南村中共地下党组织联系已来不及了，只能靠自己随机应变进行处置。为确保起义成功，方本壮、张德义和于成志又一次认真研究、排查梳理了有关细节。

方本壮严谨分析了起义的有利因素和不利因素，制定了具体行动和应对方案。有利因素主要有：一是起义是正义之举，人心所向，必将得到七五四团官兵支持，只要行动迅速，方法得当，就会赢得胜利。二是七五四团官兵大多是胶东人，不愿为蒋介石卖命离家南撤。三是七五四团大多数官兵长期驻扎青岛，熟悉这里的地理环境，有一定的夜行军和作战经验。四是七五四团是三十二军主力，装备比较优良，除步枪外，均为美式武器，有较强的战斗力，而且大多跟随方本壮多年，较为团结，便于指挥。

不利因素主要有：一是时间紧迫，难以同中共地下党组织取得联系，得不到人民解放军支援。二是七五四团部署在三十二军防区的核心部位，距军部、师部驻地仅有 4 公里和 1.5 公里，而且周围还有两个师和两个团的兵力，起义行动稍有不慎，就会陷入重围。三是起义前的准备工作处于秘密状态，七五四团官兵思想尚未统一。尤其是刚刚调换到七五四团的一营营长胡励崇、二营营长宋达溪，是原国民党军整编七十四师残部，而新派来的新闻主任和一名干事又是国民党特务，是起义能否成功的心腹大患。四是七五四团大部分官兵家眷住在青岛，其中许多又被集中在三十二军军部划定的居住区内，这对全团官兵的思想会产生很大影响。

具体行动方案是：从七五四团青岛驻地出发，一直向东北方向前进，途经即墨城东 10 公里外的四社山和莲花山之间的国民党军队防区，绕过国民党军队把守的几个重要据点，共行军约 35 公里，最后到达解放区。途中如遇干扰，就且战且走，不能恶战，力争拂晓前突出国民党军队控制区。

1949 年 1 月 26 日晚 11 时许，方本壮又从国民党军二五五师师部得到确切情报，27 日早晨准备动用二五五师和二五二师的两个团包围七五四团，把七五四团就地消灭。具体办法是：先由三十二军军部派参谋李某到七五四团，宣布升调方本壮为三十二军副参谋长，同时由师部另外派人暂时代理七五四团团长。方本壮到三十二军军部就地扣押后，再分别扣押张德义、丁友孚、于成志等七五四团主要军官。其中，刘子恒也在被扣押的名单中。

事不宜迟。方本壮与张德义、于成志等一致决定，立即进行起义部署。

1949 年 1 月 27 日零时 30 分，七五四团举行起义，三营为前卫，团直属营和一营居中，二营为后卫。为便于指挥和联系，方本壮在三营和团直属营之间，张德义在团直属营和一营之间，确保能够将七五四团大部分官兵带到解放区。于成志所在二营情况复杂，由其就地适时临机决断相机行事。当天上午 8 时 30 分，经过急行军和突围，七五四团抵达即东县城所在地店集，全团共1800 多人，1184 人成功投奔解放区。

七五四团起义部队受到即东县委、人民解放军即东县指挥部主要负责人贾邦元、丁坚毅以及当地军民的热烈欢迎和慰问。中共胶东区党委负责人赖可可、王少庸、贾若瑜等也专程赶到即东县，热烈欢迎方本壮和张德义率部起义，鼓励他们说："你们虽然遭受了点损失，但总的来说你们是胜利了。这无论在政治上还是军事上，都给了敌人以沉重打击，使驻青（岛）的国民党军队一时被搞得惊慌失措，实行了紧急戒严。我们热烈欢迎你们，解放区人民热烈欢迎你们。"

于成志参加起义经过曲折。1949 年 1 月 26 日晚 11 时 30 分许，根据方本壮安排，于成志先后亲自电话通知七五四团团部连副连长刘子恒、迫击炮连连长高坤、卫士连连长房惠卿、运输连副连长高尧亭、三营营长丁友孚等到团部开会。大家很快集合到位。在会上，方本壮对他们说："有人要把我们撤到南方去，咱们都是北方人，有家有妻子老小，不能跟到南方去，你们都是我的知心部下，我决定把你们带出去，到解放区去找个出路，你们有什么打算？"大家听后异口同声回答："跟着团座走，生死在一起！"方本壮接着说："好，你们的家眷不要担心，我已派军需室吴主任开我的吉普车闯进青岛，去通知他们转移，我叫吴主任一定想办法给他们接出来。"然后看了一下怀表说："现在是凌晨了，离天亮只有 5 个多小时，我们必须在天亮前冲出 50 多里地的封锁线，等到天亮就走不成了！"现在听我的命令：我们已被分割包围，全团集合是不可能了，我已派张德义副团长去带第一营，派团部连连长于成志去带第二营，丁友孚自带第三营，向东北方向突围；刘子恒率团部连负责前后卫，保护团本部和直属队突围；运输队由高尧亭带，通讯连由王副连长带。在集合前掐断所有对外的电话线。将通讯连、运输连两个连长扣下，连同政工室刘主任一并交卫士连押解。""你们回去立即集合队伍，对下边就说，出发有紧急任务，除武器弹药外，将过年的物资和一切笨重的东西都寄放下不要带，要轻装，动作要迅速，半小时内各连到村后集合，每人左臂上扎白毛巾为号……"

为了迷惑国民党死忠分子，即从原国民党军整编七十四师残部调换到七五四团担任一营营长的胡励崇和二营营长的宋达溪，1 月 26 日下午，方本壮前往一营、二营刚刚驻防的金沟村巡察军务，召集两个营的连长以上军官开会训话。方本壮在会上表示："现在北平正在和谈，如以后青岛附近有意外事件发生，我负责处理，因我在此一带地形很熟。"当晚 10 时许，方本壮给宋达溪打电话，告知"现在有解放军活动，要注意"。之后不到 10 分钟，张德义又给宋达溪打电话，告知"现在解放军有两个纵队的样子，已过了即墨城，向我们此地前进，要特别警戒"。宋达溪问："怎么前面无枪声。"张德义回答说："和谈时期，禁放枪。"

事实果然如此。宋达溪、胡励崇不仅顽固不化，而且狡猾多疑。

为迷惑胡励崇，张德义亲自前往一营对他说："青岛快要撤退了，胶东一带方本壮团长和我很熟悉，团长的意思想在这一带打游击，团长对我们不错，我们应该跟着团长才对，胡营长意见如何？"胡励崇停了许久，才回答说："好吧。"而一营集合时，胡励崇就暗中让人向师部进行了报告。一营出发刚走了一里多路，胡励崇就乘机脱身逃跑，并向队伍开了两枪。

为稳住宋达溪，根据方本壮安排，于成志通知二营五连、六连连长，带上10多名精心挑选的卫士，与其一起前往二营营部向宋达溪传达方本壮的命令。于成志对宋达溪说："现在有情况，方本壮团长命令你赶快把队伍带到东面山区集结。"宋达溪向于成志索要书面命令，于成志说："这是团长口头命令。"宋达溪立即用电话向七五四团团部联系，但这时七五四团团部对外电话已经被拆了。宋达溪转而要求派二营副营长前往团部联络，于成志当机立断说："不要联络了，团部已经走了，你们跟我来，这是团长叫我来带路的。"

于成志立即带领二营从金沟村驻地向东面山区前进，并暗中安排绝对信任、可靠的士兵紧随宋达溪，防止节外生枝。五连、六连两个机枪连紧随于成志殿后。由于山区留有国民党军队构筑的工事，宋达溪一时对二营行进方向并未产生怀疑，但到了距离金沟村4公里的北葛村国民党军七五六团防地时，在最前面行军的二营尖兵连被七五六团阻拦，宋达溪当即派出二营突击排前往联络，结果也被七五六团扣留。于成志敏锐地感觉到可能会发生变故，迅速让后面的队伍掉头向右转，从金沟村东北角绕过北葛

村继续前进。

"为什么前面自己的队伍不许我们通过，为什么要绕过村子向解放区去，为什么方本壮团长连口头命令也不给我？"宋达溪疑心顿起，利用队伍掉头向右转的机会，迅速脱掉军装，并将4个连长拉到其身边，令突击排控制住他们，同时让4个连长命令各自排长，"宋达溪营长不到，队伍不能走"。这样，二营就在北葛村以北3公里处的一个小山村集结，停止了前进。宋达溪急忙带着副营长和4个连长，躲到附近的河沟里研究并查看地图。

与此同时，七五六团副团长艾玉豪带着一个连前来截击，驻扎在山前村的七五五团也派一营营长胡抚中前来追击。

情况万分紧急。于成志当即决断，把二营带到解放区已不可能，再拖延下去，他自己和10多名卫士也可能无法脱身。于是，于成志带领10多名卫士迅速撤离二营，急行军前去与方本壮会合。

受命潜台　跌宕起伏

安全到达解放区后，于成志住了短短21天，就按照中共胶东区党委统战部指示，进行前往台湾从事地下情报工作的准备。

为防止引起敌人怀疑，为前往台湾从事党的地下情报工作做好铺垫，根据党组织指示，1949年3月，于成志离开山东解放区前往上海。离开山东前，于成志给平度同乡、国民党军三十二军二五二师七五四团二营特务连连长邢生辉写信，告知其已从方本壮部逃脱，请邢生辉代为向二营营长宋达溪"致歉"。于成志在信中写道："我本人也是不明情况，被骗了，为养家糊口现已去上海拟做生意，之后便返回青岛。"

其间，已在 1948 年被中共胶东区党委统战部发展为情报工作关系的曲德修（山东平度人，姑姑为于成志嫂子），按照党组织安排，从国民党军第三十九军驻地广东韶关曲江（今乳源瑶族自治县）马坝镇，以三十九军政治部政治工作处中校秘书的身份，以探亲为由请假，于 1949 年 5 月 4 日回到了青岛。

曲德修回到青岛后，以没有轮船开往广州不能及时赶回国民党军三十九军为由，经曾担任国民党军第三十六纵队司令和整编五十七旅政治工作处主任、时任国民党青岛第十一绥靖区参议的曹克明介绍，前往青岛第十一绥靖区警备二团特务二营担任营长，负责临时招兵，扩充警备二团兵员。在曲德修的精心安排下，于成志顶列兵缺加入特务二营并临时担任二营副营长，随国民党军队撤往台湾。

1949 年 6 月 1 日，于成志、曲德修携家眷一起乘坐一艘小船离开青岛，前往 30 多里外的小龙山岛。在小龙山岛停留 4 天后，他们换乘一艘名叫"隆顺号"的大船，经过三天三夜的海上颠簸，于 6 月 8 日到达台湾基隆港。在基隆港住了一天后，于成志转往位于台中雾峰路的台湾农业职业学校，两个月后加入国民党军整编第五十四军。

此后不久，国民党军第五十四军又被改编。五十四军军官编余颇多，于成志也成了编余。失业后，于成志一家人生活十分困难，举家迁到高雄凤山，靠在街头炸油条维持生计。

1949年9月，国民党国防部进行无职业军官登记。于成志参加登记后，很快被派往国民党军第四军军官训练班屏东炮兵大队担任上尉事务副官。

1950年5月6日，于成志在屏东大武町营门外被炮兵三团汽车碾伤，汽车轮胎从其腹部压过。于成志生命垂危，住院数月，终脱离生命危险，但右臂留下残疾。

1950年10月，国民党军第四军军官训练班改编为军校，缩编军官百余人，于成志调任炮兵三团教导营担任少校教官，办理事务性工作。

1951年2月13日，于成志在屏东被国民党宪兵逮捕。

告密被捕　严守机密

1951年2月初，原国民党军三十二军二五五师七六四团上校副团长、败退台湾后担任国民党军陆军炮兵三团教导营少校教官的王朝彬，在火车上遇到原国民党军三十二军军部附员、败退台湾后担任国民党军六十七军军官战斗团二大队二中队中校副队长的潘建民。王朝彬是山东郓城县人，潘建民是山东成武县人，他们既是同乡，又是原国民党军三十二军同事，彼此早就十分熟悉。

王朝彬在火车上对潘建民说，国民党军陆军炮兵三团教导营名册上有一个叫于成志的人，曾记得原国民党军三十二军二五二师七五四团起义名册上也有这个名字，但其与于成志不认识，担心是不是有重名重姓的，潘建民对此也不清楚。下车后，潘建民立即向原国民党军七五四团二营营长、败退台湾后担任国民党军六十七军军官战斗团二大队四中队少校副队长的宋达溪求证。

1951 年 2 月 7 日，宋达溪、潘建民、王朝彬又与败退台湾后担任国民党军六十七军军官战斗团二大队六中队中校队长的马彭云，一起前往屏东核实于成志的有关情况。在原国民党山东省保安司令部期间，马彭云担任七旅三营营长，于成志担任七旅一营营长；在原国民党军三十二军期间，马彭云担任七五五团副团长，于成志担任七五四团团部连连长。

经过宋达溪、潘建民、王朝彬核实后，潘建民与马彭云迅速前往国民党屏东宪兵队检举了于成志，写了书面检举揭发报告，并署上了 4 个人的名字。

就这样，1951 年 2 月 13 日，于成志被国民党屏东宪兵队宪兵逮捕。

为了从于成志身上挖出更多线索，国民党特务对他穷凶极恶，百般拷打，但他始终沉着冷静应对，严守党的秘密。面对严刑审讯，于成志始终坚决否认所谓"承担中共特殊使命"；面对国民党特务的诱供，于成志始终保持清醒头脑，对过去参加起义的经过巧妙予以搪塞，做到无懈可击。国民党特务毫无所获，只能以更加残忍的手段继续折磨于成志。

在狱中，于成志机智利用国民党军队的内部痼疾应对审讯。于成志对国民党军队中的帮派习气、军官克扣粮饷等痼疾了如指掌，并加以充分利用，与国民党特务虚与委蛇。于成志表示，他与潘建民根本就不认识，只是与马彭云有过同事关系。而与王朝彬以前虽然同在国民党军三十二军供职，但他们并不在同一个单位，只是 1950 年在屏东炮兵大队受训时才认识，后来王朝彬在教导营当学员，于成志担任教导营教官，"王朝彬乃因名利关系对本人于成志有意见，从而嫉妒仇视，就与宋达溪及马彭云、潘建民等串通检举"。"他们几位都是很久的同学同事，本人因不会处世处人才惹其嫉妒仇视，否则，本人在台甚久，若有胁迫诈骗部队叛乱情形，为什么不早检举，可见系因相处不合，由嫉妒变为仇视才串通来检举，这种检举的虚伪也就很明显了。""再有，马彭云、潘建民、王朝彬等，当方本壮起义时他们与我并不在一个团，就是他们三个人也不在一个单位，那天当夜实地情形他们怎么会知道，当然是他们与宋达溪于事前都是串通计划好了的。"

于成志说："有一件事情使宋达溪对本人怀恨在心。1948 年 3 月间，本人任七五四团部政工室干事，宋达溪营部副官是他内弟，他太太经常住营部里边，营部上下及杂兵等每天伙食由他太太全权处理，每天总要克扣主食，副食费及福利品等均克扣不发，闹得士兵怨声载道，常向政工室口头报告，宋营长还令各连给他吃空缺等等，因本人是一介武夫，性情激烈，有这样不公之事，即以私人立场为团体着想，曾当面要宋营长将所欠士兵一切务要补发，否则，若上级调查时一定据实报告。"

于成志被捕入狱后，曲德修由于将于成志带来台湾，也于1951年5月27日被捕。在狱中，曲德修为于成志作了有力的辩驳，"方本壮不让于成志担任营长而调为干事，于成志甚为不满，二人感情并不融洽，很难有同谋叛变的事情；逃回的官兵并无人说于成志有叛变的迹象"。

于成志有理有节，讲究斗争策略。国民党"台湾省宪兵司令部"军法处评估："依据各项事实判断，于成志思想不至有问题。"军法处将案件移交国民党"国防部"军法局审理。

国民党"国防部"军法局经审理作出判决："于成志以军队交付敌人未遂，判处有期徒刑十二年，褫夺公权十年。""曲德修以军中无故离职处有期徒刑二年，其余部分无罪。"

判决书呈报蒋介石后，引起蒋介石大为不满。国民党"国防部"军法局遂按照蒋介石的要求改判："于成志以军队交付敌人未遂处死刑，褫夺公权终身。""曲德修以军中无故离职处有期徒刑五年，褫夺公权五年。"判决书再次呈报蒋介石后，对于成志的死刑判决，蒋介石未加改动，但却把曲德修的判决改为："曲德修包庇叛徒处死刑，褫夺公权终身。"

英勇就义　告慰英灵

于成志被捕后，禁止通信与探视，家中妻儿从此失去了生活来源，儿子因营养不良而夭折。于成志也因伤疾复发无钱医治备受折磨，先后 5 次要求与家人通信，寄送衣物和钱款，以治疗伤病，但遭到国民党特务毫无人性的冷漠对待。

于成志请求与家人通信的内容如下：

自失自由迄已九个月，家中妻孥窘居屏东，音讯久隔，生活情形全无得悉。今已会审两个月，前曾连上两呈，请求通讯接见，均未奉批示用，敢冒渎再行恳请钧座恩准通讯接见，以便函询舍下现状，并托亲关照藉免妻孥冻馁离散。

自失自由已迄九个月有奇，家中妻孥窘居屏东，音讯杳杳，生活情形全无得悉。谁无家室，谁无子女，如此情形寝何安，食何味。前曾连上三呈恳求通信接见，均未示遵。在押人体固不健，复加九月之囚禁，致旧疾复发，调治乏资，病困特甚。今因秋去冬届，衣被需要孔急用，敢冒渎再俱文恳请。钧座准予通信一次，以便函知妻眷，寄送衣款而解病困，实为恩感。

自失去自由迄今九月有奇，妻孥窘居屏东，音信杳杳，又家中生活情形全无得悉。每一念及寝食难安。前曾连呈四文，请求通信接见，迄今未蒙赐示。在押人久患废病，身体残弱，复加九月有余之囚禁，旧疾复发，调治乏资，贫疾交迫，现值秋去冬来，天气渐寒，衣被全无，夜不能寐。敢冒渎呈请。

于成志妻子也在同时请求能够尽快通信：

今夫因嫌疑之罪拘押已将及载，既不定谳又未蒙省释，致嗷嗷之口陷于绝境，前月怀抱小儿便因营养不足而死亡，悲怆之余，复念悠悠岁月怎度，异乡落魄之涯迫得沥情再呈。

1951年12月23日清晨7时，于成志、曲德修在台北水源路英勇就义。

1951年12月31日，于成志妻子将其遗物领回。遗物清册为日常用品，总共有：蚊帐包、黄色军毯、红花布棉被、黄旧军棉大衣、咔叽旧军常服、草绿平布旧军上服、草绿平布旧军常服、草绿平布旧短裤两条、咔叽军便服旧上衣、草绿平布旧军便服上衣、原封钢笔、手表、台币84.5元等。其中，台币84.5元是妻子寄送为于成志治病的剩余款项。

可以告慰英烈的是，经过有关部门深入调查核实，2004年2月，于成志被追认为革命烈士。英烈忠骨从台湾迁回祖国大陆，安放在山东平度革命烈士陵园。

陈诗俊

陈诗俊（1925—1952），原名陈锡祺，化名江萍，福建龙岩人。1948 年前往台湾从事党的地下情报工作。1951 年 6 月被捕，1952 年 6 月 24 日在台北马场町英勇就义。

学业优秀　赴台谋生

1925 年 5 月 2 日，陈诗俊出生在福建省龙岩县小池镇汪洋村一个农民家庭。父亲陈德良 1894 年 12 月出生，母亲张三姑 1901 年 5 月出生，都是老老实实的庄稼人，育有三子，长子陈锡铨，次子陈诗俊，三子陈锡鹏。

陈德良重视孩子们的学习教育，尽一切可能供孩子们上学读书。陈诗俊先后在龙岩县小池镇龙池小学、龙岩初级农业职业学校、龙岩高级农业职业学校学习。1947 年，由于成绩优秀，加之父母希望其转学读高中，再读大学，经朋友介绍，陈诗俊转学到抗日战争时期从香港迁入广东梅县的香港华南中学高中部三年级读书。

在梅县求学期间，陈诗俊接受中国共产党的政治主张，向往没有剥削、没有压迫、人人平等的新社会，还要求弟弟陈锡鹏阅读其带回家的《呐喊》《野草》《新民主主义论》等书籍。高中毕业后，经朋友介绍，1948 年春，陈诗俊前往台湾谋生，在花莲瑞美国立学校担任教师。

被捕入狱　开展斗争

1948 年夏，冀中军区敌工部派遣朱芳春（化名于非）、萧明华前往台湾开展地下斗争，收集国民党军事情报。到达台湾后，于非、萧明华成立了台湾新民主主义青年联盟，并以台湾省政府社会科学研究会名义开办了讲习班和读书会，利用专题讲座等方式进行宣传，深受台湾进步青年喜欢，并借机考察培养革命骨干。于非认为，这种形式的讲座和读书会，是宣传党的政治主张、宣传革命精神的好机会。在此基础上，于非又开办了实用心理学讲座，充分运用讲座场合，吸收台湾进步青年，开展情报收集、策反争取国民党军政人员等工作。

1949 年 8 月，根据革命斗争形势需要，上级党组织决定撤销台湾新民主主义青年联盟，成立"台湾工作组"（"台工组"），全力开展情报工作，并决定于非为"台工组"组长，萧明华为"台工组"副组长。根据党组织指示要求，"台工组"不再组织读书会、讲习班，因为以这种形式开展地下活动很容易被国民党特务破获。"台工组"按照上级党组织要求，迅速调整斗争策略，化整为零，改为单线联系，并以收集国民党军事情报与发展地下组织为重点，全面转入情报收集、人员联络和发展地下组织等工作。

1950 年 1 月，国民党特务秘密逮捕了郑臣严等"台工组"重要核心成员，于非身份暴露，在萧明华掩护下成功脱险。为了确保安全，于非将收集到的有关情报资料转移隐藏到地下党员严明森住处，然后前往花莲，在"台工组"核心成员、地下党员孙玉林住处隐蔽，并通过孙玉林与潜伏在国民党内部的"台工组"成员周一粟取得联系，经过国民党"台湾东部防守区司令部"内线、参谋处少校参谋白静寅帮助，取得了一张化名"台湾东部防守区司令部"参谋赵光磷的外勤证（"谍报证"）。3月，国民党特务公开通缉于非。面对险恶形势，在"台工组"战友们的全力掩护下，几经辗转周折，4月1日于非成功撤回祖国大陆，将随身携带的国民党《海南岛作战计划》《台湾省作战计划》等重要军事情报的照片和胶卷交给了负责中共中央华东局情报联络工作的华东军政委员会秘书长吴克坚。于非撤离台湾后，国民党特务进一步扩大搜捕范围，企图将"台工组"彻底破坏。

1950年6月，花莲中学地下党员顾传和被国民党特务逮捕，导致另一名地下党员张子清暴露而被捕，陈诗俊涉嫌与张子清案有关随后被捕。

在被国民党特务关押时，陈诗俊受尽折磨，但只字未露党组织的秘密。国民党"国防部"军法局审讯后，将陈诗俊释放。

在被关押期间，陈诗俊和"台工组"学生运动工作组组长、台湾大学文学院历史系二年级学生于凯被关押在同一间牢房。在狱中，陈诗俊向于凯表示其以前在祖国大陆参加过中共地下党组织，后来中断了联系，十分期望恢复党组织关系。为发展陈诗俊加入"台工组"，扩大党的地下斗争工作队伍，于凯告诉了陈诗俊出狱后与党组织联系的人员名字和约定暗号，决定陈诗俊化名江萍，其上级党组织负责人化名高陵，教给了秘密通信办法，写液为淀粉或牛奶，反应液为碘酒。为掩护信件内容，于凯指导陈诗俊在信的末尾写上"敬祝（快乐）"的字样，信笺反面为密码，并约定出狱后在花莲山区建立山地游击武装，组织反抗国民党反动统治的武装斗争。

于凯还与被捕的"台工组"重要领导成员梁钟浚讨论了地下党组织的交接工作，包括陈诗俊、苏尔挺、柳露等"台工组"成员的组织关系。然而，他们不知道的是，国民党特务化名李维城，伪装成案件被牵连人员潜入狱中，并与于凯关押在一个房间，以其表面上对地下党组织的忠诚取得了于凯的信任。毫不知情的于凯还交给了李维城出狱后地下工作联络任务，让其收集国民党军事情报。因此，于凯、陈诗俊和战友们在狱中的一举一动、一言一行，早已被国民党特务知悉。

两度入狱　英勇就义

陈诗俊出狱后，花莲县教育局安排其前往寿丰国民学校担任教师。与陈诗俊一起被关押在同一间牢房的共有四人，他们都是中国共产党党员。他们在狱中共同约定，无论谁先出狱，都要为党继续奋斗，都要照顾其他战友的亲人。陈诗俊出狱后，认真践行对战友们的诺言，积极开展革命宣传，秘密印制、散发革命传单，并用自己的工资接济同一牢房三位战友的家属和子女，帮助他们渡过难关。

令人不齿的是，1950年6月，国民党特务以于凯的名义，连续写了四封密信给陈诗俊。陈诗俊对此一无所知。经过一段时间的缜密思考后，陈诗俊决定给于凯回信。1951年5月1日至6

月 10 日期间，陈诗俊共给于凯回了 4 封密信，但信件并未送到于凯手中，反而被国民党特务视为其加入中共台湾地下党组织活动的"铁证"。随后，国民党特务将陈诗俊秘密抓捕。陈诗俊被捕入狱后虽然极力撇清，但仍遭到严刑拷打并被起诉。

1952 年 1 月 2 日，国民党"台湾省保安司令部"军法处在"中央社会部潜台间谍苏艺林等叛乱案"中，对陈诗俊、苏尔挺、李国萃、迟绍春、宫树桐等扣上所谓"意图以非法之方法颠覆政府之罪名"，判处他们死刑。陈诗俊的"罪名"是"担任花莲山地组织任务"。6 月 15 日，国民党"国防部"核准了对陈诗俊的死刑判决。6 月 24 日，陈诗俊在台北马场町英勇就义。

2002 年 8 月 1 日，陈诗俊被追认为革命烈士。2015 年 7 月 29 日，陈诗俊亲属收到《革命烈士证明书》。

陈诗俊英勇就义时年仅 27 岁。他顽强不屈、壮志未酬、英勇斗争的革命精神，为祖国统一而献身的大无畏革命精神，我们永远不会忘记。

于 凯

    于凯（1927—1952），曾用名林远、任远、于敏，山东宁津人。
1949 年 6 月参加革命工作，8 月以学生身份考入台湾大学文学院历史系，
参加中共台湾地下党组织工作。"台工组"重要成员。1950 年 4 月被捕，
1952 年 12 月 2 日在台北马场町英勇就义。

于 凯

热爱读书的贫苦学生

1927 年 10 月 14 日，于凯出生在山东省宁津县城厢街道东关村一个贫苦农民家庭。于凯从小勤奋好学，热爱读书，在宁津县读完小学和中学，成绩一直名列前茅，深受老师和同学好评。

1945 年 7 月，18 岁的于凯被国民党征兵，在驻扎浙江嘉兴的国民党军青年军二〇二师服役。一年后，于凯离开国民党军青年军二〇二师，转往嘉兴青年中学继续求学。这期间，于凯曾在山东参加中共地下党组织活动。

台湾大学的学生领袖

1949 年 6 月，于凯参加革命工作。同年 8 月，于凯以学生身份前往台湾，考入台湾大学文学院历史系。在台湾大学学习期间，于凯居住在台北市古亭区水源里 10 号。

在台湾大学，于凯曾担任国民党军青年军联谊会台湾支会干事、台湾大学耕耘社副社长，并秘密领导海天歌咏队、新生剧团、台湾大学文艺研究社等进步青年学生组织，是台湾大学知名的学生领袖。

加入"台工组"

1949年11月，"台工组"成员梁学政将于凯介绍给"台工组"副组长萧明华，于凯正式加入"台工组"，担任"台工组"学生运动工作组组长。"台工组"的大部分重要情报工作关系，都是在萧明华、于凯等人活动的基础上建立和发展起来的。

加入"台工组"后，于凯遇到当年在山东一起参加过地下党组织活动的同乡孙玉林和苏艺林。孙玉林向于凯介绍了自己在赴延安学习途中遭遇日伪军拦截而与党组织失去联系，抗日战争胜利后为了谋生来到台湾教书和经商的详细情况。苏艺林1933年就加入中国共产党，也在山东参加了党领导的抗日救亡运动。1937年，苏艺林考入国民党中央陆军军官学校洛阳分校，曾担任蒋介石安徽黄山行营警卫营营长和国民党陆军大学教官。1948年陆军大学迁往台湾前，苏艺林派妻子张振平联系中共地下党组织，但还没有等到她返回，苏艺林就随校来到台湾，不久转任国民党"国防部"三厅作战处中校参谋，保管作战处机要文件。于凯将孙玉林和苏艺林的有关情况向萧明华作了详细汇报。经过认真考察，孙玉林和苏艺林加入了"台工组"，被确定为"台工组"核心骨干成员，苏艺林很快就发挥了重要情报作用。

这期间，于凯还通过台湾大学历史系同学路统信，发展了驻澎湖国民党军团参谋长路齐书。

苏艺林经常参加国民党"国防部"召开的高级军事会议，负责保管的国民党军作战防御计划等资料具有很高的情报价值，是人民解放军解放台湾急需的重要军事情报。后来，在"台工组"秘密获取拍摄《台湾兵要地志图》的重要行动中，经过于凯的密切配合，苏艺林发挥了极其重要的作用。

1949 年底至 1950 年初，国民党特务对中共台湾地下党组织和地下党员进行大肆搜捕，中共台湾省工委遭到毁灭性破坏。1950 年 3 月，国民党特务公开通缉"台工组"组长于非。危急时刻，孙玉林和苏艺林共同谋划将于非送出台湾，于凯冒险前往高雄港了解往返高雄与香港的轮船班次等情况。在战友们的全力掩护下，4 月 1 日，于非成功撤离台湾返回祖国大陆，将一批重要军事情报交给了党组织。

坚持狱中斗争

1950 年 4 月，在国民党特务的搜捕中，于凯在台湾大学校园内被捕。在暗无天日的监狱中，面对国民党特务的刑讯逼供，于凯始终坚贞不屈，坚持斗争。历经长达两年多的折磨，于凯遍体鳞伤，但仍然保持顽强的革命斗争精神，决不向国民党特务低头。1952 年 12 月 2 日，于凯在台北马场町英勇就义。

1989 年 8 月 12 日，于凯被追认为革命烈士。2000 年 9 月，烈士忠骨从台湾迁回祖国大陆，安放在北京八宝山革命公墓。

2012 年，烈士忠骨迁回山东莱阳红土崖革命烈士陵园。

于凯父亲于修和，生于 1902 年 10 月 6 日，1938 年 5 月 17 日去世。母亲田桂卿，生于 1901 年 11 月 29 日，1969 年 3 月 14 日去世。父母亲只有于凯一个孩子。于凯前往台湾后与家人失去了联系，父母认为其已不在人世。于凯父亲去世后，母亲孤独一人无人照料。1954 年，经家族长辈商议，于修和弟弟于修湖将其四子于迪过继给田桂卿为养子。此后，田桂卿一直由于迪夫妇照顾直到去世。2001 年，于迪委托旅台乡亲张敏生办理了于凯遗留在台湾的有关事项。2012 年，于迪收到了台湾有关部门转来的于凯三页私人文书原件。于迪出生于 1939 年 7 月 4 日，2023 年 10 月去世。

于凯的青春年华定格在 25 岁。于凯和"台工组"的战友们，为了台湾人民解放，为了祖国统一，奋战在龙潭虎穴，为党和人民的崇高事业血洒宝岛。今天我们缅怀革命英烈，就是要以他们为榜样，永志不忘他们的光辉事迹，为早日解决台湾问题、实现祖国完全统一而不懈奋斗。

段 沄

段沄（1906—1954），本名段毅，字尧生，又字沄清，号湘泉，别号茂生，湖南衡阳人。毕业于黄埔军校第五期，国民党军高级将领。参加了北伐战争。抗日战争时期，参加了徐州、长沙、常德、桂（林）柳（州）等会战，重创日本侵略军。1949 年 8 月随国民党军队撤往台湾。1952 年 9 月被捕，1954 年 2 月 3 日在台北马场町英勇就义。

湘军子弟

段氏一族于元朝至正年间（1341—1368），由二十二代孙段富良从江西吉安、湖南茶陵徙居湖南衡阳南乡政平上一都松木塘（今衡南县茅市镇同德村），成为政平段氏家族的基祖。其后，段富良七代孙的一支迁至泉水江。泉水江开派祖段州渌（1778—1862），清道光、咸丰年间名士，云南候补布政司理问厅，诰授荣禄大夫。从政平段氏家族定居茅市以来，已历600余年，裔嗣万余众。

衡阳地处南北要冲、两广咽喉，素有"寰中佳丽"的美誉，雅称雁城，是湖湘文化的重要发源地，也是湘军的发祥地。清末从这里走出的段华、段起、段棣元三兄弟，以及段华次子段明耀，都是湘军统领曾国藩麾下的名将。段氏家族人才辈出，武职众多，是远近闻名的衡阳名门望族。段氏族谱记载有"二十三个诰命夫人""四十八条斜皮带"。因剿灭太平天国农民起义有功，段明耀曾担任浙江候补同知、直隶州同知职务，统领江西老衡营襄办，授衔援越靖边将军。段明耀夫妇育有13个儿子，其中第十子段前禄夫妇育有4个儿子，分别是段徽绪、段徽缙、段徽绅、段徽纯，段徽绅即段沄。

1906年10月2日，段沄出生在湖南衡阳南乡茅洞桥新泉水江（今衡南县茅市镇坪山村）。这时，中国陷入半殖民地半封建社会的深渊，中国人民生活在苦难和屈辱之中。段氏家族在新泉水江虽有辉煌的历史，但也逃脱不了山河破碎、积弱积贫的命运。由于家族人丁增加，家庭实力日衰，出现了人多屋少、入不敷出的窘境。到段沄父亲段前禄这一代，段氏家族已经家道中落，沦为贫农。幼年的段沄不得不随父母从新泉水江段家大院搬到町里屋居住。从此，段沄与哥哥和弟弟全靠下地干农活，给大户人家打短工，到袜厂当学徒工，帮助父母维持了家庭生计。作为贫农家庭子弟，段沄没有钱读书，但他从小深受传统家风家训家教影响，养成了好学上进的习惯，在家族祠堂每年三担六斗义谷的帮助下，先后在段氏家族私塾和衡阳振新中学完成了学业。

1911 年 10 月爆发的辛亥革命果实被以袁世凯为首的北洋军阀窃取后，在帝国主义列强的操纵下，中国陷入四分五裂的军阀割据和军阀混战之中。为寻求救国救民的道路，段沄和他的山乡少年伙伴们，决心走出乡关，立志建功立业，报效国家和人民。

报国从戎

1924 年 1 月，国民党第一次全国代表大会在广州举行，确认了共产党员以个人身份加入国民党的原则，事实上确立了联俄、联共、扶助农工的三大政策，标志着第一次国共合作正式形成。为造就革命武装的骨干力量，在共产党人建议下，国民党一大决定创办一所陆军军官学校，即黄埔军校。

1925 年 7 月，风华正茂的段沄怀着救国救民的理想，考入黄埔军校第四期步兵科。在校期间，由于打抱不平而违反校规，段沄被降级一期，成为黄埔军校第五期毕业生。从黄埔军校毕业后，段沄先后担任黄埔军校新生总队第二团排长和区队长，参加了北伐战争。在北伐战争中，段沄被分配到程潜担任军长的国民革命军第六军，跟随程潜所部进行了北伐战争。由于作战勇敢、表现出色，段沄很快就获得程潜赏识，先后担任国民革命军第六军十八师五十三团连长、营长和团长。经程潜介绍，段沄娶了程潜的干女儿卢兆麟为妻，成为程潜的干女婿（段沄夫妇没有生育，将其大哥段徽绪长子段济安兼祧承嗣）。

全民族抗日战争期间，段沄历任国民党军陆军预备第三师副师长兼第二团团长、陕西宝鸡警备司令部司令、国民政府军事委员会军政部第四新兵补给训练处副处长、国民党军青年军整编第二〇八师师长、国民党军第十九师参谋长、国民党军第五十二师一五四旅少将旅长等职务，先后参加了徐州会战、长沙会战、长（沙）衡（阳）会战、浙赣会战、常德会战、桂（林）柳（州）会战等战役战斗。段沄骁勇善战、指挥有方、屡建功勋，多次重创日本侵略军。1944 年 12 月，段沄担任第一战区国民党军第九十五师师长。

1945 年 8 月 15 日，日本宣布无条件投降，中国人民取得抗日战争伟大胜利。8 月底，段沄率国民党军第九十五师开赴越南首都河内，代表中国政府及盟军举行受降仪式，接受日本投降，

并担任召南警备司令部司令。10 月 25 日，段沄率部参加了中国政府在台湾省台北市举行的受降仪式。被日本占领 50 年之久的台湾以及澎湖列岛，重归中国主权管辖之下。这成为中国人民抗日战争取得完全胜利的重要标志。受降仪式后，段沄留在了台湾，先后担任台南警备司令部、嘉义警备司令部司令，获得了美国政府颁发的"自由勋章"。

明珠暗投

全民族抗日战争胜利后，中国共产党和中国人民为维护国内和平民主付出积极努力，却受到国民党统治集团的严重阻碍。国民党统治集团积极备战，加紧策划和发动内战。1946 年 6 月 26 日，国民党军队在完成内战准备后，大举进攻中原解放区，全面内战爆发。根据蒋介石的命令，段沄率国民党军第九十五师从台湾开赴华北参加内战。为了提高国民党军第九十五师的战斗力，国民政府军事委员会国防部将全师武装全部换成美式装备，段沄也被调升为国民党军整编第二〇八师（三个旅九个团建制的甲种师）少将师长。

1948 年 9 月，为使段沄进一步卖命效力，蒋介石命令授予段沄国民党军陆军中将军衔，整编第二〇八师扩编为国民党军第八十七军，所属三个旅改为师建制，段沄升任第八十七军军长，并兼任天津塘沽防卫司令部司令，代行国民党军第十七兵团司令之职，获颁国民党军将领最高荣誉之"光华甲种一等奖章"。

段沄虽然一时风光无限，但这一段时间其内心世界是非常痛苦的。段沄为人正直，素怀爱国爱民之心。目睹蒋介石反动集团发动反共反人民的内战，目睹同胞自相残杀的惨景，段沄内心极为苦闷。1948年底，段沄率部驻防北平，对北平学生和革命群众发动的爱国民主运动深表同情，拒绝执行要其派军队镇压学生运动的命令。在与友人谈及时局时，段沄一再表示："这个内战，我坚决不打了。"

1949年1月14日，人民解放军攻克天津，天津解放。根据国民党政府国防部命令，1月15日，段沄连夜率国民党军第八十七军登舰撤往上海，接受汤恩伯指挥。

1949年4月25日，段沄率国民党军第八十七军到达浙江舟山。当时，蒋介石已通电"下野"，暂居溪口。这期间，也就是在蒋介石乘坐"太康号"军舰逃往台湾之前，蒋介石专门召见了段沄。在谈话中，蒋介石希望段沄坚守象山半岛，同时兼管浙江沿海岛屿防御，确保国民党军舟山海军基地安全。

其间发生的几件事情，让蒋介石对段沄始终不太放心。由于粮草短缺，段沄派八十七军副军长王永树持函前往广州，面见李宗仁，要求将八十七军调驻广东。段沄本意是为了躲避内战，但结果却没能如愿。之后不久，段沄又以扩充兵员为名，派八十七军副军长易谦前往长沙、衡阳等地招募新兵。段沄此计，名为招募新兵，实为替自己寻求退路。在这一过程中，段沄命令所部秘密给其弟段政（段徽纯）运送了800多件美式装备，帮助段政在衡阳组建国民党军新编第七军第二师，为和平起义进行准备。1949 年 11 月 5 日，段政率国民党军新编第七军第二师在湖南道县通电起义，后担任中国人民解放军零陵军分区二纵二师师长。蒋介石对段沄与李宗仁接触虽有不满，但为了拉拢段沄为其卖命，又不得不隐忍不发。同时，为了让段沄投鼠忌器，蒋介石暗中派人将段沄的母亲和妻儿先行挟往了台湾。根据蒋介石命令，1949 年 8 月，段沄从浙江舟山调往台湾，担任国民党"台湾省防卫总司令部"副总司令，身居要位，掌握重兵。

弃暗投明

1949 年 10 月 1 日新中国成立前后，根据中共中央关于解放台湾的决策部署，有关部门秘密派遣了大批优秀干部前往台湾，从事党的地下组织工作，为人民解放军解放台湾进行各方面准备。段沄、段复（段沄二哥段徽缙）、段徽楷（段沄堂哥，曾担任国民政府军事委员会国防部兵工署军械处少将处长）虽然随国民党军队败退台湾，但身在台湾的段沄内心是坚决支持人民解放军早日解放台湾的。为此，1949 年 10 月中旬，段沄出面协调国民党军"空军司令部"有关部门，让其堂哥段徽楷以国民党军八十七军教官的身份，携其妻子姚师贞等家眷乘坐国民党军机离开台湾回到湖南，与中共党组织取得联系，为配合解放台湾做准备。

1950 年 3 月，根据中共党组织安排，在中国人民解放军军政大学长沙分校学习的段沄胞弟段政，邀约段徽楷从衡阳来到长沙，与中共湖南省委统战部副部长刘道衡、著名爱国民主人士戴石渠密商前往台湾策动段沄起义事宜。8 月，在刘道衡的安排下，段徽楷前往中央军委联络部天津局进行政治学习和业务培训。与此同时，受有关部门委托，爱国民主人士谢晋也在安排段沄妹夫谢小球（曾担任国民党军第四军第十师副师长、第四军政治部主任，国民党军新编第七军第二师少将参谋长）前往台湾，对段沄、段复进行策反争取工作。

1950 年 12 月，在戴石渠的陪同下，段徽楷、谢小球从长沙前往香港。到达香港后，谢小球立即给段沄写信，请其协助安排办理入台手续等事宜。收到谢小球的来信后，段沄迅速安排堂侄段万钧以段徽楷养子的身份，安排部属陈莹转托与段沄一起退居台湾的侄辈谢自雄以谢小球之子的身份，于 1951 年 3 月初向国民党有关部门提交了段徽楷、谢小球的书面入台申请材料，不久就取得了入台证件。

收到段沄从台湾寄到香港的入台证件后，段徽楷、谢小球迅速启程。1951 年 3 月下旬，他们从香港乘船到达台湾，住在段沄位于台北的家中。段徽楷和谢小球向段沄、段复表明了此次来台湾的主要使命任务，得到段沄、段复的积极支持。段沄这时担任国民党"台湾省防卫总司令部"中将副总司令，位高权重，能够接触许多高级军事机密。段沄、段复分别化名为"润甫弟""润甫兄"，与化名为"石哥""贺表妹夫"的戴石渠保持秘密书信联系。根据中共党组织制定的情报传递程序规定，信件明里为寒暄和问候，暗中用淀粉水或乳汁书写联络事宜，以《孟子》中的语句穿插其间。书信中提供的军事情报，包括策划、配合解放台湾时段沄率部阵前起义等秘密事项。信件由段徽楷与其居住在衡阳的妻子姚师贞之间以通信方式传递。

英勇就义

国民党反动集团败退台湾后，大肆镇压共产党员和革命群众，台湾笼罩在一片白色恐怖之中。1950 年 3 月，中共台湾省工委遭到毁灭性破坏。面对台湾岛内局势的迅速恶化，段沄、段复、段徽楷和谢小球四兄弟被迫更加隐蔽起来，更为谨慎地策动起义事宜。

1952 年 6 月，段沄发现自己受到国民党"国防部"保密局特务监视。经过密商，决定由段徽楷向保密局"自首"，避免段沄和段复受到牵连，以利他们继续为迎接人民解放军解放台湾做准备。然而，尽管如此，意外还是发生了。这时，国民党特务已查获了段沄的有关情况。他们在段沄住所附近开设了一家商铺，24 小时对其进行监视和布控。同时，还在段沄的司机、厨师、副官中暗中布线，秘密掌握了他的全部行踪。

1952 年 8 月的一天，段徽楷从家中外出，准备向中共香港地下党组织寄送一封密写情报信件。不知身份已经暴露的段徽楷正要把信件投入信箱时，国民党特务一拥而上将其逮捕。段徽楷被捕入狱不久，段沄、段复、谢小球也相继被捕。在国民党的黑牢里，段沄、段复、段徽楷、谢小球四兄弟遭到惨无人道的严刑拷打，但他们始终坚贞不屈，坚守党组织的秘密。

1953年4月，国民党"国防部"军法局对所谓"段沄叛乱案"提起审判。蒋介石十分关注，全程过问此案。5月，蒋介石亲自命令国民党军上将薛岳担任审判长，后因薛岳请辞，又于6月下令国民党军二级上将蒋鼎文为审判长。在被国民党特务关押一年多时间且没有判决书的情况下，1954年2月3日，段沄、段复、段徽楷、谢小球四兄弟以所谓"共谍罪"被国民党特务在台北马场町秘密残忍杀害。

珠玉重光

1954年2月，段沄、段复、段徽楷、谢小球四兄弟在台北马场町英勇就义后，中央军委联络部天津局曾致电湖南省公安厅，告知段徽楷为党组织秘密派遣人员，要求对其家属予以照顾，并做好保密工作。

由于隐蔽战线工作的需要，段沄、段复、段徽楷、谢小球四位烈士的英勇事迹虽然一直没有公开，但党和国家始终没有忘记他们。20世纪80年代中期，两岸关系解冻。1988年8月，有关部门发出编号为459号的通知。2000年8月，段沄、段复、段徽楷、谢小球被追认为革命烈士。2008 年，按照烈士遗愿，在有关部门的大力支持下，经过多方努力，四位烈士的忠骨终于从台湾回到祖国大陆，安放在衡南县谭子山镇杨湖村大乐皂组的山巅上。2010 年，烈士墓园建成，取名"归园"。流落台湾半个多世纪的英魂，终于落叶归根，回到家乡的土地上。

简国贤

　　简国贤（1913—1954），台湾桃园人，戏剧家，创作话剧《阿里山》《云雀姑娘》《壁》《赵梯》等，被誉为"台湾新剧之父"。1949 年 10 月加入中国共产党。1953 年 12 月 17 日被捕，1954 年 4 月 16 日在台北马场町英勇就义。

投身文学事业　致力启蒙民众

1913 年，简国贤出生在台湾省桃园一个农民家庭。由于家境贫寒，简国贤出生几天后就被送到桃园中南里一位简姓中医世家收养。因此，简国贤也算是在小康家庭长大成人。

简国贤出生的年代，正是台湾话剧萌芽的时代。这一时期，祖国大陆方兴未艾的新文学运动，对台湾产生了极大影响。1925 年至 1930 年，台湾新文学运动的开拓者和奠基者、作家张我军将现代文学旗手鲁迅先生的作品引入台湾，"不仅仅是文学家的鲁迅，也是战斗批判的鲁迅"成为台湾进步知识分子反对日本殖民统治的重要精神领袖和思想源泉，为台湾新文学运动启蒙注入了澎湃的思想动力。在这样的社会环境中学习和成长，简国贤从少年时代就萌生出改造台湾社会的思考，从而逐步走上以文学创作和戏剧运动启蒙台湾民众意识的探索之路。1938 年 7 月从台北工商学校毕业后，简国贤前往日本留学，在日本大学文学艺术科学习戏剧知识。留学期间，简国贤与林抟秋（台湾桃园人，剧作家）等台湾进步青年在日本筑地剧院观摩了戏剧演出，受到了日本左翼进步戏剧思潮的影响。

1941 年 9 月，简国贤从日本回到台湾，参加了现代文学刊物《台湾文学》的编辑发行工作，致力于用文学作品表现台湾人民的中华民族意识，唤醒台湾人民热爱祖国的深厚情怀。

　　1941 年 5 月，《台湾文学》创刊，由台湾作家张文环、吕赫若主办。日据时期，尤其是 1937 年 7 月日本发动全面侵华战争后，为强化日本殖民统治，日本殖民当局对台湾人民在语言、文化、思想等方面进一步推行"皇民化"教育，极力推行"同化"政策，在日本殖民当局压制下，台湾文学经历了漫漫黑夜，印刷出版进步刊物遭到残酷打压。从创刊到 1943 年 12 月停刊，《台湾文学》仅发行 10 期。然而，这段经历为简国贤沉淀自身文学素养、坚定文学救国理念奠定了坚实基础。简国贤等台湾进步青年精心编辑出版的《台湾文学》，对于台湾新文学运动在日本殖民统治下能够延续发展发挥了重要作用，更为开展台湾抗战文艺运动作出了重要贡献。

　　正是在《台湾文学》的编辑出版过程中，简国贤与当时岛内许多知名左翼作家加强了交流联系，结下了深厚友谊。1943 年 4 月，简国贤联合台湾岛内左翼作家，成立了"厚生演剧研究会"。同年 9 月，经过几个月的艰苦创作，在台北首演了由林抟秋根据张文环同名小说改编的话剧《阉鸡》。这部话剧，展现了台北寻常百姓的生活面貌，揭露了封建社会的丑陋面目，是对日本殖民当局推行"皇民化"教育进行的一次直接、正面的对抗。

　　1945 年 8 月 15 日，日本宣布无条件投降。10 月 25 日，台湾光复，台湾重回祖国怀抱。台湾人民欢天喜地，期待美好的明天。然而，国民党却将接收变为"劫收"，大肆欺压台湾民众，搜刮民脂民膏，物价飞涨，民不聊生，引起台湾人民极大愤慨。这一时期，在祖国大陆，国民党统治区深陷政治经济危机，国统区人民掀起了声势浩大的爱国民主运动，逐步形成配合人民解放战争的第二条战线，国民党已处在全民包围之中。

与祖国大陆爱国民主运动相呼应，在台湾岛内，反抗国民党反动统治的思潮在台湾进步知识分子、青年学生和革命群众中涌动澎湃。在这种情况下，简国贤与台湾广播电台播音员、著名民间说书艺术家宋非我（本名宋献章）合作，制作推出广播连续剧《土地公漫游记》，以台湾岛内时政为背景，用亲民诙谐的口吻，对国民党腐败专制统治进行讽刺，节目播出后收到巨大社会反响。

1946年4月，简国贤与宋非我、王井泉、张文环等台湾文学界知名人士，汇集台湾进步剧团成员，组成最具艺术性与进步性的艺术团体圣烽演剧研究会，简国贤担任研究会文艺部主任、剧团编剧。同年6月9日，圣烽演剧研究会在台北中山堂首次演出简国贤、宋非我合作打造的独幕剧《壁》，并连演5天。这部独幕剧，通过舞台上的一堵墙壁，隔开奸商豪绅和穷苦贫民两户人家，前者举办舞会欢庆囤积粮食的"丰收喜悦"——富者更加富有，后者却因无米充饥而全家自杀——贫者走向绝望，以此强烈对比，形象生动、极具冲击力地反映了台湾社会巨大贫富差距的阶级矛盾，站在人民的立场为社会底层民众呐喊发声，对残酷剥削的台湾社会现实进行了批判。

令人振奋的是，话剧演出引发台湾社会强烈共鸣，受到观众热烈欢迎，几乎场场座无虚席。但这样的热烈气氛也引起国民党的高度警惕，剧场内外到处都是国民党宪警特务。由于演出获得

巨大成功，圣烽演剧研究会计划趁热打铁，决定加演 4 天。但加演广告发出后，却被台北市警察局以"挑动阶级斗争"为由予以禁演，如火如荼的演出就此被打压而止。简国贤与宋非我被列入国民党特务的监视名单，圣烽演剧研究会也被强迫解散。

《壁》应时代而诞生，也因时代而沉寂。在台湾光复初期，以进步文艺青年简国贤创作的《壁》为代表，岛内戏剧界人士以话剧形式，探索唤醒时代和民众之路，不仅立足对现实生活的把握和映射，更体现出对社会底层民众的同情与呵护，进一步恢复发展了台湾话剧的批判精神和阶级关怀，被称为"台湾戏剧文化一个划时代的突破"。

开展地下工作　坚持隐蔽斗争

1947 年 2 月 28 日，台湾人民爆发反抗国民党腐败专制统治的二二八起义。国民党对中共台湾地下党组织和革命群众进行残酷镇压，许多台湾进步剧运人士遭到逮捕，身陷囹圄，但他们并没有放弃斗争，而是转入地下，进行潜伏隐蔽。

1949 年 6 月，简国贤加入中共台湾地下党组织，担任桃园地区地下党支部负责人。经过短短两个月时间，简国贤就按照党组织要求，完成了交流学习、吸收成员、发展组织等任务。

1949 年 8 月，由于斗争形势严峻，经地下党组织安排，简国贤离开桃园县城，在台北三峡（今新北市三峡）朋友家中短暂隐蔽后前往三峡十三分村继续隐蔽。这个村地处山区，虽然地理环境和生活条件比较恶劣，但却是一个很好的藏身之所。

1949年10月，经过中共台湾地下党组织严格考察和审核，简国贤光荣加入中国共产党。同年12月，简国贤等20多名地下党员在三峡十三分村进行了为期10天的集体学习，主要研读《向群众学习》《新民主主义论》《思想与工作》《七一文献》《新中国》等内容。学习结束后，党组织指定简国贤与廖万得、郭维芳组成一个党小组，由简国贤担任党小组长并兼任十三分村地下党组织负责人。他们的主要工作是，巩固群众关系，发展地下党组织，教育干部群众，建立隐蔽基地。同时，他们还在十三分村成立了党的临时武装组织，并为每位地下党员配备了自卫武器。

1950年5月的一天，简国贤被国民党警察查证身份证件。当警察查出简国贤身份证中夹带的苏联国歌歌词手抄件时，简国贤机敏地迅即逃离，警察对其鸣枪示警，简国贤也开枪进行了还击。正是由于简国贤对当地地形环境较为熟悉，才在与国民党警察惊心动魄的缠斗中脱离危险，但由于猝不及防的搜查和追捕，简国贤的身份证件落入了国民党警察手中。这件事情发生后，简国贤先后辗转到台北三峡和新庄、苗栗后龙、云林虎尾等地，隐蔽在草房、山区或亲戚朋友家里。

在躲避国民党特务追捕的同时，简国贤仍然努力想尽办法，继续与其他地下党员联络会面，并积极响应中共台湾省工委1950年4月发出的"四月指示"（主要内容是：重整中共台湾地下党组织，要求各地干部及人员迅速整理组织，进行深入隐蔽的群众工作，以保存干部蓄积实力），大力开展党的地下组织工作。这期间，简国贤开展党的地下组织工作，主要以召开学习会、收集整理资料、印制书刊等形式，为地下党组织教育培训干部提供保障。

1951 年 5 月，经地下党组织安排，简国贤隐蔽转移到苗栗苑里，负责苑里地区党的地下组织工作。简国贤的主要工作任务是，开展干部教育，处理有关文件，整顿地下党组织内部作风。为抓好地下党组织建设，简国贤秘密组织当地地下党员，多次召开学习会，经常举行整风研讨会，强化苑里地区地下党组织建设，巩固群众基础，建立隐蔽据点。通过一系列艰苦工作，广大地下党员认识到，要改变在隐蔽期间完全依赖群众维持生计的想法，应该在保障地下党组织和个人安全的情况下，依靠自己的劳动维持日常生活，这样才能持久开展隐蔽斗争。12 月，简国贤再次隐蔽转移到苗栗大安溪，与当地地下党员一边从事烧炭劳动，一边开展地下党组织工作。这期间，简国贤多次组织当地地下党员学习《青年修养》等资料，就进一步开展党的地下斗争进行讨论交流。

1952 年 5 月，经地下党组织安排，简国贤结束了在苗栗的隐蔽斗争活动，向台湾南部地区隐蔽转移。根据地下党组织指示，简国贤前往嘉义，与其少年时代的挚友陈克城会合，在当地继续隐蔽开展党的地下斗争。6 月底，简国贤途经台中大甲，在农民陈登权家附近的甘蔗园隐藏时，被误认为是小偷，手臂被砍伤，险些被国民党警察抓捕。由于伤势较重，简国贤没能及时赶到和其他地下党员约定的联络地点，而是经过一段时间的隐蔽治疗，继续前往台湾南部地区。

为彻底破坏中共台湾地下党组织，抓捕简国贤等地下党员，国民党特务无所不用其极，手段极为卑劣。国民党特务对简国贤母亲、妻子等亲人进行监控，试图让他们把简国贤引出来，但遭到所有亲人的严词拒绝。为求生存，简国贤以烧炭、养鸭、割稻为生，辗转潜伏于台湾各地，在重重困难下甘于吃苦、勇于斗争，竭尽全力保存地下党组织的有生力量，坚持开展党的地下工作，展示出了超乎一般文学工作者的意志力和战斗力。

1953 年 12 月 17 日清晨 7 时，简国贤没有躲过国民党特务布下的大网，在台中大里乡被捕。

坚守理想信念　矢志不渝初心

被捕后，简国贤被关押在国民党"台湾省保安司令部"军法处监狱。在狱中，面对国民党特务的严刑逼供，简国贤泰然自若，只字不吐露地下党组织的半点秘密。

在接受审讯被问及个人的思想渊源时，简国贤说："我少年时就抱定思维人生与社会改造问题，思考拟从宗教方面改造社会，但行不通。我中华民族观念浓厚，痛恨日本统治，反对奴隶教育，因言行激烈曾被日本特务监视。又感觉台湾社会与政治问题严重，便由宗教方面转入文学，意图用学问来了悟人生真谛与社会问题。台湾光复后，社会剧变，富者日富，穷者日穷，社会矛盾显现，虽然也研读了三民主义，但觉得政府只有主义思想，却没有付诸实行，即便是实行了也不彻底。可见三民主义的内容和社会有偏差，思想和实际裂开，名不副实，我就想用文学来改变社会风气。而对于共产主义思想，我十多岁时就开始研读，但迫于日本统治的压迫而放弃，却又因台湾光复后政府之情形，使我又滋生需要共产主义思想的想法，于是我的思想发生了转变。"对于自己的理想和追求，简国贤毫不回避，流露出无比的坚定和自信。

在狱中，简国贤一如既往坚持学习，并带领难友们一起学习进步思想。台湾知名作家蓝博洲在其书中写道，"当年在监狱里与简国贤住过同一间牢房的郭明哲、李石城说，他们每天都会手抄一本简易中文字典，协助简国贤教导牢房里文化水平较低的难友，帮助他们学习提升"。学习之余，简国贤还以多种形式深入浅出地向难友们介绍马克思主义真理的价值和无产阶级革命的意义，鼓励和引导他们要斗争到底。在简国贤的影响下，一些难友有了"相当彻底而坚定的阶级觉悟性"。同时，简国贤总是在生活上照顾和关怀难友。简国贤的妻子刘理经常到狱中送饭，"他就将饭食分给难友们，力所能及地帮助难友们改善伙食。有新的难友被关进来，简国贤就让出自己的床位，他自己睡到靠近马桶的位置"。简国贤还以三民主义中的"仁爱精神"，向国民党特务提出要求，释放不知其身份而曾在隐蔽过程中照顾过他的无辜民众。经过努力，没过几天，一些受到简国贤牵连的难友就被释放了。在晦暗的国民党监狱里，简国贤犹如一束清澈的阳光，让难友们抑郁的内心升腾起一缕温暖和希望。

在国民党监狱暗无天日的日子里，简国贤最牵挂的人就是妻子刘理，并一直与她保持书信往来。多年来，简国贤投身于党的地下组织斗争，家庭重担全部落在刘理肩上。简国贤对刘理十分感激，只能以文字述说心意，但又担心信件送出时被国民党特务扣押，用词和内容总是倍加谨慎。看到照片中的刘理日渐消瘦，简国贤用书信表达着魂牵梦萦的思念之痛，鼓励她"坚强吧！理子"，让她牢记这句包含着其"一切希望和生命之火"的话语，勉励她学习汉语，告诫她"永远的青春是属于有理想、有热情、有工作的人们"，字里行间充满着对生活和生命的热爱，对理想信念的激情和执着。

1954 年 4 月，国民党"台湾省保安司令部"军法处判处简国贤死刑。获知死刑判决后，简国贤仍然坚持每天读书，在学习上更加投入和用功，这让一位难友不得其解。简国贤对这位难友说："如果我在死前一小时能够因为多用一点儿功，而对真理有更深的理解的话，那么，一小时后即使死去，不是也比白白等死更有价值吗？""人应该知道生的意义与死的价值，那死就没什么可怕的。而死的价值就是为国家、人民做很多事而牺牲。不管谁是统治者，国家还是由人民组成的，我们是为了绝大多数人来做事的。"在对真理的思考和追求中实现人生价值，为国家和人民奉献青春乃至生命，是简国贤少年时代的初心，也一直延续到其生命的终点。

1954 年 4 月 16 日，简国贤在台北马场町英勇就义。

无惧艰难险阻，追寻初心不变。简国贤扛起了那个时代一个台湾进步青年、知识分子应该担负的使命和责任，为台湾人民的觉醒，为台湾社会的进步，为党的革命事业，贡献了青春、才华和生命。

抚今追昔，致敬英烈。简国贤的作品在新时代重放光芒。2020 年 3 月 7 日，根据当代台湾剧作家钟乔同名小说《戏中壁》改编的戏剧在台北上演，台湾左翼戏剧团体差事剧团将《壁》创造性地重新搬上舞台，简国贤的名字在新时代熠熠生辉。

简国贤是党的忠诚战士，是台湾人民的优秀代表。简国贤等中共台湾地下党员的英雄事迹雄辩地证明，中国共产党与台湾人民永远血肉相连、永远在一起。

王耀东

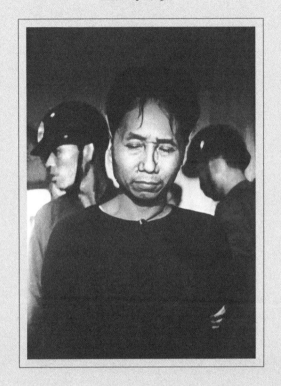

　　王耀东（1911—1955），台湾台南人。1938年进入延安抗日军政大学学习。1940年5月加入中国共产党。1949年春前往台湾从事党的地下情报工作。1954年2月13日被捕，1955年4月25日英勇就义。

青年求学　东渡日本

1911 年，王耀东出生在台湾台南旗山脚下一个还算富裕的家庭。这里土地肥沃，适合种植甘蔗，建有生产蔗糖的工厂。王耀东父亲在旗山山区种植甘蔗，生产蔗糖，家境较为富裕，因而王耀东从小就受到了良好教育。同时，王耀东二叔在当地担任乡长，三叔担任牌长并耕种田地，家族在当地有一定地位和影响。王耀东弟弟王耀勋从小也受到良好教育，后来接受革命思想，参加了中国共产党。1950 年 9 月，王耀勋被国民党特务残忍杀害。

1926 年 9 月，在家人支持下，王耀东前往日本东京求学。1932 年 7 月，在日本学习 6 年后，王耀东从东京专修大学经济部毕业。毕业后，王耀东回到台湾。凭借拥有的较好文化素质，他完全可以找到一份理想的工作，过着衣食无忧的生活。但是当时，一些台湾青年受到进步思想影响，纷纷前往祖国大陆学习文化知识，接受革命洗礼，王耀东便是其中之一。返回台湾不久，王耀东也来到祖国大陆寻求革命理想，参加革命斗争。

追求真理　奔赴延安

1934 年初，王耀东来到上海。当时的上海，聚集了许多台湾进步青年，成立了台湾省上海同乡会。由于精通日语，王耀东很快就在上海量才业余补习学校谋得一份教职，担任学校的日语教师。这时，日本帝国主义加紧侵略中国，大肆残杀中国人民，引起在祖国大陆的台湾青年同仇敌忾，纷纷以各种方式投入抗击日本侵略者的斗争。经过反复思考，王耀东决定参军，加入抗击日本侵略者的队伍。1936年6月，经人介绍，王耀东在国民党军第十师找到一份工作，担任军医处处长的私人日语老师。

1937年7月，全民族抗日战争爆发。在中国共产党抗日方针政策的感召下，王耀东政治觉悟不断提高，逐渐认识到只有中国共产党才能救中国，便毅然决定离开国民党军第十师，前往西安寻求加入八路军。不久，王耀东就从上海来到八路军西安办事处。

1938年5月，经八路军西安办事处介绍，王耀东到达延安。来到延安后，党组织安排王耀东进入安吴堡青年训练班学习。学习期间，王耀东接受了有关中共隐蔽战线斗争工作方面的知识培训。由于王耀东来自台湾，而当时来自台湾的人员不多，因此，王耀东受到党组织格外重视。培训结束后，根据党组织安排，王耀东进入延安抗日军政大学学习。在党组织的教育培养下，王耀东的政治思想觉悟和情报业务能力有了很大提高。

1940年5月，经共产党员谢振华、邱勇前介绍，王耀东在延安光荣加入中国共产党。7月，根据党组织安排，王耀东在延安安塞中央军委二局担任日语教员。

1940 年 10 月后，经党组织安排，王耀东先后在中共中央社会部、八路军日文工作训练队、八路军总政治部工作，主要从事日语翻译工作。1943 年 4 月，由于来自台湾以及其他方面的一些原因，王耀东受到中共中央社会部的严格审查。在审查中，王耀东隐瞒自己是台湾人的身份，主因是其认为"台湾人是日本的奴隶"，因而谎称自己是福建人。经过党组织认真慎重研究，决定停止王耀东的党籍。尽管如此，王耀东能够正确对待组织审查，从不埋怨党组织，仍然默默为党工作。

经过严格审查，组织上认为王耀东没有重大政治问题。1945 年 10 月，党组织决定，把王耀东从延安派往哈尔滨市政府工作。1946 年 5 月，中共中央东北局社会部决定恢复王耀东的党籍。王耀东被安排在哈尔滨市政府日本侨民管理委员会担任秘书、宣教科长，随后不久又被调往东北日报社工作。几年来，虽经曲折，但王耀东始终对党忠诚，无怨无悔为党的隐蔽战线斗争默默奉献。

1946 年 6 月，全面内战爆发。为了彻底打败国民党反动集团，中共中央决定加强东北地区情报工作。1947 年春，中共中央东北局社会部第二部长邹大鹏来到大连，领导组建大连情报处。由于急需各方面人才，王耀东被调到大连情报处从事情报工作。这时，经过党组织的教育培养和自己的艰苦努力，王耀东已成为一名合格的隐蔽战线战士。同时，王耀东也有了一个圆满家庭，妻子勤劳贤惠，他们育有一个可爱的男孩。

对党忠诚　血洒宝岛

中国人民解放军以摧枯拉朽之势胜利完成辽沈、淮海、平津三大战役后，蒋介石感到大势已去，国民党统治集团从祖国大陆逃往台湾。

蒋介石集团逃往台湾后，大肆镇压共产党员和革命群众，妄图把台湾作为反攻大陆的基地。中共中央为解放台湾作出了重大部署。

1949年3月15日，新华社发表题为《中国人民一定要解放台湾》的时评，首次公开明确提出"解放台湾"的战略方针。兵马未动，情报先行。党组织决定，首先要加强收集国民党在台湾的军事情报工作，而要做好这方面工作，就必须派遣大批既熟悉台湾各方面情况，又具有丰富隐蔽战线斗争工作经验的党员干部，让他们先行潜入台湾，为人民解放军解放台湾做好各方面准备。

1949年7月3日，毛泽东、朱德致电华东军区陈毅、粟裕、张爱萍："新中国就要成立了，希望你们抓紧做好解放台湾的准备工作，加强海军力量，做到中央一声令下，随时歼灭敌人。"为此，陈毅、粟裕等认真研究部署了解放台湾的各方面准备工作。此前，中共中央成立了中共台湾省工委，秘密派遣了一大批骨干力量潜入台湾，从事收集情报、策反争取等隐蔽战线斗争工作。

王耀东参加了辽沈战役和平津战役的情报工作。随着解放台湾各方面准备工作持续推进，来自台湾的隐蔽战线战士王耀东引起有关部门特别重视。1948 年 5 月，经党组织批准，王耀东被调到负责对台派遣工作的中央军委联络部天津局。经过认真准备，同年 10 月，天津局决定，安排王耀东前往大连情报处进行秘密赴台前的准备工作。经过严密准备，1949 年初，王耀东从大连乘船到达香港，并与中共香港地下党组织取得联系。在香港地下党组织的精心安排下，1949 年春，王耀东顺利到达台湾。到达台湾后，王耀东通过组织上安排的联络方式，与先前潜入台湾的中共地下情报人员顺利接上关系，并把其顺利安全到达台湾的情况立即报告了天津局。

到达台湾后，王耀东利用其台湾省籍的身份，加上懂日语，会说闽南话的有利条件，在台北公论报社谋得一个职位，迅速站稳了脚跟。同时，王耀东作为党组织派遣潜入台湾的独立开展情报工作的隐蔽战线战士，不参加台湾岛内的其他任何中共地下党组织及地下情报组织，而是根据具体形势和具体情况，待机发挥特殊作用。这种安排，既是党组织对王耀东对党忠诚的绝对信任，也是对其独立开展地下情报工作能力的高度信任，主要是发挥其出生于台湾，既懂闽南话又熟悉台湾各方面情况的独特优势。

为了王耀东的安全，也为了其能够顺利开展地下情报工作，组织上为其进入台湾与离开台湾都作了周密细致的策划安排。明确了王耀东在台湾的工作任务与联络方法，规定了其与在台湾的中共地下情报人员联络时使用"水路""藤高"为暗语，并设定了书写情报使用的代号等。

按照党组织安排，王耀东潜入台湾三个月即返回祖国大陆。因此，王耀东离开大连时，将妻子和儿子留在了大连。后来，由于种种原因，有关部门没有找到王耀东的妻子和儿子。

王耀东潜入台湾后，抓紧时间收集了大量国民党重要军事情报。按照计划，王耀东只在台湾收集三个月情报，就要设法带着情报离开台湾，返回祖国大陆。但是，王耀东没能按时返回。

当时，党组织决定派遣大连情报处情报员刘光典作为地下交通员，从香港秘密潜入台湾取回洪国式情报组收集的国民党军事情报。1949 年 10 月 25 日，刘光典从台湾取回了洪国式情报组收集的第一批国民党军事情报。

1950 年 1 月 6 日，刘光典再次潜入台湾，组织上决定由王耀东协助配合刘光典开展地下情报工作。为执行这次任务，有关部门进行了非常周密、紧凑、严谨的安排。但刘光典此次赴台执行任务没能顺利返回香港。2 月 28 日，刘光典所在潜台洪国式情报组台中北方企业商行被国民党特务破获，包括主要负责人洪国式在内的 50 多名地下情报人员被捕。刘光典躲过抓捕，但孤身一人，在台湾岛内举目无亲，只能四处隐蔽躲藏。

1950 年 3 月 1 日下午，刘光典回到台北见到王耀东，并将洪国式被捕等有关情况告诉了他。王耀东听后十分震惊，但仍沉着冷静地对刘光典说："我的家在台湾南部台南旗山山脉，那里有我的一些亲戚及熟人，我把你带到那里躲避敌人的抓捕，再想办法把你送回香港。我先回去做些准备。"

王耀东与刘光典约定，3月1日晚7时在台北火车站见面。但刘光典在台北火车站等了许久，始终不见王耀东的踪影。刘光典敏感地意识到，王耀东可能发生了意外。急中生智，刘光典迅速离开台北火车站，当晚隐蔽在一个三轮车夫家中过夜。3月2日早晨，刘光典终于找到了王耀东。事态紧急，他们决定立即乘火车离开台北，前往台南旗山山区隐蔽。

为了保护刘光典，王耀东不顾个人安危，为刘光典前往台南旗山山区隐蔽作了周密细致的安排。3月2日晚，刘光典住在善化王耀东的朋友家中。

3月3日，在王耀东的保护下，刘光典前往台南，在王耀东亲戚开办的一个银匠店里隐蔽。随后，王耀东又把刘光典安排在台南的一家印刷所工人宿舍内隐蔽。刘光典在印刷所隐蔽了一个星期。

为了更好地保护刘光典，在王耀东的精心安排下，刘光典离开印刷所，顺利到达台南旗山山区隐蔽。为了安全起见，王耀东精心策划、周密安排刘光典不断转移到不同地点居住隐蔽。这时，国民党特务在岛内发布通缉令，铺天盖地搜捕刘光典，大街小巷到处都贴着刘光典的通缉布告。正是由于王耀东的精心保护，刘光典才无数次躲过国民党特务的追捕。所有一切安排妥当后，王耀东才返回台北。

为了让刘光典能够安全地在台南旗山山区坚持斗争，每隔一

段时间，王耀东都冒着危险从台北前往台南，秘密来到刘光典隐蔽的地点，妥善安排刘光典的衣食生活等问题，为刘光典成功躲避国民党特务追捕，提供了保护和支持。

1950 年 9 月，王耀东弟弟王耀勋被国民党特务抓捕，不久就被残忍杀害。为了躲避危险，同年 10 月，王耀东从台北来到旗山山区与刘光典会合，一起在这里坚持斗争。王耀东带来了毛巾、肥皂、粮食、油灯等生活用品。为了躲避国民党特务搜捕，他们在山上找到一个天然形成的约 30 平方米的山洞。怀着对党组织的无限忠诚，凭借着钢铁般的意志，王耀东、刘光典匿居山间，掘地为穴，在这个阴暗潮湿的山洞里继续坚持斗争达 4 年之久。

1954 年 2 月 9 日，当时也在山上躲藏的王耀东亲戚、中共台湾地下党员胡沧霖被国民党特务抓捕。为了保住性命，胡沧霖出卖了王耀东和刘光典，供出了他们隐蔽的山洞。国民党特务展开地毯式搜山，2 月 13 日下午，王耀东与刘光典被捕。

被捕之后，王耀东、刘光典誓死不屈，大义凛然面对国民党特务的严刑拷打和百般折磨，表现出共产党人的高尚品质，令国民党特务毫无"收获"。被关押折磨一年多后，1955 年 4 月 25 日，王耀东被国民党特务残忍杀害。

刘光典被国民党特务关押长达 5 年，但始终保持共产党人的坚定信仰，严格保守党组织的秘密。1959 年 2 月 4 日凌晨，刘光典在台北新店安坑英勇就义。

为了祖国统一，王耀东英勇牺牲在生养自己的台湾这块土地上。王耀东的一生，是传奇的一生、忠诚的一生、英雄的一生。王耀东坚定拥护中国共产党，为了革命胜利，为了祖国统一，牺牲了家庭和亲人，献出了自己宝贵的生命。王耀东的英雄事迹，永远值得我们学习。

吴作枢

　　吴作枢（1921—1956），原名吴永秋，法名恒枢，福建云霄人。1946年8月随父亲前往台湾推广汉语教学，在彰化中山国民学校担任语文教师。1949年9月参加"台工组"，担任"台工组"社会教育组组长。1950年2月6日被捕，1956年1月13日在台北马场町英勇就义。

出身书香世家

1921 年 10 月 12 日,吴作枢出生在福建省云霄县东厦镇白塔村一个书香世家。位于云霄县城东南五公里仙人峰东北麓的白塔村,濒临漳江下游南岸,宽阔的南江沿岸冲积坡畔,润泽了千家烟火。吴作枢祖父吴如江,耕耘劳作,挥墨行吟,自在洒脱。吴作枢父亲吴有容,生于 1895 年,出身书香门第,自幼酷爱读书,尤好史学,1917 年 4 月高中毕业后留学日本,获早稻田大学法学学士学位,与 1918 年进入早稻田大学、学制三年的彭湃成为校友。学成归国后,吴有容先后担任连城县县长,建瓯县、明溪县代县长。他懂世道能自爱,不太管闲事,与各方相处甚为融洽。1940 年至 1942 年,吴有容担任厦门双十中学校长,从事教育工作,以史学、法学之长在教学方法上深获学生喜爱。吴有容共有三房妻室,长子为吴永秋(学名吴作枢,法名恒枢)。

在父亲影响下,吴作枢幼承儒学,精读国学,幼年就读于家乡东厦镇白塔村小学和云霄县初级中学。1940 年高中毕业后,吴作枢来到与云霄县城隔江相望的高溪镇观音亭小学担任教师。这期间,吴作枢从林偕春、黄道周等当地乡贤的风骨气节中获取精神营养,赓续传统文士兼济天下、心系苍生的家国情怀。吴作枢相貌英俊,举止得体,思维敏捷,一双明亮坚毅的眼睛炯炯有神。在观音亭小学，吴作枢积极参加学校组织的进步社团活动，主动接触革命工作，成为中共地下党组织考察、发展的对象。三弟吴永山经常伴随其左右，为吴作枢从事党的地下秘密活动观察守望。

1945 年 8 月 15 日，日本宣布无条件投降。10 月 25 日，台湾光复。1946 年 8 月，吴有容受命携长子吴作枢及三房王茜芳与其子吴天佐、吴天佑，从云霄县前往台湾推广汉语教学，并由行政院长孙科推荐担任台湾省参议会秘书，与台湾省参议会秘书长连震东为同事。这期间，吴有容主要负责接收、处理日本投降后遗留的档案文书等事务，并推广汉语教学，从此定居在台北。1952 年 1 月，吴有容身患左腮癌，以《哭七男》泣叹生活际遇和家庭境遇，5 月 27 日病逝于台北。

推广汉语教学

1946 年 8 月，吴作枢跟随父亲吴有容前往宝岛台湾推广汉语教学，在彰化中山国民学校担任语文教师。彰化中山国民学校建置历史悠久，中共台湾地下党员、台中烟叶实验所文书陈华曾在学校担任教师。在中共台湾地下党组织和地下党员陈华、游飞的领导下，学校校园文化活泼，民主气息浓烈，社团活动频繁，师生思想活跃。这一切，对吴作枢产生了重要而积极的影响。

在教学工作中，吴作枢充分利用其闽南人身份的特殊优势，积极推广汉语教学。为方便与台湾青少年沟通，吴作枢把汉语教学同中华传统文化教育有机结合起来，不仅用汉语朗读，还用闽南语讲解，将汉语教学讲得深入浅出，把课堂教学办得有声有色，深受学生们欢迎。

吴作枢出生于官宦教育世家，父亲吴有容在台湾拥有从政和任教双重背景，这为其开展革命工作提供了很多便利条件。在学校，吴作枢循循善诱，启发学生们的思想觉悟，鼓励大家团结起来，做堂堂正正的中国人。教学期间，吴作枢还结识了一批台湾军政、教育、文化领域的精英人物，包括中共地下党员、台湾铁路专门委员会委员兼防空情报研究所所长、旅台福建同乡会会长、国民党军少将游飞等。通过扩大交往对象和渠道，增进与交往对象的了解与友谊，吴作枢逐渐成长为一位深谙社会教育的进步青年教师。

在学校，吴作枢还利用课堂教学等机会，向学生和教职员工介绍祖国大陆人民解放战争取得的节节胜利，交流学习进步书刊的心得体会，教唱革命歌曲，宣传中华民族意识，宣扬唯物辩证法和唯物史观，组织大家讨论对有关台湾社会现实问题的看法，畅谈对国家统一的信心，憧憬台湾解放后中华民族的光明前景。吴作枢坚持正义，乐于助人，沉着冷静，处事谨慎果断，主动接受革命教育，积极参加学校进步社团活动，成为倾向党的革命工作的进步群众，政治上思想上进一步成熟。

加入革命组织

1948 年 3 月，冀中军区敌工部决定派遣重要干部朱芳春（化名于非）、萧明华前往台湾从事党的地下情报工作。到达台湾后，于非、萧明华组织成立了台湾新民主主义青年联盟，积极发展核心骨干成员，大力开展群众工作。同时，于非、萧明华还以台湾省政府社会科学研究会名义开办了讲习班和读书会，经常举办专题讲座等活动，深受台湾青年欢迎。这迅速打开了党的地下组织工作局面。通过举办讲习班和读书会，于非、萧明华接触了许多台湾进步知识分子和青年学生以及文化教育界人士，从中发现、考察、培养了大批革命骨干和进步青年。

讲习班分为 21 个学习小组，共有 60 多人。早于吴作枢加入台湾新民主主义青年联盟的陈华，与吴作枢一起参加了讲习班和读书会。与陈华相识交往后，在陈华的引导下，吴作枢学习了《观察》《文萃》《民生报》《公论报》《光明报》，以及《新民主主义论》《论人民民主专政》《唯物历史观》《近代民主政治》等宣传革命思想的书刊，思想觉悟有了很大提高。经过多次谈话和接触了解，吴作枢主动向中共台湾地下党组织靠拢，积极联系、发展进步教师，得到于非、萧明华的高度信任。吴作枢随后秘密加入了台湾新民主主义青年联盟。

根据形势发展和工作需要，为防止国民党特务破坏，更好开展党的地下组织工作，党组织决定撤销台湾新民主主义青年联盟。1949 年 6 月，在台湾新民主主义青年联盟的基础上，成立了台湾工作组（简称"台工组"），将工作重心转为收集国民党军事情报，开展策反争取工作，为人民解放军解放台湾做准备。参加讲习班的成员苏艺林、吴作枢、梁钟浚、于凯、孙玉林等为"台工组"重要核心成员，吴作枢担任"台工组"社会教育组组长，成为"台工组"的一名秘密宣传员和交通员。"台工组"成立后，其核心成员陆续收集了大批国民党重要军事情报，有效发挥了中共台湾地下党组织的重要作用。

隐蔽战线搜情报

"台工组"情报工作的重中之重就是掌握台湾时局、经济、军事、民心走向等动态，同时向台湾岛内各方面渗透情报组织力量，为人民解放军解放台湾随时做好接应准备。

吴作枢不仅是"台工组"重要核心成员，同时也是吴石（福建闽侯人，国民党军高级将领，中共隐蔽战线在台湾的重要情报关系）情报组重要成员，由地下党员陈华负责单线领导。

地下党组织交给吴作枢的主要任务是，结识志同道合的同志，接近国民党军官，收买武器，调查地形，积极发展地下党组织工作关系和地下情报工作关系。对地下党组织赋予的地下情报收集工作任务，吴作枢尽心尽力，努力完成。

吴作枢利用闽南人重乡谊、讲义气的性格，积极发展同乡、同学、同事关系，主动接近国民党军政要员，还多次冒着生命危险调查地形，甚至潜入壁垒森严的国民党军事防区，收集国民党军队调动部署、装甲部队武器数量及沿海地区布防等极具价值的军事情报，并亲自整理绘制成表格，交由陈华传递给上级党组织。"台工组"历经千难万险，收集了大量国民党重要军事情报，交给于非秘密经转香港送回祖国大陆。

1950 年 1 月 31 日，国民党"海军司令部"政治部获悉高雄市警察局员警龙道典涉嫌刺探海军军事情报，迅速将龙道典逮捕，随后又秘密逮捕了龙道典上线、潜伏于台湾省警察学校担任训导员的"台工组"重要成员郑臣严，并将案件移交国民党"台湾省保安司令部"扩大侦破，由此寻线查到与"台工组"组长于非的关系。龙道典是"台工组"警察组成员，重点负责收集高雄港国民党军海军军事情报，并将收集到的情报整理汇总后交给郑臣严，再通过郑臣严交给于非传递给上级党组织。

1950 年 2 月 4 日，国民党特务前往台北萧明华家中逮捕于非，正逢于非和萧明华三哥萧明柱在家里商量事情。萧明华发现危情后，于非急忙从后门跳窗脱险。2 月 6 日，国民党特务将萧明华拘捕，并在萧明华家里查获了陈华写给于非的信件，由于信的内容提及陈华、吴作枢，就此暴露了陈华、吴作枢与"台工组"的情报组织关系。同日，陈华、吴作枢被捕。

吴有容听闻儿子吴作枢被捕后，立即利用其担任台湾省参议会秘书职务的工作便利，多方斡旋求情，希望保全儿子的性命。

但国民党特务以"案情重大、难以改变"为由，拒绝了吴有容的请求。

于非脱险后，在"台工组"核心成员孙玉林、苏艺林的精心谋划和战友们的掩护下，于1950年4月1日成功撤回上海，将收集到的最后一批国民党重要军事情报交给了党组织。5月24日，苏艺林在国民党"国防部"办公室被捕；9月，孙玉林也被国民党特务秘密逮捕。至此，"台工组"主要核心成员均被捕入狱，"台工组"几乎被国民党特务彻底破坏。

1950年5月17日，国民党"台湾省保安司令部"军法处在所谓"新民主主义青年联盟郑臣严等叛乱案"中，对吴作枢冠以"意图以非法之方法变更国宪颠覆政府"的罪名，判处15年徒刑。6月，经国民党"国防部"核准，吴作枢等被移送到台东县绿岛"新生训导处"监狱实行"感化"。

狱中斗争逞英豪

在前往监狱的路上，吴作枢和战友们戴着手铐脚镣，在荷枪实弹的国民党特务押解下，分成10人一队、2人一组，一人右脚和另一人左脚捆绑，跟跟跄跄，先乘火车后转海路，历经艰辛才到达绿岛。绿岛原名火烧岛，为台湾第四大附属岛屿，位于台东县东面16海里的太平洋上，面积约16平方公里。"新生训导处"在绿岛监狱设立训练营，每位受羁押的"新生"，都要在这里接受"感化"训练。

在绿岛监狱，"新生"除参加繁重的体力劳动外，还要在每天中午"学习"一个小时，接受国民党的政治洗脑。"新生训导处"处长姚盛斋蛮横扬言说："我代表一座十字架，跟着我是生，背向我是死。""学习"内容受到国民党特务严格控制，讨论题目也要事先拟定上报批准。那些每天必修、千篇一律的所谓"学习"内容，令狱友们极其反感，他们表面上应对一番，私下却学习交流革命理论、革命道理、革命斗争经验。

在"新生训导处"，吴作枢在繁重劳动之余，将大多数时间投入到学习中，这既能消磨漫长的监狱生活，又能为出狱后积累充分的知识储备，更好地投身于解放台湾的伟大事业。在狱中，吴作枢学习了狱友们千方百计从监狱图书室拿出来的《唯物辩证法》《论人民民主专政》等书籍，经常与狱友们交流思想和学习心得。同时，为防范国民党特务突击检查，吴作枢还暗中帮助吴声达、崔乃彬、彭金木等狱友，用不同笔迹传抄《唯物辩证法》有关内容。为鼓舞狱友们的斗志，吴作枢还向大家宣讲《钢铁是怎样炼成的》学习心得体会，激励狱友们保持革命斗争精神，力争出狱后担负起解放台湾的光荣使命。

在狱中，吴作枢与20多名狱友秘密组织串联，将国民党牢狱变成革命课堂，宣传革命理论，策划反抗斗争，始终保持坚定昂扬的锐气。吴作枢与陈华等狱友们经常秘密计谋，研拟使用秘密通讯方法，引导大家提高对国民党特务开展有效应对与防范侦监的斗争艺术，如"平日升旗不敬礼，不唱国歌，不服管教"，动员大家拒绝签名"效忠"蒋介石的"一人一事良心救国运动"，破坏蒋经国视察绿岛活动，等等。针对狱方要求"新生""自愿"刺青手臂以示"反共"，经过吴作枢的暗中动员，狱友们全部集体拒绝签名刺青，以"身体发肤，受之父母，不敢毁伤"为由坚决拒绝，抵制所谓的"效忠"行为。同时，吴作枢还对国民党监狱看守进行宣传教育，转变他们对国民党统治的幻想，强调"台湾一定要解放"。吴作枢对狱友们强调，"若事有暴露"，一定要按照陈华提出的"宁可牺牲自己，不牵累他人，坚决否认有组织，责任一人承担"，必须守口如瓶。吴作枢对狱友们说："倘若为党流血牺牲是对光明的礼赞，迎接胜利曙光是斗争的动力，渴望出狱后能担负更艰巨的任务，向往新兴的共和国……"吴作枢对解放台湾、实现祖国统一的信心无比坚定。

对狱中发生的一切，"新生训导处"看守们有所警觉，但一时又找不到确切证据。1953年4月9日，国民党特务捡到一些宣传小纸条，迅速对内容与字迹进行了分析。4月14日，国民党特务对监狱进行了全面突击搜查，不仅查到10多种有关宣传共产党主张的小纸条，包括《论人民民主专政》手抄小册子等，同时还发现吴作枢的笔记本写满了宣传、歌颂中国共产党的文字材料，认为吴作枢"不但证实思想之顽固，且可确认其为训练有素之重要骨干"。

为此，1953年7月1日，国民党特务将吴作枢等押往位于台北青岛东路的国民党"台湾省保安司令部"军法处监狱接受审判。经侦办，国民党特务又对吴作枢扣上"在押于保安处看守所期间，不但未稍收敛，且变本加厉，在所中积极开展秘叛活动"的罪名。

1955 年 7 月 10 日，国民党"台湾省保安司令部"军法处将吴作枢、陈华、吴声达、游飞、张树旺、杨俊隆、宋盛淼、许学进、崔乃彬、陈南昌、蔡炳红、傅如芝、杨慕容、黄采薇共 14 人改判为死刑。12 月 26 日，国民党"国防部"核准了对他们的死刑判决。

喋血宝岛作忠魂

1956 年 1 月 13 日下午 2 时 20 分，吴作枢和他的战友们被国民党特务押往台北马场町。他们在死刑书上签下名字后，面对死亡，神情坚毅，大义凛然，无所畏惧，把青春奉献给了祖国统一事业，把热血洒在了祖国宝岛的土地上。吴作枢英勇就义两个星期后，国民党特务才通知其家属认领。当王茜芳携带年仅 8 岁的吴天佐前去收领吴作枢的遗体时，遗体已经严重腐烂，惨不忍睹。王茜芳含泪把吴作枢遗体火化后，将骨灰寄存在台北福州山的灵骨塔里。

2000 年 5 月 30 日，吴作枢被追认为革命烈士。11 月 8 日，受云霄县人民政府委托，吴作枢弟弟吴永坚、吴永山代表全家接受了《革命烈士证明书》。全家人百感交集，泪如泉涌。吴永山和家人表示，要教育子孙后代继承遗志，让红色基因代代相传。

　　1992 年 8 月，旅居台湾的吴天佐将吴作枢骨灰从台北福州山灵骨塔取出，委托亲友从台湾移送英烈魂归故里。吴作枢骨灰安葬在家乡福建省云霄县东厦镇上路头大松柏山麓，碑镌"吴公作枢之佳城"。吴作枢英勇就义时，年仅 35 岁，终身未婚。考虑到吴作枢后继无人，家人研究决定，把吴长贵（三弟吴永坚四子）、吴志洋（五弟吴天佐儿子）过继给吴作枢。2001 年秋，王茜芳与吴天佐从台湾回乡省亲，全家团聚于漳江南岸的上路头故居。看到家中四世同堂，儿孙们各有所业，王茜芳十分高兴，百感交集，慨叹世事沧桑。所幸的是，吴作枢忠骨终究跨海迁葬故土，陪伴母亲长眠于漳江之畔。

　　吴作枢已远去。他在人生道路上，为了共产主义理想，为了祖国统一大业，视死如归，碧血犹生，他的不屈精神与英雄气概永远值得我们敬仰。

张文信

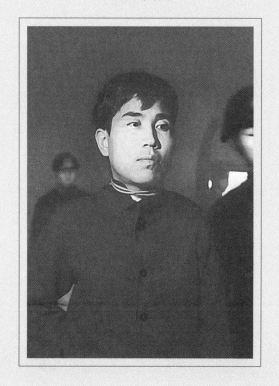

　　张文信（1922—1956），曾用名姜民、姜永生，山东烟台人。1946年9月加入新民主主义青年团。1947年8月受中共东海地委统战部派遣前往韩国从事地下工作。1950年与程万里等旅韩华侨华人组织成立仁川华侨解放联盟，开展情报收集和策反争取工作。1953年被国民党驻韩国特务机构抓捕押解到台湾，1956年5月18日在台北六张犁英勇就义。

浓浓爱国真情　催生革命精神

1922年1月，张文信出生在山东省烟台市蓬莱县崮寺店乡（今蓬莱区大辛店镇）三甲村一个地道本分的农民家庭，一家人最大的盼头就是吃得饱、穿得暖。当时，张文信家人生活过得十分拮据，经常是吃了上顿没下顿。山河破碎，内忧外患，怎样贡献自己的一份力量，给张文信幼小的心灵带来久久不能抹去的忧愁。报效祖国，拯救劳苦大众于水火，从懂事起就是张文信一直在思考的问题。

穷人的孩子早当家。张文信骨子里就有一股拼劲，为了家庭，为了国家，他扛起行李，离开父母，告别家乡，来到烟台寻找出路，成为烟台瑞蚨祥的一名店员。这期间，张文信时刻关注革命动态，结交了许多仁人志士，革命的热情在上升，革命的种子在发芽。

积极投身革命　从事地下工作

1946年6月26日，国民党军队在完成内战准备后，以22万之众悍然进攻鄂豫边境的中原解放区。其后，国民党军队向其他解放区展开大规模进攻。全面内战由此爆发。

国民党发动内战引起全国人民极大愤慨，青年学生爱国民主运动遍地开花，不断发展壮大。在烟台的张文信得知有关消息后，满怀革命热情，1946年9月，立即奔赴山东即墨加入了新民主主义青年团。1947年4月，在山东石岛国民党军青年团登记受训期间，经地下党员王昭彩介绍，张文信加入了中共东海地委统战部石岛支部。同年8月，张文信被党组织派往韩国，以经商贸易为掩护，为人民解放军筹集、运输物资，并开展地下党组织发展工作。

1948年6月，张文信在韩国筹资购买了60桶汽油。正当张文信准备把汽油运回祖国时，由于保密措施不力，被韩国警方发现，汽油物资遭到查获。虽然行动失败，但张文信妥善化解了危机，继续在韩国从事党的地下工作，为人民解放军提供了重要物资。

团结华侨华人　组织华侨解放联盟

为进一步团结在韩国的华侨华人力量，开展革命组织发展工作，壮大革命队伍，1950年3月，张文信与旅韩华侨程万里等共同组织成立仁川华侨解放联盟，张文信担任书记。仁川华侨解放联盟成立后，迅速发展吸收了王仪猷等旅韩华侨华人加入组织，积极从事情报收集、策反争取活动。张文信注重凝聚华侨华人力量，动员爱国华侨华人参加革命工作，为党组建了一支重要的革命队伍。

被俘虏告密　在台湾英勇就义

1953 年 5 月，张文信在韩国开展地下组织工作的过程中，被叛徒告密，国民党驻韩国特务机构将张文信抓捕，并秘密押解到台湾。面对国民党特务的严酷刑讯，张文信始终保守党的秘密，在生命的最后一刻也不忘革命初心。

1956 年 4 月 10 日，张文信被判处死刑。5 月 18 日，张文信在台北六张犁英勇就义。

2003 年 4 月 15 日，张文信被追认为革命烈士。

丁窈窕

　　丁窈窕（1927—1956），台湾台南人。曾任职于台湾省邮政总局台南邮局。1954年因"中共台南市委员会邮电支部案"被捕，1956年7月24日在台北马场町英勇就义。

追求进步　转变思想

1927 年 12 月 21 日，丁窈窕出生在台湾台南一个人口众多的家庭。丁窈窕从小就十分活泼外向，在十位兄弟姐妹中排行第四。1941 年 7 月，丁窈窕考入台南第一女子中学（今台南女子中学），毕业后进入台南储金管理局工作。1947 年 3 月，台南储金管理局并入台湾省邮电管理局，丁窈窕调至台北邮电局储金科事务股工作。在台北邮电局工作期间，丁窈窕参加了中共台湾地下党组织领导的台湾省邮务工会开设的国语（普通话）补习班，结识了在国语补习班担任教师，于 1946 年 9 月由中共上海市委工人运动委员会派遣到台湾的共产党员钱静芝和计梅真。

1945 年 8 月 15 日，日本宣布无条件投降，中国人民抗日战争取得伟大胜利。在日本宣布无条件投降前后，中共中央对全国的战略布局问题进行了研究部署。与此同时，中共中央决定在台湾建立党的组织，布局开展党在台湾的工作。

1946 年 5 月，受中共中央上海局和全国邮务总工会指派，上海南翔邮局局长陆象贤前往台湾筹备成立台湾省邮务工会，当选为理事长，并兼任台湾省邮工补习学校校长。为了更好地在台湾邮电职工中开展工人运动，陆象贤请求党组织派遣有工作能力和丰富经验的共产党员到台北协助其开展工作。9 月，中共上海市委工人运动委员会派遣钱静芝与计梅真前往台湾，陆象贤以台湾省邮工补习学校校长名义聘请她们担任教师。党组织交给钱静芝和计梅真的任务是，在台湾省邮务工会的掩护下，以邮工补习学校为基地，秘密发展台湾青年邮政工人加入中国共产党，建立党的地下组织。

为了完成党组织交给的使命任务，钱静芝和计梅真到达台湾后努力学习闽南话，将国语补习班办得有声有色。她们把国语教学与中华传统文化教育结合起来，向台湾邮政工人宣传中国共产党的政策主张，宣传社会主义和共产主义思想。在课堂上，她们经常组织台湾邮政工人讨论大家最为关心的青年、妇女等方面的热点问题，循循善诱启发他们理解革命道理，潜移默化地影响着他们的思想观念。

1947 年 4 月至 1948 年 12 月，丁窈窕认真参加国语补习班学习，她的思想观念发生了积极转变。除在课堂上努力汲取文化知识，丁窈窕还参加了钱静芝组织的"亲睦会"，以及中共台湾地下党外围组织台湾青年民主协进会，与邮政工人相互交流思想，畅谈革命理想，憧憬美好人生。同时，丁窈窕还经常与许金玉、高秀玉、徐彩云、林坦、施水环等 6 位邮政工友进行讨论。他们讨论的都是共产主义和经济社会问题。钱静芝和计梅真通过组织各种协会、出版各类刊物等活动，从中考察物色、培养锻炼了大批台湾进步青年工人骨干。许金玉、高秀玉等先后加入中国共产党，而许金玉更是成为台湾省邮务工会中第一个秘密加入中国共产党的台湾青年女工，后来担任北斗邮电局地下党支部负责人。经过艰苦细致的工作，1946 年 9 月至 1950 年 3 月，钱静芝和计梅真在台湾省邮务工会秘密发展了 30 多名青年工人加入中国共产党，社会主义和共产主义思想的种子逐渐在台湾邮政工人运动的沃土中生根、发芽、壮大。

组织工人开展革命斗争

在中共台湾地下党组织领导下，邮政工人运动在台湾北部地区如火如荼地开展起来，台湾邮政工人的思想政治觉悟不断提高。1948 年底，根据中共台湾地下党组织安排，丁窈窕肩负秘密使命，调回台南邮电局工作。1949 年初，钱静芝派地下党员郑逢春前往台南，介绍丁窈窕与同为台南邮电局职工的地下党员吴丽水、雷水淥认识，要求他们密切配合开展党的地下组织工作。根据党组织决定，吴丽水担任书记，雷水淥担任宣传组长，丁窈窕负责组织工作，由他们共同负责筹组中共台南市工委邮电局地下党支部。

1949 年夏，根据党组织决定，丁窈窕直接接受钱静芝领导，开展党的地下组织工作。为积极稳妥发展党的地下组织，丁窈窕以举办研讨班的名义，邀请台南邮电局职工马琼英、蔡桃、叶素华、卢彩华、林玉枝等一起参加研讨学习。在研讨中，丁窈窕润物细无声地向他们宣传中国共产党的政策主张，宣传社会主义思想，并从中考察发展工人骨干力量。与此同时，丁窈窕还通过其高中同学施水环介绍，与台南女子中学校友翁文礼、邱奎壁取得联系，组织他们积极参加工人集会，大力宣传共产主义思想。

1951 年 1 月 26 日，邱奎壁身份暴露被捕。国民党"台湾省保安司令部"特务以丁窈窕具有"匪谍"嫌疑为由，会同台南市警察局将其逮捕，并在其家中搜出了相关文件。不久，丁窈窕被送到台东绿岛监狱关押一年。从绿岛监狱出来后，丁窈窕无法再回到台南邮电局工作，1952 年底与其以前的同事方胡山组成家庭。

丁窈窕与施水环是好友，情同姐妹。1950 年，台南附属职工学校职员王清溪对施水环展开热烈追求，丁窈窕曾对此表示不赞同，认为王清溪人品不正，规劝施水环与对方保持距离。王清溪获悉丁窈窕反对其与施水环交往后，一直怀恨在心。为了报复，王清溪向国民党特务多次写信举报丁窈窕为"匪谍"。王清溪的举报信件虽然多次被台南邮电局同事吴丽水拦截、销毁，但王清溪仍然死性不改，继续向国民党特务检举丁窈窕。1954 年"中共台南市委员会邮电支部案"发生后，吴丽水被国民党特务逮捕，交代了其 4 年前烧毁王清溪的检举信件一事，随后丁窈窕、施水环被捕入狱。经过国民党特务严刑审讯，国民党"台湾省保安司令部"军法处以"叛乱、意图颠覆政府"的"罪名"，判处丁窈窕、施水环、吴丽水死刑，雷水溧因"参加叛乱组织"被判处 15 年徒刑。

直面生死　英勇就义

　　丁窈窕被捕后，被关押在位于台北青岛东路的国民党"台湾省保安司令部"军法处监狱，与施水环一起被安排在监狱内设的缝衣厂缝补衣服。入狱前丁窈窕已身怀六甲，入狱不久就生下一个可爱的女儿。那是何等凄凉啊！在狱中，这个小生命在母亲丁窈窕的细心呵护下，仅靠白米饭与冬瓜汤度过了哺乳的岁月！不仅如此，在国民党的牢笼里，还有许多年幼无辜的婴儿，也与他们的父母亲一起坐牢，终日见不到阳光。丁窈窕的女儿在监狱里长大，深得在监狱里坐牢的叔叔阿姨们的喜爱，因而每次监狱看守大声喊"某某某，出来"时，小女孩就知道了什么叫作"枪毙"。

　　1956年7月24日早晨，丁窈窕正在监狱缝衣厂洗衣服，她的女儿和其他孩子在一旁玩耍。这时，一个看守来到丁窈窕面前说："你有特别接见。"丁窈窕以为有人来探视，就抱起女儿往外走。一到监狱门口，看守就把丁窈窕的双手反绑并戴上手铐，吓得她的女儿哇哇大哭。女儿紧紧地抱住妈妈，回头对所有在场的人说："我妈妈不是坏人，你们不要枪毙她。"看守要把丁窈窕母女强行拉开带走的时候，女儿跳到妈妈的背上，使劲地紧紧抱住妈妈而不肯松手。

　　当时，因"鹿窟"事件而被捕入狱的李石城，正巧目睹了让其终生难忘的母女诀别的悲惨一幕。李石城后来回忆说："小女孩紧紧抱住母亲的身体，当她双手双脚被扳开时，小女孩竟张口紧咬妈妈的短发不放。硬扯之下，只见小女孩满口头发上浸染着鲜血，撼动了整个役场。这样生离死别、家破人亡的场景，让任何亲眼目睹者，永生难忘！"

1956 年 7 月 24 日，丁窈窕在台北马场町英勇就义。从丁窈窕临刑前的照片上，我们看到的是：一位娇小而坚定的女子，双手反绑，目光中没有畏惧，只有不卑不亢的坚定和视死如归的气魄。

生机盎然的"丁窈窕树"

丁窈窕曾经的恋人郭振纯，因"连续参加叛乱之集会"而被捕，被关押在国民党"台湾省保安司令部"军法处监狱等候判决。一天，郭振纯竟然隔着厚厚的玻璃看到抱着女儿在监狱医务室打针的丁窈窕。为了能够见上一面，互相鼓舞斗志，郭振纯用狱友的刮胡刀片割伤了自己，以此借机才到医务室，见到了丁窈窕。丁窈窕告诉郭振纯，她预感自己死亡已近，希望他到监狱放风场地边的树下去捡一个新乐园牌香烟盒，那里面有她写下的遗言。第二天，郭振纯果然捡到了丁窈窕放在那里的香烟盒，里面有一张写有诀别信的纸条，还有一缕丁窈窕的头发。

郭振纯，台湾台南人，1947 年参加了反抗国民党反动统治的二二八起义。1950 年，郭振纯帮助叶廷珪参选台南市市长期间认识了丁窈窕，他们因志趣相投而相恋，后来由于参加台湾社会抗争运动担心影响对方而未果。1953 年，郭振纯因"连续参加叛乱之集会"而被捕，最后被国民党"台湾省保安司令部"军法处判处无期徒刑。

1975 年蒋介石病亡后，国民党实施"大赦"，郭振纯获得减刑释放。这时，郭振纯才得知，丁窈窕早在 19 年前就已经英勇就义了。郭振纯一直记忆深刻，"丁窈窕曾说就读台南女中时是她人生最快乐的日子"。1979 年郭振纯离开台湾时，把丁窈窕留下的头发用纸袋悉心包好，埋在了台南女子中学操场旁边的一棵金龟树下，后来这棵树被称为"丁窈窕树"。2015 年 8 月，这棵树被台风刮倒，不久就被抢救并在原址上扶正，现在仍然生机益然。

2013 年 12 月，北京西山无名英雄纪念广场落成。这是为纪念白色恐怖时期牺牲在台湾的党的隐蔽战线无名英雄而建立的，丁窈窕的英名刻在了无名英雄纪念墙上。

丁窈窕是台湾人民的优秀女儿，是党的隐蔽战线的英勇斗士。她和她的战友们为了祖国统一，不惜献出自己宝贵的生命，展示了共产党人不忘初心、牢记使命的伟大精神，揭示了中国共产党与台湾同胞同呼吸、共命运、心连心的血脉联系。

叶城松

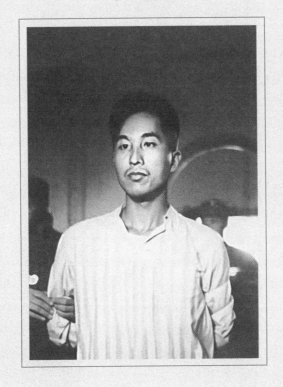

　　叶城松（1923—1956），化姓郭，台湾嘉义人。1947 年 10 月加入中国共产党。1954 年 2 月 10 日被捕，1956 年 9 月 26 日在台北马场町英勇就义。

大学时代崭露头角　光荣加入中国共产党

1923 年 7 月 12 日，叶城松出生在日据时期台湾台南州朴子镇（今台湾省嘉义县朴子市）一个医师家庭。虽然叶城松从小就反感日本殖民当局推行的教育歧视政策和"皇民化"教育，但其仍然顺利从日本殖民当局兴办的台南州嘉义公学校毕业。1945 年 10 月 25 日台湾光复后，叶城松考入台湾大学法学院。

台湾光复后，台湾大学是台湾社会思潮最为活跃的地方，先后发生了台湾大学医学院解散日本学生事件、台湾大学附属医院医护人员罢诊事件。1946 年 7 月发生日本东京警察枪杀旅日台胞"涩谷事件"，12 月发生美军士兵在北平东单欺凌北京大学女学生"沈崇事件"时，台湾大学师生都举行了大规模集会和游行示威活动。这些进步学生运动，与祖国大陆正在开展的人民解放战争相呼应，是以青年学生为先锋的爱国民主运动的重要组成部分。

如火如荼的进步思潮，使正在台湾大学法学院就读的叶城松思想上受到了很大影响。叶城松积极参加进步学生运动，苦苦寻求救国救民的真理。1947 年二二八起义爆发后，叶城松积极参加台湾大学学生自治会负责人、中共台湾地下党员陈炳基组织领导的青年学生读书会等活动，对中国共产党的政治主张有了初步认识和理解，更加倾向政治进步。

1947 年 8 月，叶城松参加了李苍降、林如堉、李熏山、陈炳基等中共台湾地下党员发起成立的新民主同志会。10 月，经陈炳基介绍，叶城松光荣加入中国共产党，由中共台湾省工委学生工作委员会书记杨廷椅直接领导。

加入党组织后，根据中共台湾地下党组织决定，叶城松担任台湾大学法学院地下党支部书记。这期间，根据地下党组织确立的工作方针，叶城松利用法学院学生会活动为掩护，卓有成效地开展了地下党组织发展和群众宣传工作，使二二八起义被国民党镇压后陷入低潮的台湾大学中共地下党组织及其活动得到了很大程度的恢复和发展。

1948 年 1 月，台湾大学法学院学生自治会成立。10 月，叶城松当选为法学院学生自治会常务理事。这段时间，叶城松以法学院学生自治会为掩护，继续发展地下党组织，开展了反续招转学生运动，组织了自费学生与半自费学生要求台湾大学校方补贴米贷的运动。

反续招转学生运动直接导致台湾大学校长庄长恭下台，显示出台湾大学中共地下党组织强大的领导力和影响力。1948 年 10 月初，台湾大学发生反续招转学生事件。10 月 29 日，台湾大学学生自治会联合会在台湾大学医学院召开记者会，以"转学生来头颇大，且台湾大学当局已经被迫内定录取，明显受到外力干涉"为由，提出成立"反对续招转学生委员会"，对台湾大学校方进行监督。台湾大学学生自治会联合会推派学生代表向台湾大学校方表达抗议遭到拒绝后，又推派台湾大学学生自治会联合会会长与校方交涉，仍然遭到拒绝。于是，台湾大学学生自治会联合会代表转而前往考场劝阻考生入场考试，由此引发与校方的冲突。台湾大学校长庄长恭、教务长卢孝侯无力应对学生诉求，联名向国民党政府教育部提出辞职，并于 1948 年 12 月 7 日返回祖国大陆。

这期间，在叶城松的领导下，台湾大学法学院中共地下党组织得到快速发展。叶城松先后发展了郑文峰、张璧坤、戴传李及其同学柯耀南、郭正堂、许昭然、林荣勋、詹昭光、王明德、王子英、陈英泰、叶金柱、邱妈寅等加入中共台湾地下党组织。这些进步学生为中共台湾地下党组织注入了新鲜血液，增强了革命斗争力量。

领导台湾学生联盟　呼应全国革命形势

1949 年 3 月 20 日晚，台湾大学法学院一年级学生何景岳与台湾师范学院博物馆系学生李元勋共骑一辆脚踏车，行经台北大安桥附近时，被交通警察谢延长以违反交通规则为由拦下，双方发生冲突，两名学生被毒打，并于当晚 10 时左右被押往台北市警察局第四分局（今台北市警察局大安分局）。

消息传开后，引起台湾大学和台湾师范学院师生群情激愤，他们迅速联合起来，包围了台北市警察局第四分局，声援两名被押学生，并提出严惩肇事警察，受伤学生由警察局赔偿医药费，警察局长向受伤学生当面道歉，警察局登报保证以后不再发生类似事件等五项要求。在师生们的强大压力下，台北市警察局第四分局最后被迫释放了两名学生。

3月21日，台湾大学与台湾师范学院再次派师生代表前往台北市警察局交涉。为以示声援，叶城松组织上千名学生前往台北市警察局请愿，他们与台北市民一起包围了台北市警察局。面对强大压力，台北市警察局被迫公开道歉。这迅速引起国民党高层关注，认为"校园受到中国共产党的统战与渗透"。

3月29日，叶城松以台北市大中学校学生自治会联合会纪念黄花岗烈士的名义，邀集台湾师范学院等学校学生，在台湾大学法学院举办青年晚会。晚会气氛热烈，叶城松担任现场总指挥，演唱了由沙洪（王敦和）作词、王久鸣作曲的《你是灯塔》（又名《跟着共产党走》），由牧虹作词、卢肃作曲的《团结就是力量》等革命歌曲。晚会结束时，根据叶城松提议，宣布在各学校学生自治会的基础上，成立台湾学生联盟和台北市大中学校学生联合会，并由叶城松担任会长。在叶城松的引导下，学生们在晚会上提出了"结束内战，和平救国""争取生存权利""反对饥饿和迫害""要求民主自由"等主张。大会决定，5月4日举行台湾省学生大会，并要求联系全省中等以上学校学生，举行游行示威活动。

台湾岛内的学生爱国民主运动，与祖国大陆不断胜利的人民解放战争相呼应，引起国民党反动集团极度恐慌。1949年4月1日，南京6000多名师生举行示威游行，高呼"拥护中共八项和平条件""反对假和平"等口号，遭到国民党军警残酷镇压。这就是四一惨案。

面对日益高涨的台湾学生运动，国民党反动集团悍然决定进行镇压。1949 年 4 月 6 日凌晨，大批国民党军警进入台湾大学和台湾师范学院校园，包围了两所学校的所有学生宿舍，强行以学生"张贴标语，散发传单，煽惑人心，扰乱秩序，妨害治安，甚至捣毁公署、私擅拘禁执行公务之人员"为由，逮捕了 300 多名台湾师范学院学生、20 多名台湾大学学生。这就是四六事件。

四六事件发生后，根据中共台湾地下党组织指示，叶城松多方奔走，积极营救被捕学生。1949 年 4 月 8 日，台湾大学、台湾师范学院师生举行集会，讨论营救被捕学生计划。台湾大学学生会成立了"四六事件营救委员会"，由各学院（系）选派一名学生代表组成主席团，并决定罢课抗议。面对学生的抗争，国民党特务和台湾大学校方进一步加强了对学生的严密监控。在国民党的高压恐怖下，台湾大学学生运动逐渐趋于沉寂。

1949 年 5 月 19 日，国民党"台湾省警备总司令部"颁布"戒严令"，宣布自 5 月 20 日零时起，在台湾全省实施"戒严"，"以防堵共产党力量在台湾的扩张"。5 月 20 日上午，台湾大学校方发布通告，宣布"戒严即进入战时状态，同学务必详读警备总司令部之公告，并切实遵守"。在这种情况下，为保护地下党组织，保护学生安全，台湾大学中共地下党组织决定，要讲究斗争策略，由叶城松继续领导法学院地下党支部，将中共台湾省工委机

关刊物《光明报》和其他宣传品，按照学生名册分别进行邮寄，并在公共场所书写张贴"新台湾""警告国民党特务书"等标语。

回乡隐蔽坚持斗争　周旋五年英勇就义

1949年8月，中共台湾省工委机关报《光明报》遭到国民党特务破坏，"《光明报》案"爆发。8月27日，台湾大学法学院学生林荣勋、詹昭光在高雄被捕。叶城松担心自己身份暴露，迅速秘密离开台北回到嘉义家乡。

回到家乡后，叶城松在台湾铁路公司嘉义车站谋得一个职位。其间，叶城松还发展了欧振隆、周慎源、洪金盛、黄嘉烈、李炎辉、张英杰、吴崇慈等秘密加入中国共产党。

这期间，在中共台湾地下党员陈水木、李水井的领导下，叶城松化姓郭，担任嘉义地下党支部书记，并领导郑文峰、黄师廉、张碧江、陈清度、黄雨生、许昭然、邱来源等地下党员，计划建立地下农民武装斗争小组。他们秘密调查了朴子镇公所、台湾糖厂嘉义分厂以及嘉义邮电局地下党组织的有关情况，怀着满腔热情为人民解放军解放台湾做准备。

1950年3月，中共台湾省工委书记蔡孝乾被捕叛变，导致大批地下党员被捕，地下党组织遭到毁灭性破坏，叶城松也被国民党特务公开通缉。但叶城松并没有放弃斗争，迅速前往嘉义山区隐蔽。其间，叶城松还领导地下党组织骨干张璧坤、郑文峰、吴玉成、赖正亮等，以嘉义地下党支部书记的身份继续开展革命活动。

1953 年 8 月，国民党特务机构成立"专案小组"，开展对叶城松等中共台湾地下党员的搜捕行动，但毫无结果。1954 年 2 月初，国民党特务根据举报线索逮捕了张璧坤。张璧坤经不住严刑拷打，向国民党特务出卖了叶城松及其领导的嘉义地下党组织。根据张璧坤提供的线索，国民党特务找到在嘉义火车站担任运务段主任的叶城松父亲叶火生，押着其前往所有亲戚朋友家里搜捕叶城松，企图以此方式迫使叶城松"救父"投案。在国民党特务的搜捕大网下，2 月 10 日，叶城松被捕。

在极端不利的形势下，叶城松能够努力争取台湾群众，在他们的帮助下与国民党特务周旋 5 年时间，显示出高超的群众工作本领和高尚的共产党人品格。被捕入狱后，面对国民党特务的严刑拷打和威逼利诱，叶城松仍然千方百计在尽可能的范围内保护地下党组织和地下党员。在叶城松的保护下，包括吴玉成、侯愉等在内的许多案件关联人，在初审时均被从轻判处。

但出于对中共台湾地下党组织的恐惧，蒋介石亲自审定了审判材料，先后要求对吴玉成、侯愉等"严为复审"。1956 年 8 月 28 日，经过蒋介石最终核定，吴玉成、叶城松等 6 名地下党员被判处死刑。国民党特务在总结叶城松案件时特别提到："逃亡匪干，在情势稍见有利时，仍继续秘密领导教育其组织残余分子"，"被捕匪干或自首分子，大多不愿交出其组织全部关系，纵使供出，亦多系已经自首在逃或已被捕伏法者，此种企图保留

其组织残余方法，仍值重视"。

1956 年 8 月 30 日，国民党"台湾省警备总司令部"军法处以"妄图以非法之方法颠覆政府而着手实行"为由，判处叶城松死刑。9 月 26 日，叶城松在台北马场町英勇就义，年仅 33 岁。

叶城松的一生虽然短暂，但却经历了在日本殖民统治下的觉醒，在国民党反动统治下的觉悟，在中国共产党教育培养下的成长，不断走向成熟的非凡人生历程。叶城松怀有崇高的政治信仰、坚定的革命信念、丰富的斗争经验，始终保持对国家、对民族的大爱，始终保持对家人、对同志的赤子之心，是优秀的台湾青年革命战士。在国民党特务的严密监视和密集搜捕下，叶城松巧妙周旋，战斗到最后一刻。叶城松的英雄事迹，我们应当永远缅怀。

徐鸿涛

　　徐鸿涛（1906—1960），浙江宁波人。毕业于黄埔军校第五期。
1950年冬加入中共隐蔽战线。1954年前往台湾从事党的隐蔽战线工作。
1959年6月被国民党"台湾省警备总司令部"扣押，1960年2月13日
在台北马场町英勇就义。

投身革命加入中共隐蔽战线

1906 年 5 月，徐鸿涛出生在浙江宁波慈溪一个较为富裕的家庭，从小受到良好教育。徐鸿涛生在旧社会，但思想进步，毕业于黄埔军校第五期，参加了北伐战争、抗日战争。1945 年 8 月全民族抗战胜利后，徐鸿涛进入重庆国民党陆军大学学习。徐鸿涛学习成绩优秀，凭借自身才干与勤奋，先后担任国民政府军事委员会办公厅机要室副主任、蒋介石侍从室机要组副组长、重庆市政府社会局局长等职务，为国民党军少将。

虽身居要职，又深受蒋介石信任，但徐鸿涛拒绝与国民党反动集团同流合污，对国民党腐败专制统治深恶痛绝。1947 年 4 月，徐鸿涛毅然辞去国民党军政职务，前往上海经商。

徐鸿涛在上海经商时，人民解放战争不断取得胜利。徐鸿涛对即将诞生的新中国充满向往，希望为建设新中国贡献自己的一份力量。

1949 年 10 月 1 日，中华人民共和国成立。1950 年 1 月 1 日，《人民日报》发表元旦社论指出："1950 年的主要任务是，以一切力量完成人民解放战争，肃清中国境内的一切残余敌人，解放台湾、西藏、海南岛，完成统一全中国的大业。"为了解放台湾，需要加强收集败退台湾的国民党反动集团政治、军事、经济等领域情报。这时，徐鸿涛居住在上海，有关部门迅速掌握了其详细

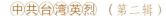

情况并开展工作。经过接触与谈话，徐鸿涛表达了希望为解放台湾作出贡献的强烈愿望。1950年冬，徐鸿涛参加中共隐蔽战线工作。

肩负特殊使命三赴台湾

1951年初，根据党组织安排，徐鸿涛从上海前往香港开展党的地下情报工作。在香港期间，徐鸿涛与中共地下党组织取得联系，利用自身有利条件，积极开展情报收集工作，陆续将在香港收集到的有价值的国民党情报资料上报给有关部门。

1954年10月，受党组织派遣，已经成为一名优秀隐蔽战线战士的徐鸿涛，第一次从香港进入白色恐怖中的台湾。这时的台湾，警车飞驰，特务横行，冤狱遍布。在国民党特务的大肆搜捕和残酷迫害下，中共台湾地下党组织遭到彻底破坏，大批地下党员和革命群众被捕入狱，直至英勇就义。

明知山有虎，偏向虎山行。危急时刻，为了祖国统一大业，徐鸿涛不顾个人安危，毅然告别亲人，孤身深入台湾，开展党的隐蔽战线斗争。到达台湾后，徐鸿涛机智沉着，以走亲访友为掩护，迅速与以前的同事、朋友建立起联系。这次进入台湾，徐鸿涛收集了国民党制定的出入境检查制度、岛内市场主要商品物价水平、国民党公职人员薪资待遇、岛内民众生活情况等重要情报。经过两个月的忙碌，徐鸿涛顺利完成了任务。1954年12月底，徐鸿涛安全回到祖国大陆，并将收集的国民党重要情报上交给有关部门。

1957 年 4 月，经党组织批准，徐鸿涛以经商为掩护，第二次从香港进入台湾。这时，蒋介石反动集团与美帝国主义狼狈为奸，加紧勾结，对台湾人民胡作非为，激起巨大民愤。

在徐鸿涛赴台前的 1957 年 3 月 20 日晚，美军士兵雷诺在台北无故将国民党军少校军官刘自然开枪打死。5 月 23 日，美军驻台湾的所谓"军事法庭"宣布，雷诺枪杀刘自然是"误杀"，以"罪嫌不足"判处雷诺无罪，予以释放，并称此为定案，不许上诉。消息传出，台湾舆论哗然，岛内各界纷纷举行抗议游行。

1957 年 5 月 24 日上午 10 时，刘自然妻子奥特华身着黑衣，手举用中文和英文书写的"杀人者无罪？我控诉！我抗议！"牌子，来到美驻台机构门前抗议。她声泪俱下地向围观民众哭诉，发誓要为刘自然讨回公道。在场台湾民众群情激愤，高呼"美帝国主义从台湾滚出去""还我公道"等口号，至中午时分，声援民众近万人。美驻台机构装聋作哑，拒不回应台湾人民的正义诉求。

在忍无可忍的情况下，抗议民众翻墙进入美驻台机构院内，打开铁门，愤怒的民众一拥而入。他们砸毁美驻台机构牌子，扯下美国国旗踩在脚下，捣毁门窗，放火焚烧了汽车，并在墙上刷下"美国佬滚出去！"的标语。为向美国表达"忠心"，国民党急忙调集大批警察和宪兵予以镇压，抓捕了许多抗议群众。5 月

24日晚6时，3万多名民众包围了台北市警察局，要求立即释放被捕的抗议民众，遭到警察用水龙头和催泪弹驱赶。同时，国民党宪警还对抗议民众开枪射击，当场打死3人，打伤38人，抓捕111人，其中41人后来被国民党以"参加暴乱"的罪名起诉判刑。晚9时，国民党宣布实行"宵禁"，并调集三个师军队进入台北，协助警察和宪兵抓捕参加抗议活动的民众。这就是五二四反美运动。

国民党对台湾人民的血腥镇压，与台湾人民反对美帝国主义、反对国民党反动统治的顽强斗争精神形成鲜明对照，暴露了国民党对美帝国主义奴颜婢膝的反动本质。为了讨好美国，蒋介石还亲自向美方表示赔礼道歉，承诺赔偿一切损失。

1957年6月，徐鸿涛将在台湾两个月内收集的国民党重要情报，包括五二四反美运动、美军"协防"台湾动向、岛内市场物价波动情况、国民党军士气及岛内社会舆情等情报，及时稳妥地上报给有关部门。

这期间，为了照顾徐鸿涛及其家人，1958年夏，党组织曾精心安排徐鸿涛与儿子徐天文在香港见面。

1959年5月27日，中共中央发出关于对台湾工作的几项通知，指出对台湾工作必须是长期打算，细水长流，才能积以时日，成效自见，对以蒋氏父子和陈诚为核心的台湾实力派的争取工作，由中共中央掌握。周恩来同志亲自主持工作，重点放在上层联络方面，提醒台湾上层人士不上美国的当，促成他们之间的团结，共同对付美国，以便台湾整个归还祖国。为了推动实现第三次国共合作，促进台湾和平解放，中共中央采取了如下措施：一是特赦国民党战争罪犯，通过他们向国民党传话。许多原国民党军政人员利用与国民党的特殊关系，为力争早日实现第三次国共合作作出了贡献。二是委托原国民党高级将领如张治中、傅作义等致信蒋介石父子和陈诚，转达中共中央对台方针政策。这些信对国民党晓以大义、陈以利害、动以感情，反映了中国共产党人以民族大义为重的宽阔胸怀。三是抓住机会做国民党元老的工作。四是通过海内外朋友向国民党传话的方式促进相互了解。

1959 年 6 月 3 日，经党组织批准，徐鸿涛第三次从香港进入台湾。这次前往台湾，徐鸿涛身负特殊重任。6 月 10 日，徐鸿涛与国民党"国防部"总政治作战部主任蒋坚忍在台北见面，向其转交了以陈毅元帅名义起草的《和平建议》，呼吁中国国民党与中国共产党加强团结，一致对外，并请蒋坚忍将《和平建议》转呈蒋介石和蒋经国。但出于反动本质，蒋坚忍不但不积极配合，竟然向国民党"国防部长"俞大维秘密告发了徐鸿涛。随即，徐鸿涛被国民党"台湾省警备总司令部"扣押。

坚强乐观　英勇就义

被扣押后，徐鸿涛先是被关押在国民党"台湾省警备总司令部"监狱的一般牢房里。三个月后，他被关押到死囚牢房。

在狱中，徐鸿涛誓死不屈，严守党组织的机密，保护了台湾地下党组织和其他潜台隐蔽战线战士们的绝对安全。同时，徐鸿涛始终保持隐蔽战线战士的顽强意志和乐观精神，与其接触过的难友，包括国民党特务都对其泰然自若、泰山压顶不弯腰的革命意志表示敬佩。徐鸿涛对国民党特务的残暴非常了解，知道自己会被判处死刑，但仍然以一种大无畏的革命气概坚持斗争。1959年 12 月底，徐鸿涛将一支钢笔交给难友，并口述一首绝命诗："我为和平到台湾，和风难过鬼门关，蒋家父子有幻想，欲在阿里山称王，古今圣贤谁不死，留取丹心照汗青。"希望难友将来能有机会将钢笔和绝命诗交给儿子徐天文。

1960 年 2 月 13 日清晨，徐鸿涛在台北马场町英勇就义。临刑前，徐鸿涛戴着手铐脚镣，坚定地举起双手向难友们告别。在刑场上，面对死亡，徐鸿涛毫无畏惧，大义凛然，为祖国统一大业献出了自己的宝贵生命。

1960 年 5 月，有关部门负责人与徐鸿涛家人见面，告诉了徐鸿涛向蒋介石、蒋经国传递中国共产党提出的两岸和平统一方案，但蒋介石封锁消息，将徐鸿涛在台北残忍杀害。有关部门负责人郑重地告诉徐鸿涛家人，徐鸿涛被捕后严守党的机密，保护了党组织的安全。1960 年 7 月，徐鸿涛被追认为革命烈士。

浩气长存　世人钦佩

　　徐鸿涛英勇就义近 40 年之际，发生了一件令人感动的事情。

1998 年夏的一天，上海市有关部门设法找到徐鸿涛儿子徐天文，告诉他有一位来自菲律宾的老人要求与其见面。此人就是杨人伦。杨人伦与徐鸿涛是当年同一个监室的难友，他们都被关押在死囚牢房。1987 年底，国民党当局解除"戒严"，长达 38 年的两岸同胞隔绝状态被打破。1988 年夏，杨人伦被释放出狱后，迅速从台北前往祖国大陆联系有关部门，希望寻找徐鸿涛儿子徐天文，完成徐鸿涛生前最后的郑重托付。但是，经过 10 年时间的找寻一直没有结果。功夫不负有心人，这一次，杨人伦终于找到了徐天文。有关部门迅速安排徐天文前往深圳，与杨人伦老先生见了面。

第二次世界大战期间，正在菲律宾留学的杨人伦参加了菲律宾共产党领导的抗日游击队。第二次世界大战结束后，杨人伦被菲律宾反动政府以共产党员的身份为由逮捕，1950 年引渡给败退台湾的国民党当局，随即被国民党以"参加共产党组织"为由判处死刑。1959 年 9 月，徐鸿涛被关进国民党"台湾省警备总司令部"监狱的死囚牢房，与杨人伦成为难友。杨人伦是菲律宾华侨，不是台湾本省人，而其所涉"共党案"发生在菲律宾。据此，徐鸿涛在狱中预判，杨人伦很有可能不会被执行死刑。因此，徐鸿涛才将钢笔和绝命诗交给杨人伦，希望其以后有机会转交给儿子徐天文。

徐鸿涛英勇就义后，杨人伦被国民党"台湾省警备总司令部"军法处改判无期徒刑，从台北死囚监狱转移到台东绿岛监狱服刑。杨人伦是学习化学专业出身的，在绿岛被国民党特务安排为监狱医生，给"犯人们"进行简单的医护治疗。1988 年夏，杨人伦被释放出狱后，立即启程途经香港前往祖国大陆，希望想方设法找到徐天文。

在深圳见面时，杨人伦告诉了徐天文其父徐鸿涛在国民党监狱的详细情况。杨人伦说："徐鸿涛在狱中一直非常坚强乐观，我对他非常敬佩。"杨人伦郑重地将徐鸿涛用过的钢笔和口述的绝命诗交给了徐天文。

姚国骅

　　姚国骅（1916—1960），原名姚大椿，字国骅，浙江杭州人。1937年7月全民族抗战爆发后毅然中断日本早稻田大学学业回国参加抗日战争。1950年受党组织派遣秘密潜入台湾从事战略情报收集工作。1959年6月11日被捕，1960年4月21日在台北新店安坑英勇就义。

求学报国　投身抗日救亡

1916 年 2 月 8 日，姚国骅出生在浙江省杭州市於潜县横路乡横路村（今临安区太阳镇横路村）。姚国骅有两个弟弟，分别是二弟姚大槐，三弟姚大桂（17 岁时病故于陕西西安黄埔军校第七分校）。

姚家在於潜县是名门望族。姚国骅祖父姚震川，自幼嗜学，无书不读，曾以优等之文考取清末民初廪生，成绩名列县试第一名，享受廪米俸禄。姚震川热心教育，将俸禄和家财献出兴办天目学堂，是当地较早兴办学堂的带头人。姚震川还非常热心公益事业，得到县政府赞赏，被推举为县参议会辅翼。姚国骅父亲姚家铨勤劳敬业，姚家的祖业和生意主要靠姚家铨经营管理。由于长年从事山货贩运，积劳成疾，姚家铨 40 多岁就英年早逝。

姚国骅成长和教育主要受祖父姚震川的关爱和影响。姚国骅从小聪明伶俐，颇受祖父喜爱。姚震川重视教育，兴办学堂，让姚国骅从小就得到较好的学习机会，获得良好的教育。姚国骅在当地高等小学毕业后，考取了杭州安定中学初中部，后转学到嘉兴中学就读至高中毕业。从嘉兴中学高中部毕业后，姚国骅考取了上海法学院。1935 年 7 月，姚国骅前往日本早稻田大学留学。1937 年 7 月全民族抗战爆发，姚国骅在日本得悉有关消息后，

对日本帝国主义侵略中国非常气愤，毅然决定中断学业，离开日本回到祖国参加抗战。

从日本回到祖国后，根据家人安排，姚国骅在苏州与谢钟英结婚成家。1937年8月13日凌晨4时，驻扎在上海闸北公共租界边缘的日军突然向中国军队发动进攻，试图突破中国军队防线，迅速占领上海市区。中国军队奋起抵抗，给予日军沉重打击。这就是八一三淞沪会战。会战打破了日本侵略者"三个月灭亡中国"的幻想。会战结束后，日军开始从上海撤出部分部队，转而向江苏推进，准备对当时的中国政治中心南京发起进攻，并开始对苏州进行大肆轰炸，苏州面临沦陷危机。

姚国骅将妻子谢钟英送到家乡浙江於潜横路村安顿后，认为自己作为一个有抱负有志向的中国青年，应该在国家、民族危难时刻挺身而出，为抗击日本侵略者贡献一份力量。于是，姚国骅邀请与其志同道合、同样报国心切的侄子姚士彦，一起奔赴江西南昌，参加敌后抗日救亡运动。这时，杭州、嘉兴、湖州相继面临沦陷，所有抗日救亡运动组织或转入地下斗争，或转移到杭州西南地区开展斗争。在江西南昌，中国共产党、中国国民党联合成立了抗日后援会，各界群众和国共两党一道，掀起了声势浩大的抗日民族统一战线洪流。姚国骅被安排在国民党江西青年战时服务团，开展发动组织群众及收集敌后日军情报等工作。

倾向革命　秘密支持抗战

1939 年 3 月 27 日，日军占领南昌。南昌沦陷后，姚国骅回到了家乡於潜横路村。这期间，姚国骅与妻子谢钟英生育了儿子姚中瑾、女儿姚中玲。但不幸的是，谢钟英在生育第三胎时因难产而去世。国难当头，强忍妻子离世的悲痛，姚国骅怀着抗日报国的满腔热情，前往驻扎在於潜地区的国民党军第二十八军，面见了军长陶广，要求前往前线抗击日本侵略者。陶广认为姚国骅文化水平高，又在日本留过学，是一个可造之才，就推荐其前往四川成都，到国民党军中央训练团接受训练。训练结束后，姚国骅被委任为浙西地区国民党军队筹集抗战物资的钱粮官。

姚国骅的家乡横路村位于浙皖交界处，是中国共产党在浙西较早建立地下党组织的地区之一。1938 年春夏之际，中共浙江省临时工作委员会就派地下党员到於潜地区从事党的地下组织活动，在横路村秘密发展地下党员，建立了横路村地下党小组，后来成立了地下党支部。1939 年秋，根据上级党组织决定，成立了中共横路区地下党工作委员会，驻地就在横路村，发展党员 50 多人。

这期间，中共横路区地下党组织与在皖南的新四军已经建立起秘密联系渠道。地下党员、新四军秘密联络员陈贤皎，曾以横路中心小学教导主任的身份为掩护，在当地开展地下党组织工作。当时的横路中心小学校长正是姚国骅的二弟姚大槐。通过姚大槐，姚国骅接触认识了陈贤皎，迅速成为私交很好的朋友。受陈贤皎影响，姚国骅开始在思想上行动上倾向中国共产党，经常利用自己担任国民党军队钱粮官的职权，通过陈贤皎向新四军秘密运送粮食、医疗用品等物资。在这一过程中，姚国骅也接触认识了担任淮南行署财政经济处副处长的任一力（新四军二师供给部部长）。

1941 年 1 月，国民党顽固派制造了震惊中外的皖南事变。新四军军部及所属皖南部队 9000 余军人，遵照国民党军事当局的命令向北转移途中，遭到国民党军 8 万余人的伏击和围攻，除 2000 余人突围外，一部被打散，大部壮烈牺牲或被俘。面对严重形势，中共中央军委于 1941 年 1 月 20 日发布重建新四军军部的命令。

1944 年初，浙西地区中共的地下组织遭到破坏，陈贤皎被国民党通缉。危急时刻，姚国骅利用自己国民党军队钱粮官的公开身份成功掩护陈贤皎安全脱险，亲自将陈贤皎秘密护送转移到天目山新四军部队。

陈贤皎回到新四军军部后，向新四军苏浙军区第一纵队司令员王必成汇报了姚国骅秘密资助新四军，秘密掩护自己成功脱险的详细情况。王必成为此专门写信给姚国骅，表扬并鼓励其继续协助做好革命工作。

赴台潜伏　从事党的地下工作

1945 年 8 月 15 日，日本宣布无条件投降。姚国骅出色的工作能力，深受国民党军第二十八军军长陶广赏识。为对这位 29 岁的青年加强培养，陶广将姚国骅推荐给国民党福建省政府主席刘建绪，挂名国民党军第十集团军上校参议，派任福州市财政粮食局视察专员。姚国骅克勤克俭、兢兢业业，很快就获得了刘建绪的充分信任。这期间，经人介绍，姚国骅与福州人柯云斌结婚成家。婚后不久，刘建绪就推荐姚国骅携妻子随福建省政府战时生产局采办处处长严家淦一起前往台湾，参与台湾光复后的有关工作。

1945 年 11 月中旬到达台湾后，姚国骅先后担任基隆通运公司副经理和彰化通运公司经理。在台湾安顿下来后，姚国骅曾于1946 年、1947 年两次携妻子回到浙江於潜横路村家乡探亲，柯云斌在横路村生下两个儿子姚中衍、姚中朗。姚中朗出生不久，姚国骅夫妇携两个儿子再次返回台湾。1948 年 9 月，姚国骅携妻儿再次经香港回到福州。这一次回到福州，姚国骅将妻子和两个幼小的儿子安顿在了岳父母家里。不久，姚国骅就从福州返回了台湾。

1949 年 10 月下旬，姚国骅以返回祖国大陆接家眷的名义，从台湾经香港回到杭州，住在姨姐谢某（姚国骅已故妻子谢钟英的姐姐）家里。在杭州，姚国骅找到浙江省财政厅厅长任一力，向其详细介绍了自己在台湾的人脉关系，特别是与严家淦等人的交情，希望能为人民解放军解放台湾做些有益的工作。听完情况介绍后，任一力将姚国骅介绍给杭州市军事管制委员会公安保卫科科长马保航。与姚国骅见面详谈后，马保航又将姚国骅的有关情况和具体要求，及时向杭州市军事管制委员会负责人和浙江省军事管制委员会负责人进行了请示汇报，受到上级党组织高度重视。根据党组织指示，有关部门安排姚国骅接受了一段时间的秘密培训，学习了党的地下组织工作的有关知识和技能，约定了特殊的联络地址和联系方式。党组织交给姚国骅的主要任务是，以其在台湾任职的公开身份为掩护，秘密开展战略情报收集工作。

1950年3月15日，姚国骅携姨姐谢某母女（谢某母女在台湾有特殊亲属关系）离开杭州前往香港。在香港期间，姚国骅委托友人罗某制作文书，以姚国骅、谢某是国民党中央党员通讯局通讯员的名义取得了入台证件。同年5月，姚国骅按照在杭州时与马保航约定的联络方法，函告自己已经安全到达台湾，并提供了许多有价值的国民党军事情报和策反争取人员的信息。同时，姚国骅还以"华妹病势严重，速延医诊治"等暗语，暗示国民党军兵力薄弱，人民解放军可以解放台湾之意。

来到台湾后，姚国骅除了利用自己的人脉关系对国民党军政高层人员进行秘密策反争取，还在台北开办了一家小型印刷厂，秘密印刷了一批宣传进步主张的宣传品，散发到台湾学生、工人中间传阅。国民党特务侦办材料显示，姚国骅还想方设法把一些宣传品塞到了国民党台湾省主席陈诚的办公室，甚至塞到了蒋介石在台北士林的官邸。国民党高层对这些进步宣传品大为恼怒，秘密下令从印刷厂入手进行彻查，顺藤摸瓜，并对检举人给予重奖。姚国骅在台湾潜伏 9 年多时间，收集了大量国民党战略情报。但这次，姚国骅未能逃出国民党特务的魔掌。很快，姚国骅的印刷厂就被一个见钱起意的叛徒出卖，致使姚国骅暴露并被捕。

受尽酷刑　英勇就义

1959 年 6 月 11 日，姚国骅被国民党特务逮捕。被捕时，国民党特务在姚国骅的住处查获了美式左轮手枪 1 支、子弹 38 发。随后，国民党特务又在姚国骅姨姐谢某家里，查获了姚国骅与杭州市军事管制委员会公安保卫科科长马保航的秘密联系地址及一些秘密材料，姨姐谢某、徐某夫妇被捕。在被关押审讯期间，姚国骅抱定必死的决心，受尽了国民党特务的酷刑，但誓死拒不透露党组织的半点秘密。

潜伏期间，除了印刷、散发进步宣传品，姚国骅还秘密联络、策反争取了不少国民党重要人物，有些涉及国民党高层人员，甚至还涉及蒋介石身边最信任的人。国民党特务从姚国骅口中捞取不到"成果"，遂将案情上报。蒋介石极为重视此案，勃然大怒，命令国民党"国防部""警备总司令部""总统府"第二局联合进行三审，最后以姚国骅"企图颠覆政府叛乱罪"为由，认定姚国骅"罪大恶极，判处死刑"。据国民党有关档案记载，判决书上报蒋介石后，蒋介石"非常震惊"，批示"姚犯非杀不可"。

1960年4月21日凌晨6时，姚国骅在台北新店安坑英勇就义，时年44岁。2013年，姚国骅的英名刻在了北京西山无名英雄纪念广场英烈墙上。

1950年3月，姚国骅最后一次前往台湾前，曾向自己的弟弟姚大槐交过"底"。姚大槐回忆说："大哥姚国骅说自己要去很远的地方工作，当时说是去东北，可能一下子回不来了，留在横路村老家的一双年幼的儿女要托付给我照顾，没想到他此去竟然杳无音信。"留在福州的妻子柯云斌和两个儿子一直不知道姚国骅的下落，直到20多年后的1984年，他们收到姚大槐的来信，才知道姚国骅早已在台湾英勇就义。

1992年，姚国骅在台湾的一位亲戚翁某回祖国大陆探亲，专程来到天目山与姚国骅的亲人见面。翁某告诉姚国骅的亲人，自己当时担任蒋经国的警卫，目睹了姚国骅英勇就义的过程。翁某说："行刑时姚国骅被开了8枪，仍然屹立不倒，最后由执刑官上前亲自用手枪补了一枪后才倒下。"姚国骅被国民党特务关押后第一次被允许探监时，在台湾岛内的浙江同乡们推举翁某前往探视。探视时，姚国骅嘱咐翁某，"自己没考虑活下去"，希望翁某帮其代为"收尸"，"我（姚国骅）自己在台湾的情况也不要告诉在大陆的亲人"。姚国骅英勇就义的当天上午，翁某到刑场为其料理后事（收尸），骨灰暂时存放在一家私人开办的殡仪馆。然而，由于各种原因，姚国骅的骨灰至今流落何处不得而知。

姚国骅献身宝岛的英雄事迹令人感动和敬佩。无论是潜伏、关押、刑讯，还是昂首不屈英勇就义，姚国骅始终坚守信仰，坚贞不屈，表现出一名坚强的革命战士的大无畏精神，展示了一名隐蔽战线优秀战士的光辉形象。姚国骅的英勇壮举，坚如天目山的青松，灿若天目山的艳阳。

盖天予

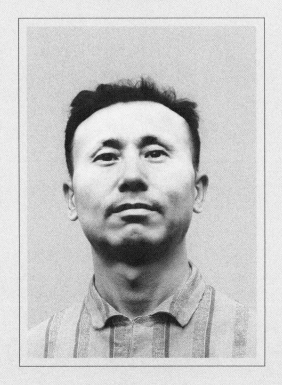

　　盖天予（1911—1963），原名盖心照，字中佛，山东博兴人。1947年1月加入中国共产党。1948年调任台湾碱业公司。1960年11月13日被捕，1963年3月26日在台北马场町英勇就义。

出身名门　矢志教育

1911 年，盖天予出生在山东省蒲台县（今博兴县）乔庄镇薛坊村一个名门望族家庭。盖家先祖是明朝初年移民时，由直隶枣强县迁居于蒲台县的。至清朝乾隆年间，盖家已成为当地的名门望族。终清一朝，盖家共培养进士 2 人、举人 3 人、贡生 10 人、秀才 92 人，还培养武生 4 人、武举 1 人，可谓人才济济。祖上盖方泌，乾隆五十六年（1791）被选拔贡，曾任四川顺庆知府、福建延平知府、台湾知府等官职，能平巨寇，爱民如子，治绩卓然，人呼"太守雨"。盖方泌与山东滨州第一望族杜氏后人杜堮年龄相当，他们是好朋友，杜堮曾携子杜受田在盖家担任家庭教师。杜受田后来成为咸丰帝师，与盖方泌儿子盖钰成为世交。道光二年（1822），盖钰考中进士，曾任陕西安康、肤施、石泉、大荔等知县，代理汉中府知府，因审案公平，被称为"盖青天"。文风家风如此，盖家武功在当地也名扬四方。咸丰年间，太平军兴起，蒲台县依靠盖家兴办团练，独立支撑起城乡防御。光绪《蒲台县志》《咸丰辛酉蒲邑殉难诸君记略》记载："各县奉旨办乡团，郡庠生盖镳，恩贡生、候选训导盖纶之，从九品盖秉鉴、盖秉钤，同理团务，联百十村为一团，捐制钱四千余贯，制造枪炮火药，捐谷二百余石，以充公费。"盖家文才武功远近闻名。

盖天予就出生在这样的名门望族。父亲盖昌萃持家有方，服务乡邻，积极创修民埝，获蒲台县知事谢建基赏识，从而结为好友。在盖天予后来的成长和发展中，家世和人脉都发挥了重要作用。

盖天予幼年聪慧，从乔庄镇麻湾第三完全小学毕业。当时的蒲台县横跨黄河两岸，面积小，人口少，但教育发达程度在鲁北各县居冠。至 1928 年，蒲台县有完小 4 所、学生 300 人，加上两所县立初小 120 人，120 所区立初小 3600 人，全县共有在校学生 4020 人。1931 年，蒲台县 362 个村庄共设立学校 132 所，教育普及程度十分可观。

盖天予从第三完全小学毕业后就在麻湾第三高级小学教授语文。当时，小学教师有正副之分。从 1931 年开始，山东省政府教育厅连续 4 年对中小学教师进行考核检定，公布全省检定合格人员名单。盖天予参加了山东省政府教育厅第二试区第三十五区（蒲台、利津、博兴、滨县）的第一次检定小学教师考试，获乙等初正教师资格许可状。这时，盖天予已经结婚成家。妻子是与蒲台县相距 10 余里的蔡寨大户人家赵家的女儿。赵家家道丰裕，妻子养成了小姐脾气，加之又是小脚，盖天予夫妻感情生活不是十分和谐。乡村小学教师收入低，缺乏信息，职业前途黯淡，盖天予不安于现状。为了个人前途，盖天予决定继续进修，到外面的世界读书求学，争取闯出另外一番新天地。

1931 年 2 月，盖天予考入济南私立育英中学初中部就读。育英中学建于 1913 年，是济南著名私立学校。从 1932 年开始，山东在全省初级中学实行会考制度。在 9 次会考中，育英中学学生曾三次位居第一名，一时声名远播。

育英中学素有革命传统。1920 年，革命党人王翔千就在育英中学担任语文教师，与王尽美、邓恩铭等共同成立了济南共产党早期组织。1922 年 9 月，中国社会主义青年团济南地方团在育英中学成立，许多老师和学生参加了成立大会。受到革命思潮熏陶，盖天予的思想不断进步。

1931 年九一八事变爆发后，广大青年学生走在了反抗日本侵略者的爱国运动的最前列。在爱国运动的影响下，育英中学男学生组成"救国军"，女学生组成"救护团"，举行军事训练，参加抗日游行示威，号召开展抗日斗争。育英中学 400 多名学生参加了济南学生南下请愿团，盖天予也参与其中。

1933 年 12 月，盖天予从育英中学十二年级二班初中毕业后，曾短暂进入山东省立济南高级中学就读。当时，济南革命斗争活动十分活跃，中国共产党在济南的领导机关就设在济南高级中学，党组织负责人林浩（尹圭璋）、杨涤生都是在校学生。这期间，中华民族解放先锋队也在济南发展革命组织，开展革命工作。基于革命活动实践，盖天予对自己的人生道路有了新的深入思考。盖天予看到了社会底层民众文化水平的落后，转而认同乡村建设派改良农村的主张，决心以教育救国为己任，投身于服务劳苦大众识字扫盲的乡村教育工作。

20 世纪 30 年代，乡村建设运动成为一道时代的风景。在山东，梁漱溟创办了邹平乡村建设，齐鲁大学开办了历城县龙山实验区。1932 年 9 月，在山东省政府教育厅推动下，山东省民众教育馆在济南历城县第二区祝甸乡的 6 个村举办山东省立民众教育实验区，主要从事组织合作社、改良农业和乡村教育工作，实验区主任为屈凌汉。1934 年，盖天予离开济南高级中学，在山东省民众教育馆研究实验部谋得一个职位，与董渭川、梁容若、屈凌汉等山东文人一起谋划乡村识字扫盲工作。其间，盖天予参加了山东省立民众教育实验区的乡村服务工作，在实验区七里河村民众学校组织识字队，推行扫盲教育。实验区实行分村包干制度，每位干事负责一个村的扫盲教育工作。但由于民众对乡村教育缺乏认识，乡村教育工作者社会地位不高，导致识字队人员流动较大。

当时，祝甸乡没有一所完全小学，民众文化水平十分落后，小学教师出身的盖天予怀着满腔热情承担了这份工作。七里河村民众学校分为成年男、女两个班，分别由男、女教师任教。在七里河村，盖天予积极推进识字扫盲与妇女协进会工作，训练妇女的团体意识和团结精神，并指导成年男子组织励志会，组织青少年儿童成立少年团，指导他们逐渐养成纪律化、组织化生活。在 1935 年第 8 期《山东民众教育月刊》上，盖天予发表了《七里河庄的妇女协进会》《识字队与传习处》两篇文章，介绍了推行识字教育、劝导妇女不再裹脚、倡导团体公益观念等方面的经验。七里河村在祝甸乡 6 个村中人口规模不大，与山东各地同时推行识字教育，但在同一个时期，就识字人数而言，明显高于其他村；就识字进度而言，也明显快于其他村。盖天予在《七里河庄的妇女协进会》一文中写道："在妇女协进会未组织以前，七里河庄也有很多的裹脚妇女。自妇女协进会成立以后，加紧劝导，全庄妇女 230 人除 50 岁以上的实是不能解放外，所有青年妇女无一人裹脚了。"祝甸乡实验大获成功。当地妇女接受思想教育改造后，改变了以前不出家门的旧习，纷纷到外面自由行走，热情参加实验区组织的各项活动。当地民众识字率也由 1‰ 提高到 20%，扫盲教育工作成果丰硕。盖天予在推行平民扫盲教育、倡导社会新观念等方面成绩显著。但是，1935 年 7 月，山东省政府教育厅一纸令下，将民众教育实验区移交给山东省立济南乡村师范学校举办。此后不久，盖天予决定寻找另一条人生道路。

乱世浮沉　苦闷求索

1935 年秋，在叔父盖昌前等的资助下，盖天予前往日本东京法政大学留学，就读于法学部政治经济学科。东京法政大学有许多中国留学生，与盖天予同期的就有 290 多人。范源濂、汤化龙、居正、古应芬、汪精卫等也曾就读于这所学校。

1937 年 7 月，全民族抗日战争爆发。盖天予救国心切，决定中断学业，加之母亲身患重病，当年秋就从日本回到祖国。回国后，盖天予寄居在叔父盖昌前位于天津的家中近一年时间，生计困顿，急需找到生路。1938 年秋，经盖昌前推荐，盖天予跟随家族世交谢建基，来到山东陵县日伪县政府担任建设科科长。盖天予对日本侵略者有着强烈的反抗意识，到陵县后暂住在县城一个旅馆，一直没有到任。1939 年初，盖天予改任陵县日伪县政府教育科科长，因患脱肠病前往济南齐鲁医院治疗，仍然没有到任，科长职务由一名科员代理。1939 年底，盖天予辞去陵县伪职，来到济南谋生。1940 年初，盖天予在济南谋得一个教书职位，担任日伪山东省政府行政人员训练所讲师。当年秋，盖天予转任日伪山东省政府小学教员训练所教务主任。1941 年冬，盖天予转往徐州，担任日伪苏北行政专员公署行政人员训练所教育长、日伪苏淮特别行政区公署教育处秘书。1943 年夏，盖天予转任日伪徐州市政府教育局局长。不久裁局改科，盖天予不到半年时间就去职。1944 年，盖天予担任日伪苏淮特别行政区国民党党部党务办事处主任。1945 年 2 月 11 日，盖天予担任汉奸郝鹏举为首的日伪淮海省国民党党部筹备委员会委员兼书记长。盖天予出任伪职，在其内心是一种煎熬，一种挣扎，他无时无刻不在寻找自己的出路。这期间，盖天予以一个中国人的正义和骨气，坚持与日本侵略者和日伪政权作斗争。1940 年冬，国民党中央监察委员赵季勋携家眷秘密经过济南，盖天予千方百计给予掩护，确保了赵季勋一家人安全通过沦陷区。1944 年夏，国民党蒲台县县长盖昌真秘密经过徐州前往安徽阜阳，盖天予掩护其通过沦陷区，并资助其旅费。1945 年 8 月 15 日日本宣布无条件投降后，盖天予彷徨辗转于济南、天津等地，对自己的过往进行了深刻反思，决心洗心革面，重新做人。

伏身汉沽　为党工作

1946 年 11 月，盖天予伪造了籍贯（青岛）、年龄、经历、学历，开启新的人生。此后不久，经曾在日伪政府任职期间的同事郭景东介绍，盖天予在天津化学工业公司谋得一个副管理师职位。同年 12 月，盖天予被调到天津化学工业公司汉沽工厂，担任工务科长、福利组总干事等职务。

天津化学工业公司前身是抗战胜利后国民党接收的日本东洋化学工业株式会社，始建于 1938 年。在汉沽营城设立的东洋化学工业株式会社汉沽工厂（今天津渤海化工有限责任公司），作为日本战败投降后遗存的、颇具规模的企业，受到国民政府高度重视，由国民政府经济部资源委员会予以接收。1945 年 12 月 13 日，国民政府经济部接收委员朱洪祖任命技术专家周同惠前往汉沽接洽接收事宜。1946 年 1 月 3 日，国民政府经济部正式接收了汉沽工厂。同年 3 月，国民政府经济部资源委员会接管了工厂，将其更名为天津化学工业公司汉沽工厂。当时，工厂拥有近 600 名员工。天津化学工业公司下辖五室三厂，分别是工务室、业务室、秘书室、研究室、会计室和天津工厂、汉沽工厂、葫芦岛硫酸工厂。汉沽工厂实行厂长负责制，厂长由公司协理田彻兼任，下设第一工厂、第二工厂、第三工厂、实验工厂、总务科、工务科、会计科、器材科、技术室、实验室等部门。

在 1948 年 12 月 14 日汉沽解放前，国民党从各地抽调到汉沽工厂的高层管理人员和技术人员，多为一时之选，亦不乏中国化学工业的元老级人物。姚文林（1897—1980），河北青县人，1921 年毕业于北京大学理化学院化学系。1922 年赴美留学，获芝加哥大学化学硕士学位，并到伊利诺斯大学进修，担任康乃基工学院工程师。1928 年回国，先后任教于北洋大学、东北大学、河北省立工学院化学制造学系。抗战时期，姚文林担任国民政府军事委员会专员、经济部工矿调整处中南地区办事处主任、第四战区经济委员会委员。1946 年 3 月，受国民政府经济部资源委员会指派，姚文林接管日本东洋化学工业株式会社汉沽工厂，并以此为基础，改组成立天津化学工业公司，出任首任总经理。1947 年 3 月，姚文林担任国民政府经济部资源委员会日本赔偿拆迁委员会委员。1948 年，姚文林前往台湾，接任台湾碱业公司总经理，后来担任公司董事长。盖天予在汉沽工厂与姚文林关系最为密切，曾负责为其收发私人信函。

汉沽工厂人才众多，著名的还有冯有申、丁树藩、周同惠、赵宗燠等人。冯有申 1915 年出生，山东平原人，1937 年毕业于北洋大学工学院电机工程系。曾任武汉大学讲师、辽宁本溪煤铁公司电力处处长、湖南湘永煤矿公司机电室主任。1946 年担任天津化学工业公司汉沽第三工厂厂长。1949 年 10 月 1 日新中国成立后，冯有申转入电力部门工作，历任西安电业管理局、陕西电业管理局、西北电业管理局总工程师、高级工程师，为西北电力工业发展作出了重要贡献。冯有申在汉沽工厂工作时，就秘密加入了中国共产党。丁树藩（1912—1983），著名化学家、物理学家、机械动力学家、核材料与核燃料专家。1946 年 4 月 15 日，丁树藩担任天津化学工业公司汉沽工厂化学实验室主任。周同惠（1924—2020），分析化学、药物分析和色谱学专家。1945 年 12 月，受国民政府经济部指派，与朱洪祖共同接收汉沽工厂。与这些进步人士一起工作一段时间后，盖天予的思想也在发生深刻变化。

抗日战争期间，中共中央晋察冀分局成立了城市工作委员会（后改为城市工作部），领导北平、天津、塘沽一带的革命斗争。抗日战争胜利后，中共冀中区委决定成立天津工作委员会接管天津，由唐伯负责，在塘沽海河以南的邓善沽村北桃园，建立了公开的中共塘沽区委员会和塘沽区政府。唐伯担任区委书记兼区长，魏良、张达担任区委委员。这时，天津地区的中共地下党组织仍然像抗战时期一样，将党的领导机关设在城外的根据地，由根据地党组织向城市有关机构、企业派遣地下党员，从事党的地下组织工作，并秘密发展内线人员潜入敌人心脏开展工作。此间，受中共塘沽区委上级领导史希贤指派，地下党员李承远以收盐工作为掩护，在塘沽秘密组织发展工人，团结争取工人中的进步分子，将他们秘密送到解放区进行短期培训后再派回塘沽开展地下革命斗争。但这项工作开展不到 4 个月，由于国民党不断制造白色恐怖事件，残酷镇压群众革命运动，1945 年 12 月，上级党组织决定改建中共塘沽区委并停止工作。按照中共天津工作委员会"以外线领导内线"的指示，中共塘沽区委改建为中共塘大

工作委员会，工委机关迁移到宁河县南淮渔淀村，党的全部活动也转入地下。

与党组织的地下斗争工作相配合，党的公开力量也在发展。在宁河县及其所属的汉沽、塘沽一带，活跃着一支被称为宁河支队的党领导的地方武装力量。这支队伍是 1946 年春由地下党员武宏遵照冀东军区第十八军分区命令组建的。宁河支队组建后，广泛深入乡村，宣传发动群众，扩大革命队伍，迅速发展壮大成 5 个连队、8 个区小队的革命武装队伍，总计 1300 多人，战斗力也不断提升。

上级党组织十分重视在国民党内部和社会各阶层发展可靠力量为党工作。1946 年初，有关部门发出指示，要求改善和加强侦察工作，重视发展秘密工作人员，积极努力开展敌特内部内线工作。由于表现进步，盖天予引起了地下党组织的注意。1947 年 1 月，经过地下党组织反复考察，在地下党员刘振生的介绍下，盖天予在天津参加了中共唐山区工作委员会，加入了中国共产党，并担任党小组组长。盖天予在济南读高中时就与刘振生认识，1946 年他们又在天津重逢，彼此志同道合。在汉沽工厂期间，盖天予利用其便利身份，为争取工人的切身利益做了大量工作，付出了艰辛努力，得到工人的普遍肯定和认同。刘振生对此也十分了解。

盖天予根据早年在山东济南开展识字扫盲教育的实践，在汉沽工厂担任工务科科长时，制定了工人识字班计划简章。在盖天予的推动下，1947 年 1 月 4 日，汉沽工厂第四次厂务会议决定举办工人识字班，由盖天予负责组织实施。同时，作为汉沽工厂福利组总干事，盖天予积极团结赵谨权、王振生、张文炳、王树坛等福利组核心成员，努力为工人谋福利、争权益。盖天予参加了由工人和职员组成的汉沽工厂员工励进会，并当选委员。地下党员赵谨权也以福利组干事兼委员的身份参加励进会有关工作。

1947年4月1日，针对工厂管理层不关心工人公休问题，盖天予向汉沽工厂厂务会议提出制定工人轮流公休的提案："查本厂轮班工人因工作连续之必要，每逢星期休息日均照例指定加工，且不得推诿。如此实行，实际上等于取消休息日。兹作为工人每周得有休息日之机会起见，拟由各工作部门斟酌生产工作之状况，规定轮流公休办法。所提是否得当，敬候公决。提案人盖天予"。当时担任河北省政府社会处处长的屈凌汉，是盖天予早年在济南从事乡村教育的老朋友。盖天予为争取工人公休权益的提案，就是利用其与屈凌汉的关系为工人争权益、谋福利，以进一步健全汉沽工厂福利委员会，为工人们争取更多权利。

盖天予利用其便利身份为工人阶级争取利益，得到工人们的高度肯定和拥护。盖天予与赵谨权都是中共地下党员，他们的一切工作都是在党组织的领导支持下进行的。为加强汉沽工厂党的组织领导，党组织决定由盖天予、王治平和潜伏在工厂的地下党员李意诚、赵谨权成立汉沽工运小组，盖天予为组长。盖天予参加了五次汉沽工运小组会议、两次扩大工运会议，发动工人举行了两次罢工。

1946年9月2日，天津化学工业公司工人对国民政府经济部资源委员会决议增加工人工资 60%，但以玉米面价格 210 元折合不满，所有工人拒不领取。工人们要求厂方暂借 5 万元，待工资增加数额确定后再领取，厂方答应立即照发。9 月 10 日，工人们要求中秋节每人发放 5000 元过节费，厂方也予以答应，但要求按照借支办理，需要以后从工资中扣除。1947 年 2 月 12 日上午，工人们不满厂方条件而举行罢工，下午厂方就在罢工压力下答应如数发放过节费，也不再从工资中扣除。盖天予在厂方与工人们之间奔走协调，为工人们争取利益，更加得到工人们的拥护和支持。

由于通货膨胀居高不下，工人们的实际收入与所得工资相比，按照生活费指数计算，每半个月就相差 1 万多元。1946 年 11 月 17 日，国民政府经济部资源委员会所属天津各家工厂的工人们联合起来，向天津市政府社会局要求增加工人收入，按照生活费指数调涨工资底薪，没有获得回应。12 月 10 日，包括汉沽工厂在内的 12 家工厂的 6000 多名工人发起请愿活动，要求增加工资。在工人们的强大压力下，厂方最终答应了部分要求。12 月 17 日，汉沽工厂等 8 家工厂的工人们再次举行联合罢工，抗议厂方不遵守诺言，无理减发工资，抗争坚持了 10 多天时间。

1948 年 1 月 16 日，300 多名汉沽工厂工人包围了厂长办公室和工厂食堂，要求提高工资待遇。工人们封锁工厂大门，不许外出联络，限制厂方当天下午 4 时前必须给予答复。经国民党天津警备司令部稽查处处长、国民政府经济部资源委员会驻天津专员、汉沽工厂总经理和工人代表多次谈判，于 2 月 5 日签订了调整工资办法，厂方最终答应按生活费指数发放工人工资，增加工资底薪，工人们的斗争取得完全胜利。

在盖天予、赵谨权等地下党员的教育启发下，工人们的觉悟很快就有了大幅提高，认清了国民党反动统治集团的腐朽本质，更加团结起来与国民党进行坚决斗争。1948 年 12 月 12 日，唐山解放。人民解放军沿北宁铁路向西南挺进，芦台、汉沽解放指日可待。在历史大势面前，汉沽工厂管理层保持了清醒头脑。总经理程兴武两次接到天津化学工业公司电话通知，要求其把汉沽工厂技术人员撤回天津，以备随时撤往南京。程兴武、郭雨东等汉沽工厂管理层人员认为，国民党气数已尽，来日不多，对天津化学工业公司的要求置之不理，带领广大工人对国民党破坏工厂的行径严加防范，号召工人们坚决进行护厂斗争。当时，汉沽变电站实施检修，工厂已经停工。为保存汉沽工厂完好无损，在自愿的原则下，厂方除派车把住在北平、天津的工人送回家外，把愿意留下来的工人与本地工人一起组成护厂队，站岗放哨，日夜坚守，防止国民党反动派对工厂进行破坏。

1948 年 12 月 14 日清晨，国民党天津警备司令部盐警队突然闯进汉沽工厂，带走了程兴武。由于距离汉沽工厂不远的寨上镇已经发生哄抢商店事件，为了不让可疑人员进入工厂，郭雨东加强了护厂队的警戒工作，要求护厂队员保持高度警惕，坚决阻止任何可疑人员进入厂内。上午 11 时左右，程兴武急匆匆回到工厂。程兴武说，国民党盐警队队长要带其到天津化学工业公司撤往南京，是自己谎称全家老小仍在厂内，才得以脱身。这时，

汉沽工厂东边传来枪声，一个小分队解放军战士在当地工人的带领下，已经进入工厂。解放军战士告诉工人们，汉沽已经解放了，并要求大家一定要把工厂保护好。12月15日，中共冀东区委派出赵化南为人民解放军代表，对汉沽工厂进行了接管，并宣布保留工厂制度、职工原有职位和薪酬，由人民解放军代表和厂长共同管理工厂。工人们欢呼雀跃，庆祝获得新生。

血洒宝岛　魂兮归来

1947年8月，上级党组织向各解放区推广东北地区公安部门秘密工作经验，强调打入敌人内部，进行内线侦察，争取渗入敌人核心组织，插入敌人心脏，并争取坚持长期隐蔽斗争。各有关部门积极布局党的秘密战线工作，争取打入敌人内部长期潜伏。

1948年初，国民政府经济部资源委员会要求汉沽工厂抽调部分人员前往台湾，接管台湾碱业公司的运营和生产。抗战胜利后，国民政府在台湾接收了大量工矿企业，急需管理人员。到1946年初，已有5000多名管理、技术人员被派往台湾有关工矿企业。

1948年3月，天津化学工业公司决定，汉沽工厂总经理姚文林调任台湾碱业公司总经理。中共地下党组织认为，这是一个秘密派遣地下党员赴台的好时机，指示盖天予跟随姚文林一起前往台湾。临行前，党组织指定的联络人刘振生与盖天予进行了谈话，要求其到台湾后从事党的地下情报工作，争取长期潜伏。

1948 年 7 月，盖天予与姚文林一起前往台湾，担任台湾碱业公司秘书室副管理师兼秘书。台湾碱业公司是重要化工企业，每月生产固碱 300 吨、盐酸 300 吨、漂粉 150 吨、液氯 75 吨等重要工业原料。11 月，盖天予将台湾碱业公司的生产资料及设备设施等详细情况以书信形式寄往天津化学工业公司总经理金祖荫，由其转交刘振生。后来，由于人民解放战争形势变化，盖天予中断了与刘振生的联系。在这种情况下，为了传递收集的国民党情报，盖天予仍然设法与在台湾岛内的民革成员钟平山取得联系，但由于钟平山被国民党特务逮捕而没有联系成功。1952 年春，盖天予担任台湾碱业公司安顺工厂总务科科长，不久兼任安顺工厂人事组组长。

1951 年 11 月，隐藏在祖国大陆有关部门内部的国民党特务向国民党"国防部"保密局密报了盖天予前往台湾的秘密工作任务。接获密报后，国民党特务从 1952 年初就对盖天予进行了严密监视。经过近 8 年的侦查监视，1960 年 11 月 13 日，盖天予在台湾碱业公司安顺工厂被国民党保密局台南调查站特务逮捕。在狱中，国民党特务对盖天予施以罚跪、毒打、夹手指、烧伤头颈、剥光衣服浇冷水、灌喝药酒、用大头针钉指甲等酷刑，盖天予经受了常人难以忍受的折磨，始终未吐露党组织的半点秘密。恼羞成怒的国民党特务面对盖天予的坚贞不屈，也不得不发出"共产党全是铁人"的惊叹。

1962 年 11 月 28 日，国民党"台湾省保安司令部"军法处判处盖天予死刑。1963 年 2 月 13 日，国民党"国防部"核准对盖天予的死刑判决。3 月 26 日清晨 6 时，盖天予在台北马场町英勇就义。

盖天予，一位来自鲁北乡间的青年，曾矢志乡村教育救国救民，在乱世中有过彷徨，走过一段曲折的人生路。但在盖天予人生的最后阶段，他以一个共产主义战士的高度觉悟，献身于党的伟大事业，用自己的鲜血谱写了壮丽的人生。2005 年 7 月 8 日，盖天予被追认为革命烈士。2013 年 10 月 21 日，在有关部门关怀支持下，盖天予烈士骨灰由亲人带回故乡，安放在山东省博兴县革命烈士陵园。

刘青石

　　刘青石（1923—2012），本名刘英昌，台湾基隆八堵人。1947年加入中共台湾地下党。中共台湾省工委与祖国大陆有关部门之间的地下情报交通员。1956年回到祖国大陆隐姓埋名23年。2012年在北京病逝。

中华民族意识强烈的"打手"

1923 年，刘青石出生在台湾基隆八堵。日据时期，刘青石就读于台北工业学校（今台北科技大学），成绩优异。由于父亲被日本殖民当局宪兵抓捕坐过牢，刘青石从小就十分痛恨日本殖民者，具有强烈的中华民族意识，清楚地知道自己是中国人。

刘青石个子高大，体格健硕。学生时代，在学校见到日本同学欺负台湾同学，刘青石二话不说，上前就拳打脚踢日本同学。为"教训"刘青石，校方找来一个柔道二段日本人，与刘青石一搏高下。刘青石毫不畏惧，凭着一股胆量，与日本人决斗，结果难分胜负，打了个平手。从此，刘青石在台湾同学当中就更加出名了，同学们给他送了个"打手"的雅号。

1937 年 7 月，全民族抗战爆发。反抗日本侵略者意志强烈的刘青石，经常与同学、好友唐志堂商量前往祖国大陆参加抗战的事情。后经朋友谢贤益介绍，他们认识了在台湾大学医学院附属医院担任外科医师的进步女青年谢娥。谢娥对他们前往祖国大陆参加抗战提出了建议，但不久事情暴露，刘青石、唐志堂和谢娥等人被捕入狱，直到 1945 年 8 月日本宣布无条件投降后才获得自由。

反抗国民党腐败专制统治

　　1945 年 10 月 25 日，台湾光复。台湾回到祖国怀抱，台湾人民欢欣鼓舞。但国民党对台湾的接收变成"劫收"，引起台湾人民普遍不满。与广大台湾人民一样，原本满怀希望的刘青石，也对国民党大失所望，不满情绪日益上升。在此情况下，刘青石和唐志堂、李苍降（台湾著名抗日将领李友邦侄子）在进步女青年谢娥和中共台湾地下党员林日高（1928 年 4 月 15 日在台湾共产党第一次代表大会上当选为台共中央委员）的引荐下，参加了陈逸松、林日高、王万得、谢雪红等人组织的三民主义青年团。1946 年 12 月 14 日，刘青石在台北组织领导了针对东京"涩谷事件"的反美抗议游行活动。根据地下党组织安排，刘青石负责发动台北中学生和三民主义青年团，主持抗议游行大会，带领队伍游行。抗议游行结束后，国民党宪兵司令部根据举报抓捕刘青石等进步学生，在李友邦出面相救下，刘青石才迅速离开台湾前往上海躲藏。到达上海后，刘青石继续参加反美反蒋斗争，积极参加以学生为先锋的爱国民主运动，并在台湾省上海同乡会结识了中共地下党员吴克泰。

　　1947 年二二八起义爆发后，根据地下党组织指示，刘青石从上海回到基隆家乡，发动人民群众设置路障，阻挡国民党军队从基隆登陆，但没有成功。眼见国民党军队用机枪疯狂扫射无辜台湾民众，刘青石义愤填膺，更加坚定了推翻国民党反动统治的决心。

秘密加入中共台湾地下党

二二八起义被国民党镇压不久，在吴克泰的安排下，刘青石见到了中共台湾省工委书记蔡孝乾，并在八堵秘密加入了中共台湾地下党组织。刘青石说："国民党实现不了的事，就由共产党来实现！"从此，刘青石走上了革命道路。这一年刘青石 24 岁。

加入中共台湾地下党后，性格本就喜欢冒险的刘青石担任了中共台湾地下党组织秘密交通员，负责与中共台湾省工委书记蔡孝乾单线联系，直接接受蔡孝乾领导。中共台湾省工委隶属中共中央华东局华中分局。由于处于国共内战时期，华东局给予的经费非常有限，甚至保持华东局与中共台湾省工委之间联络的一部电台都没有。中共台湾省工委与华东局之间的一切联系，包括情报传递、活动经费等，都由刘青石负责承担。刘青石以跑单帮的台湾商人身份为掩护，一次又一次冒险往返于台湾和祖国大陆之间。

秘密传递地下党情报

为了顺利完成任务，稳妥可靠地传递情报，刘青石想尽了办法。刘青石回忆说："有时候把新牙膏打开，密件先搁在一个塑料套里，再塞在牙膏里。因为牙膏是软的，插一点纸裹起来的东西也鼓不起来，不会有什么痕迹，看起来很自然。一般都是蔡孝乾把牙膏装好了之后再交给我，我自己装的机会很少，因为内容不允许我看。"

刘青石传递情报最危险的一次是在浙江舟山岛。1948 年 6 月的一天，刘青石乔装成商人，拎着一份包装精美的食品，从台湾辗转舟山前往祖国大陆。他此行的任务，是把用密写水写在包装纸上的情报传递给上级党组织。刘青石已多次顺利地送出情报，但这一次却遇到了意外。

刘青石回忆说："出发前，我把包装纸检查了一遍又一遍，没有发现什么问题。点心（食品）比较不会引起国民党特务的注意，所以就把它用包装纸包起来。从台湾出发一路都挺顺利，但到舟山就出状况了。我一到舟山岛沈家门码头，就看见国民党士兵全副武装检查过往旅客的行李。这天天气很炎热，太阳一晒包装纸就开始变色了，本来黑色慢慢变成了黄色，隐隐约约有个别的字显露了出来，如果再多晒一会儿就暴露了。扔掉吧，组织上可能会怀疑我，你到底怎么回事？是不是交给国民党特务了还是怎么了？不扔吧，那就命都没了。当时我非常紧张，心跳得很厉害。我临时应变，让别人帮我拎着那包点心，到检查时，我就抢先一步走上去把它打开，让国民党士兵查看，表明我们这帮人带的货物都是公开的。我连被捕的准备都做好了，心都提到了嗓子眼，还好最后顺利地过了关。"

通过检查后，刘青石乘船来到上海一家医院。这家医院是中共地下党员、台中人李伟光医师创办的，是中共中央华东局华中分局与中共台湾地下党组织的秘密联络点。医院本来是为吸毒者戒毒开设的，这里男男女女各色人等都有。戒毒是一件非常困难的事情，病人们在医院大喊大叫，算是一个人多嘴杂的地方。上级党组织就是利用这种嘈杂场所与刘青石接头联系，把交给其传递的文件等情报事先放在那里。刘青石前来接头取走情报时，就有一个地下党员穿着医生的白大褂衣服专门在此等候。刘青石说："那个医生虽然穿着白大褂，但又不像医生，见到我就会微笑，像自家人一样，但是又不能跟他说话。"

加入中共台湾地下党组织后，刘青石的生活和性格都发生了很大变化。出于安全考虑，党组织要求刘青石不能阅读任何进步书籍，与昔日的朋友也要有意识地疏远。刘青石为自己能从事这种冒险而又有意义的工作感到自豪，但有时也不免感到孤独与寂寞。刘青石成熟起来了，从一个喜欢热闹的热血青年，逐渐变成了一个内敛寡言、独来独往、经验丰富的地下工作者。就这样，刘青石一次又一次冒着生命危险，顺利完成了党组织安排的艰巨任务。

唯独有一次，刘青石"违背"了上级党组织的意愿。刘青石说，"这是我地下工作生涯中唯一的一次例外：有一个名叫曾来发的通讯员，原来是一名新四军战士，党组织派到台湾后他的公开身份是华盛贸易行职员，后来不幸被捕，他的妻子带着一个孩子，孤儿寡母，生活十分窘迫"。"我听说后便去找蔡孝乾，希望能给曾来发妻子一些帮助。蔡孝乾说不能去，这是组织原则，如果出了事整个党组织都会受影响。但是我的性格不允许袖手旁观，于是我反复请求，蔡孝乾终于心软了，同意我去"。

刘青石来到曾来发家住的胡同口，不敢叫"曾来发"的名字，叫他"木匠""木匠曾"。过了四五分钟，曾来发的妻子抱着孩子出现在门口，神色焦急地用手比画着，意思是让刘青石赶紧离开。刘青石一看情况不妙，转身骑上单车就拼命离开。那时是冬天，刘青石骑得满头大汗，来到一家药店，药店老板都很奇怪，问他是怎么回事，大冬天怎么出那么多汗？刘青石借口说："跟人家骑车赛跑来着！"刘青石回忆说："当时就差一步，特务就在曾家屋里头等着，再走近一点我就危险了！"侥幸脱险不久，刘青石就得到曾来发被国民党特务杀害的消息，这让其再次感受到地下斗争的残酷。

随着祖国大陆人民解放战争形势的不断发展，国民党反动统治已面临崩溃的边缘。1949 年 4 月 20 日夜至 21 日，人民解放军百万雄师强渡长江。4 月 23 日，南京解放，宣告延续 22 年的国民党反动统治覆灭。胜利的消息传来，台湾岛内的地下党员和革命群众备受鼓舞，期待台湾早日解放。刘青石说："那时候我们都过分地乐观了。不要说是我，连领导者都太乐观了，竟然叫学生在公园集会，唱'你是灯塔，照着黎明前的海洋，你是舵手'的歌曲，好像什么都不怕了……"

1949 年 10 月，人民解放军发起金门战役，但因准备不足、后援不继等原因失利。金门战役失利后，中共台湾省工委书记蔡孝乾意识到，"台湾的解放并不如想象中的那样顺利，作为台湾地下党的最高领导人，他必须考虑台湾地下党组织如何生存发展的严峻现实"。于是，蔡孝乾再次派刘青石前往祖国大陆，向上级党组织详细汇报有关情况。

刘青石说："这次我去祖国大陆，是向组织上要钱、要船、要武器。我在上海向华东局领导刘晓、饶漱石和曾山汇报了台湾岛内的情况。对于蔡孝乾所提的要求，组织上给了我两万美元，作为台湾地下党组织的活动经费。两万美元在当时不是个小数目，但对台湾地下党组织来说，就实在是太少了。至于其他要求，刘晓说他不能决定，于是我们就一起到了北京，听候指示。"几天后，刘青石在北京饭店接受指示，上级党组织负责人对他说："福建的解放，已使得台湾的解放成为可能；台湾地下党组织的任务，就是要保护好国家财产不受损失，维护好社会治安……"离开北京后，刘青石前往天津与潘汉年见面，再从天津乘坐轮船经香港回到台湾。到达台湾后，刘青石向蔡孝乾作了详细汇报。

1949 年 8 月，基隆中学"《光明报》案"爆发，国民党特务大肆搜捕地下党员和革命群众，中共台湾地下党组织遭到破坏。在此情况下，根据蔡孝乾安排，刘青石撤往香港。临行前，蔡孝乾嘱咐刘青石："如果形势无法回转，就直接从香港去大陆解放区，不要再回台湾。"刘青石心里明白，此行很可能一去不返，但他不敢告诉妻子，仍然对她说，"我很快就会回来"。

到达香港不久，刘青石就获知了中共台湾省工委委员、武装部部长张志忠被国民党特务抓捕的消息。在香港停留期间，中共中央华东局专责与台湾地下党组织联络的负责人万景光面见了刘青石，希望其能够重返台湾岛内，在 10 天之内把蔡孝乾安全转移出来。万景光对刘青石说："这一趟你回去非常危险，但是你有一定的觉悟，希望你能从大局考虑。"刘青石当即表示："心甘情愿为党为国为台湾人民牺牲！"后来有人问刘青石："在那么危险的情况下，你当时心里就没有犹豫吗？"刘青石回答说："除了我之外，没有人能完成这个任务，在组织上面临困难的情况下，我不出头谁出头啊？"于是刘青石冒着牺牲生命的危险，毅然返回台湾。

回到台湾后，刘青石很快见到蔡孝乾，传达了中共中央华东局要求其迅速撤出台湾的指示。蔡孝乾把随身衣物等日常用品交给刘青石，由其寄放在台北淡水河边一个叫黄财的朋友开办的木材店里。随后，刘青石又去找到朋友何荣全，请其帮忙找一条离开台湾的船只。但刘青石并没有告诉何荣全自己的共产党员身份，说是一起经营生意的朋友出事了，希望前往日本"躲风头"。何荣全长期从事走私贩运业务，有很广的人脉关系，很快就为刘青石准备好了一艘开往日本与那国岛的走私船。但让刘青石万万没有预料到的是，事先约好的上船时间到了，蔡孝乾却不见了踪影！

"怎么办？"刘青石回忆说，"我想蔡孝乾是不是被抓了？于是，我带着我妻子冒险去找一个地下党同志，想打听蔡孝乾的下落。坏了，进去一看特务在那儿守着，特务拿枪指着我，叫我不要动，把我们夫妻押到一个房间里。我一看非死不可，也就没什么好顾虑的了。说时迟那时快，为了转移特务的注意，我把帽子摘了，褂子也脱了，然后假装不会说普通话，用闽南话问特务发生了什么，一边使眼色暗示我妻子准备逃跑。特务就吼'不许说话'。我又说'对不起！对不起！'半闽南话半普通话。我看特务稍微有点松懈了，突然把特务推翻在地，夺门而出。但我妻子没有跟上来，她去抢特务的枪了，怕这枪伤害我们。她要是不抢特务的枪，跟我一起跑，就能跑掉了……想回去吧，两个人一块儿死……我一面跑一面听到后面我妻子被打，听到她的叫喊声。我在那个胡同里转来转去，转到一户人家的屋里去了。家里突然出现我这么一个人，人家害怕，问怎么回事？我说后面有人要追杀我。那是一间日据时期的房子，炕与地面之间有一个很大的空隙，里面积满了鸡粪什么的，我就在那里躲了起来。屋门口有一个小水沟，这家的老太太就去那儿佯装洗衣服。后来许多国民党特务追过来，问老太太有没有看到什么模样的人从这里经过。她还给他们指，刚才好像是有一个人急急忙忙地往那边去了。"

就这样，刘青石又一次幸运脱险。也是天公作美，第二天突降大雨，趁着蒙蒙细雨的掩护，刘青石装扮成煤矿工人的模样跑了出来，急匆匆找到他的姐姐，让她用暗语向中共中央华东局香港分局发出十万火急的电报："公司老板已经住院了，很多亲戚朋友去看他，我现在在你母校的山上种茶。"意思是："蔡孝乾被捕了，连累到很多人，我在这儿躲起来了。"香港分局回电说：

"放心吧，叔叔马上回去。"意思是："你先坚持下去，台湾很快就会解放。"在生死攸关的危急时刻，刘青石没有忘记自己担负的职责使命，第一时间向党组织提供了翔实可靠的情报。为了躲避国民党特务追捕，刘青石和另外 4 名中共台湾地下党员迅速撤到基隆郊外瑞芳山上荒凉的墓地里躲藏起来。

隐蔽山区坚持斗争

过了一段时间，刘青石获知了蔡孝乾被捕叛变的消息，但不敢相信这是真的。"直到后来台湾的报纸上登了一篇'第二战线的胜利'的文章，还有蔡孝乾写的'告台湾地下党同志书'，劝我们出来自首，蔡孝乾的照片也登出来了，我这才相信是真的"。刘青石说："蔡孝乾在我心中代表着党，又参加过长征，那么坚强的革命战士居然叛变了……为了帮蔡孝乾离开台湾，我把我的朋友何荣全也牵连了。何荣全的妈妈、哥哥全都被抓捕了。"

这期间，刘青石还得知，其妻子因为难以忍受国民党特务的残酷刑讯，把她所知道的情况全部交代了，这导致他的几个战友都被抓捕，其中就包括曾与他一起在日据时期进过监狱并介绍其加入中共台湾地下党组织的唐志堂。刘青石在心里埋怨妻子，"她为什么连这样不必要的人都要说出来？唐志堂跟我那是比亲兄弟还要亲的。她的行为让我很痛苦，对不起党组织，对不起同志，对不起我的兄弟、战友"。

刘青石做了最坏的打算，他与父亲商量，希望其帮忙找一些氰化钾，一旦被国民党特务抓捕，就服毒自尽。父亲虽然口头答应，但并没有办法弄到氰化钾。为了躲避特务的追捕，刘青石和战友们每天东躲西藏，"危险的时候我们就跳到棺材里，或者跑到附近煤矿废旧的坑道里躲起来。有一天，我们对面那座山突然被特务包围了，第二天才知道，有一些人被捕了，他们也是藏在那儿的中共地下党员，不过不是我们这个系统的……有一次来了一个阿兵哥，正好与我们面对面碰上了，我们准备跑，谁知道他看见我们却先跑了。原来这个阿兵哥是来偷地瓜的，做贼心虚"。

国民党特务抓捕刘青石的通缉令张贴在台湾的大街小巷上。刘青石知道中共台湾地下党组织已被彻底破坏了，与祖国大陆的上级党组织联系也已经彻底中断了，他们必须孤军奋战。刘青石并没有失去希望与信心，牢记党组织发给他的最后那封电报："放心吧，叔叔马上回去。"刘青石说："我相信人民解放军一定要解放台湾，相信党组织不会忘记我们这些同志，不会忘记身在台湾的共产党员。"冬去春来，花开花落，为了生存下去，刘青石和他的战友们在墓地里开荒种地，自食其力，蓬头垢面。

刘青石就这样度过了四个年头。1954年夏，刘青石和躲避在墓地里的战友们内部开始出现一些情绪变化。刘青石说："本来大家是一步都不敢离开的，后来一起躲避了四年的吴敬堂想要出去看看，我也想要下山去看看，内部就开始变化了。躲的时间实在是太长了，意志比较软弱的就扛不住了。吴敬堂说他妻子带着孩子在街上要饭，没吃没喝，也没穿的。他要去看他妻子，不然放心不下，果然他下山后就再也没有回来。后来我知道他叛变了，我们剩下的四个人就紧急转移，但是来不及了。跑了三天，但都戒严了。我们刚一被捕，审讯的国民党特务就'哦'了一声，好像是说你们真了不起，在我们的眼皮底下躲了四年多。"

被捕入狱坚守信仰

被捕入狱后，刘青石心里想，"终于解决了，不管怎么解决，这也是一个归宿吧！牺牲也好，什么也好，反正这种不是人的生活结束了。有一个快意的了断就好了"。但是，国民党特务却让刘青石忍受比死亡还可怕的煎熬：国民党特务把刘青石和他的父母、妻子关押到同一所监狱，还故意把他和妻子关押在同一间牢房。

刘青石说："见到妻子，我们两个人都没话讲了，不知道怎么说好了，一言难尽！她已经被关押了两年多，没有少受折磨。最让我难受的是，我的亲人和在隐蔽过程中给我提供过帮助的人，几乎全部被捕入狱了，而我居然是最后一个被捕的地下党员。我母亲对我说：'人家都说了，你怎么还不说？人家说了都没事了，当他们的官！'"刘青石对母亲说："我要是说了，就变成叛徒了，我的个性是牺牲个人没有关系，千万不能害别人！害别人比害我自己还难受，不要说害自己的同志，就是害一般人我都做不到，这是我坚持的原则！"

国民党监狱那段不堪回首的日子，是刘青石最不愿触及、留在心底的永远无法治愈的伤疤！

1955 年 11 月，美国在台湾成立"协防司令部"，蒋介石反动残余集团抓住救命稻草，产生了"光复大陆"的幻想。为了搞破坏，国民党秘密派遣了大批特务潜入祖国大陆，海峡两岸展开了空前激烈的暗战。

一天，国民党特务郭维芳突然来到监狱与刘青石见面。郭维芳告诉刘青石，只要其答应前往祖国大陆，利用其中共台湾地下党员的身份为"党国"收集情报，"一切都可既往不咎"，还可即刻释放其家人。郭维芳原来是中共台湾地下党员，后来被捕叛变投敌了。郭维芳对刘青石说完那些话后，故作镇静地叹了一口气，"唉！要是换了我，一定会回大陆去"。

刘青石当然明白国民党特务的用意，心想"这一招够狠！"刘青石思前想后，进行了激烈的思想斗争。最后，刘青石认为，唯一的希望就是前往祖国大陆，把在台湾发生的一切、他所了解的一切，向上级党组织说清楚，然后迅速消失，给国民党特务造成自己已经为"党国"殉职的假象。这样，既不违背自己的信仰，又能保护家人的安全。刘青石作出了前往祖国大陆的决定。

但是，当刘青石把自己的想法与家人谈了之后，曾留学日本、社会经验丰富的四哥坚决反对其前往祖国大陆。四哥说："你经过国民党特务的手再回大陆，共产党是不会相信你的，你说破天也不会相信你的。"听完四哥一席话，刘青石没有吭气，但心里早已拿定主意，"我有责任把中共台湾地下党组织被破坏的情况向上级党组织如实报告，这样我就算完成任务了。我是被捕的，台湾地下党组织被破坏的情况，蔡孝乾的有关情况，就我一个人知道，别人不知道"。"所以，当时我一直觉得有很多事情得跟上级党组织讲，跟上级党组织交代之后，我的任务也就完成了……我一辈子就是这样过来的，自己选择的道路自己负责"。过了几天，"我答复郭维芳，说我愿意去大陆。这样，全家人就被放出来了"。

刘青石和他的家人们出狱后，在台北一个小饭馆进行了最后一次团聚。吃饭时，大家都不说话，气氛十分沉闷，因为大家心里明白，"这很可能是生离死别"。刘青石对妻子说："你要是生活有困难，可以另外再嫁人，反正我是不会再结婚了。迟早有一天我能和你再见面，那时候如果你愿意回来我欢迎，你要是有更好的生活，我也不反对。"刘青石回忆说，"当时妻子哭也哭不出来了，经过这些磨难，她都已经麻木了"。

返回祖国大陆隐姓埋名

1956 年夏，刘青石告别父母、妻子和两个年幼的女儿，从台湾乘船经香港前往祖国大陆。轮船停靠香港码头后，刘青石立即把离开台湾时国民党特务头子俞询初交给他的密写药水扔进了海里。到达香港后，刘青石很快就找到了中共地下党组织的秘密联络站大春行，并通过大春行负责人陈金石与党组织取得了联系。当时，除陈金石外、林田烈、林梁材等中共台湾地下党员，都在这里以店员为掩护，从事党的地下组织活动。

经陈金石介绍，在公安部派来的干部叶某的安排下，刘青石很快来到广州。回到祖国大陆后，刘青石心情十分舒畅，一切都感到十分新鲜。他说："我在台湾是孤儿，这里才是我真正的家！"在广州期间，有关部门派员接待了刘青石，并根据急迫要求迅速安排其前往北京。到达北京后不久，有关部门负责人就与刘青石见面，听取情况汇报。刘青石回忆说，"就如同审问嫌犯一般，还有两个警卫模样的人把我夹坐在中间。我当时就火了，呼地一下站了起来：'你们这是什么意思？我又不是坏人！'""那位领导微笑着走过来，很有礼貌地拍了拍我的肩膀，劝我耐心配合组织调查，说'事情总会搞清楚的！'"刘青石放声大哭，那情景就像是在外面受尽委屈的孩子，回到家里却无处倾诉一样！

其后，经过一年的审查，写下了10多万字的材料，刘青石被送到北京郊区的清河农场。刚一开始，刘青石难以接受这样的安排，心里想："怎么把我放到这儿来了？是不是把我当敌人了？日本人怎么打我，国民党特务怎么欺负我，我都能忍过来，现在自己人却把我当敌人，我就觉得受不了。"

经过农场干部艰苦细致的思想政治工作，刘青石慢慢地转变过来了。后来，组织上每个月给刘青石30元钱生活费，"意思是没把你当坏人，也没把你当职工，更没把你当干部，实际上就是把我暂时搁在那里保护起来，等情况搞清楚后再处理"。"后来我

也想通了，这不正符合自己当初设想的迅速消失的想法吗"？从这时开始，刘青石就从人间蒸发了，在农场里安心生活了下来。

对于在台湾的亲人，刘青石只能算是一个"活死人"；而在农场，由于保密工作需要，刘青石不能暴露自己的身份，又是一个"身份不明"、没有朋友的人。刘青石经常觉得，自己仿佛又回到了在台湾那个荒凉的岁月，陪伴他的只有漫无尽头的孤独。"在农场太苦闷的时候，我就马上去劳动，哪怕是夜里也这样。有时候晚上睡不着就出去跑跑步。白天的时候参加劳动，累了一睡就算完了。反正不能让自己静下来"。

5 年时间过去了。1962 年 7 月的一天，刘青石收到组织上交给的一封妻子辗转寄来的信件。在信中，妻子向刘青石诉说了她独自抚养两个孩子的艰辛，以及希望和他早日见面的心情。刘青石捧着来信看了很多遍，夫妻之情、父女之情在他的心中纠结，然而出于保密安全考虑，他不能给妻子回信，这封信也被他撕掉了。

"文革"期间，刘青石在农场也受到冲击，但他始终相信党组织。刘青石说："我没有做过违背良心的事，对得起自己，也对得起别人，对得起党，对得起自己的信仰。我问心无愧！"1978 年，在农场劳动了 22 年的刘青石，被党组织安排在北京第二外国语学院担任日语教师。当年的英俊小伙，这时已经是一个 50 多岁头发半白的老人了。

1979 年夏的一天，刘青石收到了一封四哥从日本托人寄来的信件，得知妻子在台湾还活着，两个女儿在美国读书。刘青石大喜过望，迫切希望能够早日见到妻女。为了安排父母见面，刘青石的两个女儿把母亲从台湾接到了美国，刘青石也在北京马不停蹄地办理赴美签证等手续。然而，当妻子得知刘青石在祖国大陆的有关情况后，原以为刘青石早该在祖国大陆当上"大官"的她大失所望，给刘青石回信说"我不认识刘青石这个人"！还没有等到刘青石到达美国，妻子就返回了台湾。刘青石到达美国后，不想给女儿增加负担，就在一家日式餐馆找到一份帮厨的工作，每天起早贪黑 12 个小时。餐馆老板看到刘青石这么大岁数还干那么多的重活，担心把他累病了，但刘青石却说，"我受苦受惯了，不觉得怎么样累"。

"祖国大陆才是我精神上的归宿"

1983 年 9 月，有关部门通知还在美国的刘青石，经研究，党组织批准恢复了其党籍，为其落实了有关政策，按照六级高校教师待遇办理离休手续。接到通知后，刘青石急忙从美国登上飞往北京的飞机。"在我看来，祖国大陆才是我精神上的归宿，我只想在北京安静地走完自己的余生"。这一年，刘青石刚满60 岁。

然而，刘青石这种平静的生活没过多久就被打破了。1990年 10 月的一天，一位从台湾来到北京的中年男子突然找到刘青石。这位不速之客不是别人，正是 40 年前与刘青石一起在台湾战斗，后被国民党特务抓捕杀害的地下党员唐志堂的儿子。几十年来，他背负着"匪谍"儿子的"罪名"，在台湾岛内受尽了歧视与凌辱，因此心里对刘青石充满了"仇恨"……然而，他们见面后，刘青石一番推心置腹的谈话，竟奇迹般地消弭了唐志堂儿子心中的"仇恨"，对刘青石充满了敬意。

1991 年春，刘青石在北京见到了革命战友唐志堂的妻子陈玉枝。唐志堂被国民党特务杀害后，为了抚养孩子长大成人，陈玉枝一直没有再成立家庭，62 岁依然孤身一人。1992 年冬，刘青石和陈玉枝在北京组建了一个新家庭。刘青石说："我心里跟唐志堂讲，受苦受难的是你的家属，我只想能够做一点哪怕是微薄的贡献来弥补，我就满足了……"2003 年，在一起相依相伴走过 10 个年头之后，陈玉枝平静地离开了人世。临终前，陈玉枝对刘青石说："这 10 年来是我一生中最幸福的时光！"

1992 年夏，刘青石回到台湾给父母扫墓，这是他 36 年后第一次回到台湾。在台湾一个月的时间里，刘青石和孩子们见了面。刘青石说："这么多年来，我想到我当初参加革命的目的，想到这是我自己选择的道路，想到牺牲的同志，想到这些，就觉得自己内心是平静的。我对得起党，对得起自己的信仰，比起他们（牺牲的同志）来，我心里有愧，毕竟我还活着，我本来应该跟他们一起走的。"

晚年的刘青石独居在北京东北郊的一个社区里，和其他老人一样，刘青石每天早晨出门锻炼身体，同邻居们聊天下棋，大部分时间都用来读书看报。在邻居们眼里，刘青石不过是一个普通的退休老人。他们哪里会想到，眼前这个并不起眼的老人，竟然拥有如此传奇的人生！

2012年，刘青石走完传奇的一生，在北京逝世，享年89岁。

后　记

　　2024 年是新中国成立 75 周年，中共中央台办组织编写了《血沃宝岛——中共台湾英烈》（第二辑）。这是一本引导广大读者传承红色基因、赓续共产党人精神血脉的宝贵教材。中共中央台办高度重视本书编写工作，宋涛主任亲自审定编写计划并撰写引言，潘贤掌、仇开明副主任担任编写组组长，保证了编写工作的顺利完成。

　　本书编写得到中央统战部、中央党史和文献研究院、国家安全部、退役军人事务部、中华全国台湾同胞联谊会、中央军委联合参谋部、中央军委政治工作部、台盟中央等单位大力支持。本书由中央台办工作人员与长期从事中共台湾地下党史料研究收集工作的专家学者合作编写。王明鉴、任勉担任编写组副组长，任勉对全书进行了统稿。徐博东、季平、景春燕、吴雅铭、席麟、陈海舟等专家参与书稿写作工作，唐蕊、杨洁、赵晔、蔡斐屹、高磊、曹玮鸣、邓伟、郭海南、王菡、余平、刘玉平为本书编写提供帮助，张宁为英烈照片修复提供支持，中央台办秘书局、研究局、宣传局、联络局给予协助支持，海峡两岸关系研究中心承担具体编写工作，黄建毅、闫冠军、伍金洋、王雪松、毛玉峰、李启龙、吴二华、赵筱婧、李昊、邱涛、冯霞、沈欢、陈瑞航、谢一帆参与编写修订、校对、出版等事务性工作。北京市、天津市、河北省、辽宁省、黑龙江省、上海市、江苏省、浙江省、安徽省、福建省、江西省、山东省、河南省、湖北省、湖南省、广东省、四川省台办为史料收集、英烈照片等组稿工作提供大力支持。人民出版社、九州出版社承担编辑、出版工作。在此一并表示衷心感谢！

第二辑仍以英烈牺牲时间为序。怀着对血沃宝岛英烈的无比崇敬、深切缅怀之情，我们将继续收集史料，编写出版系列丛书。由于资料收集等局限，疏漏与不当之处，欢迎广大读者提出宝贵意见和建议。

本书编写组

二〇二五年一月

责任编辑：余　平
装帧设计：石笑梦
责任校对：周　昕

图书在版编目（CIP）数据

血沃宝岛 ：中共台湾英烈．第二辑 /《血沃宝岛》编写组著．-- 北京 ：
人民出版社 ：九州出版社，2025. 2. -- ISBN 978 - 7 - 01 - 027016 - 6

I. K820. 858

中国国家版本馆 CIP 数据核字第 202582WX56 号

血沃宝岛

XUEWO BAODAO

——中共台湾英烈

（第二辑）

本书编写组

人 民 出 版 社
九 州 出 版 社　出版发行

（100706　北京市东城区隆福寺街 99 号）

北京新华印刷有限公司印刷　新华书店经销

2025 年 2 月第 1 版　2025 年 2 月北京第 1 次印刷
开本：710 毫米 ×1000 毫米 1/16　印张：23.75
字数：245 千字

ISBN 978 - 7 - 01 - 027016 - 6　定价：86.00 元

邮购地址 100706　北京市东城区隆福寺街 99 号
人民东方图书销售中心　电话（010）65250042　65289539